평화의 규칙

평화의 규칙

우리는 미래로 가는 첫걸음을 떼었습니다

2018년 6월 28일 초판 1쇄 발행
2018년 12월 20일 초판 2쇄 발행

지은이   문정인·홍익표·김치관
펴낸이   정희용
편집   박은희
펴낸곳   도서출판 바틀비
주소   07247 서울시 영등포구 버드나루로73 우성빌딩 303호
전화   02-2039-2701
팩시밀리   0505-055-2701
페이스북   www.facebook.com/withbartleby
블로그   blog.naver.com/bartleby_book
이메일   BartlebyPub@gmail.com
출판등록   제2017-000105호

ISBN 979-11-962505-7-7   03340

평화의 규칙

우리는 미래로 가는 첫걸음을 떼었습니다

문정인·홍익표·김치관 지음

한반도의 기적과 미래에 관한 문정인·홍익표 격정 대담

바틀비

평화의 규칙

평화는 독점할 수 없는 것이어서
내가 평화를 갖는 순간
적에게도 평화가 온다
단 한 번도 무언가를 나누어보지 못한 이들
단 한 번도 무언가를 베풀어보지 못한 이들에게
한없이 포자를 퍼뜨리는 평화의 씨는
고통스럽다
나의 평화가 적에게 죽음을 주지 못한다면
내게 무슨 안식과 평화가 오리
평화의 그늘이 내 집 담을 넘어 무성해진다면
차라리 도끼를 대리
배타적 평화를 용납하지 않는 평화의 규칙을
저들은 이해할 수 없다
그래서 말한다
– 평화 비용은 퍼주기다
생각해 보라
평화를 돈으로 살 수만 있다면
하지만 평화의 몸값은
대개
목숨인 것을

– 이미혜 시집 『소리는 어디에서 오는가』 중 「평화의 규칙」 전문

두터운 옷차림으로 시작된 좌담이 어느덧 여름의 초입에서야 마무리되고 있다. 계절의 변화보다 더 극명하게 한반도의 체감 온도도 바뀌었다. 꽁꽁 얼어붙어 풀릴 기미를 보이지 않던 남북 관계도 평창 동계 올림픽을 거치면서 봄기운의 훈풍이 불더니 어느새 판문점 남북 정상회담이라는 신록의 계절이 성큼 다가왔다. 금방 전쟁이라도 날 것 같던 불과 몇 달 전 일들이 까마득한 옛이야기처럼 느껴지기도 한다.

이 대화를 기획하던 지난해 연말과 올 연초까지만 하더라도 말 그대로 춘래불사춘(春來不似春), 촛불 민심으로 문재인 정부가 등장해 남북 관계 개선에 대한 기대감은 컸지만 아직 두꺼운 얼음장이 꼼짝 않고 있던 때였다. 아니, 본격적인 남북 대화가 시작되기도 전에 우리 사회의 남남갈등이 표면에 드러나고 오히려 마땅히 할말마저 스스로 조심해야 하는 모순된 상황에 부대껴야 했다.

특히 명색이 문재인 대통령의 통일외교안보 특보인지라 나의 말 한마디를 앞뒤 문맥도 사실 관계도 다 무시하고 기다렸다는 듯이 색깔론으로 매도하는 일부 언론과 보수 집단의 행태를 몇 차례 겪으면서 이래서야 우리의 미래가 어떻게 열릴지 걱정도 컸다. 그러던 차 평소 명쾌한 논리와 뜨거운 열정을 가져 친근감을 느끼던 홍익표 의원과 대담을 통해 한반도의 현안들을 정면에서 정리해보자는 제안을 받아 선뜻 수용해 나섰다.

보수 정권을 두 차례 거치면서 우리 사회에서 금기가 되다시피 한 현안들을 정면으로 다뤄보고 싶었다. 강대국에 둘러싸인 한반도는 항상 외세에 휘둘리고만 살아야 할까? 우리 민족이 당당하게 우리의 미래를 헤쳐나갈 수 있는 길은 정녕 없는 것일까? 이런 질문에 답하기 위해서는 결국 핵심 현안인 북한 핵 문제 해법과 평화체제 구축 방안을 모색하지 않을 수 없었다.

악마 또는 희화화된 모습으로만 묘사되던 김정은 국무위원장이 전 세계가 지켜보는 가운데 판문점 남북 정상회담에서 보여준 모습에 우리 국민들이 충격을 받았듯이, 더 이상 북한의 모습을 있는 그대로 직시하지 않고서는 한 발짝도 우리의 앞길을 헤쳐나갈 수 없다. 아울러 대국굴기 중인 중국과 독특한 개성을 지난 도널드 트럼프 미국 대통령과도 더불어 가는 현명한 길을 모색해야 한다. 과연 우리가 경제는 중국에, 정치와 안보는 미국에 기대어 미래를 열어갈 수 있을까? 그 자체가 목적일 수는 없는 한미 동맹의 미래는 무엇일까?

다른 한편, 문재인 정부의 통일외교안보 라인이 과연 남북 관계 개선과 한반도 평화를 제대로 실현할 수 있을지 전문가들의 우려와 지적이 많았던 것도 사실이다. 문재인 정부가 한반도호의 운전석에 앉아 평화와 번영, 나아가 통일의 길로 바르게 운행할 수 있을 것인지도 짚어보지 않을 수 없었다.

4.27 판문점 남북 정상회담과 '판문점 선언'으로 한반도에도 평화의 새싹이 움텄다. 이 싹이 무성한 가지를 뻗고 마침내 성숙한 열매를 맺기를 바란다. 더 이상 한반도가 중국의 부상에 따라 미국과의 전쟁이 필연일 수밖에 없다는 식의 '투키디데스의 함정'에 빠져서는 안 된다. 우리의 운명은 우리가 만들어 나가는 것일 뿐 누구도 대신해 줄 수 없다. 새 시대, 새로운 남북

관계, 새로운 평화의 규칙으로 한반도 평화와 번영의 지평을 열어가야 한다. 미력한 우리의 대담이 작은 도움이라도 된다면 더 바랄 것이 없다.

2018년 6월

문정인

차례

1부

___

세기의 기적,
한반도의 봄

1장·기적은 어떻게 만들어졌나

김치관(사회) 분단과 전쟁, 그리고 구시대 냉전 대결의 마지막 상징이었던 판문점이 세계의 주목을 받는 장소가 되었고 이곳에서의 12시간이 그 어떤 드라마보다 감동적인 평화의 기적을 만들어냈습니다. 문재인 대통령과 김정은 위원장은 판문점 선언을 채택하고 '한반도에 더 이상 전쟁은 없을 것이며 새로운 평화의 시대가 열렸음'을 8천만 겨레와 전 세계 앞에서 엄숙히 천명했습니다. 문정인 교수님은 이 감동의 현장에 함께하셨는데요, 먼저 소감부터 들어보면서 우리 이야기를 풀어가기로 하지요.

문정인 한 편의 초현실적인 영화를 보는 것 같았죠. 판문점 선언 서명식을 지켜보던 북한의 김여정 부부장은 "현실인지 도저히 믿어지지 않는다."며 감격스러워 하더군요. 저 또한 마찬가지였습니다. 지난 한 해 극심한 위기감과 전쟁의 공포에 몸서리쳤던 시절이 아스라이 스쳐가더군요.

이번 판문점 정상회담은 지난 2000년, 2007년 1, 2차 정상회담의 연장선상에 있습니다. 저는 지난 두 정상회담에도 특별수행원으로 참석했습니다만, 비교하자면 이번 정상회담이 내용과 형식 모든 측면에서 훨씬 돋보였어요.

'함께 넘어가 볼까요'

홍익표　가장 인상적인 장면은 김정은 위원장이 군사분계선을 넘어 남측 땅을 밟는 순간이었겠죠?

문정인　극적인 순간이었죠. 그 외에도 감동적인 장면이 많았어요. 김정은 위원장이 군사분계선을 넘어오고 악수를 하면서 문재인 대통령이 "나는 언제나 북한에 가볼 수 있나요?"라고 말하자, 김 위원장은 "지금 함께 넘어가 보지요."라고 응수하며 문 대통령을 북으로 이끌었잖아요. 두 정상은 군사분계선이라는 것이 얼마나 허망하고 인위적인 경계선인가 하는 것을 보여주었습니다. 우리가 마음만 먹으면 얼마든지 허물고 자유롭게 왕래할 수 있다는 것을 말이죠.

홍익표　정상회담은 국제 사회의 김정은 위원장에 대한 인식을 바꾸는 계기이기도 했습니다. 사실 그간에는 고모부인 장성택의 숙청과 처형 그리고 핵 실험 등으로 김정은 위원장의 국제적 이미지와 평판은 바닥을 쳤었죠. 김 위원장은 대개 버릇없이 자란 비이성적이며 충동적인 젊은 지도자라고 묘사되곤 했는데, 판문점 정상회담을 통해 보여준 모습은 달랐습니다. 김정은 위원장은 카리스마 있는 면모를 보였고 대화와 협상 과정에서도 역동적이고 단호한 의사 결정 스타일을 과시했고 주요 사안에 대한 숙지 능력도 탁월했습니다.

문정인　만찬 중에도 시종 친근하면서도 밝더군요. 그래서 누구나 김 위원장에게 쉽게 접근할 수 있었습니다. 김정은 위원장의 재발견, 이번 정상회담의 큰 화두 중 하나라 하지 않을 수 없습니다.

김치관　도보다리에서 남북 정상이 배석자 없이 편안한 분위기에서 진지하게 이야기를 이어가는 모습도 매우 보기 좋았습니다. 저도 그랬지만 주변에서도 저 상황에서는 주로 무슨 이야기를 주고받았을까 궁금한 사람들이 많았습니다.

홍익표　문 대통령이 정상회담 이튿날 청와대 회의에서 "도보다리에서는 북·미 정상회담을 앞두고 김정은 위원장이 미국의 입장 등을 계속 물어와, 답을 해줬다."는 내용을 밝힌 바 있지요. 아무래도 남북 정상회담 다음 관문인 북미 정상회담 관련 사항이 많이 논의되었을 겁니다.

그런데 이번 회담에서 북측 대표단 구성도 상당히 흥미롭지 않았습니까? 과거 두 차례 남북 정상회담에서 김정일 위원장은 원맨쇼에 가까운 리더십 스타일을 보여주었는데, 이번에는 달랐습니다. 국방, 외교, 남북 문제를 다루는 북한 각급 조직의 핵심 인사들로 구성된 대규모 대표단이 젊은 지도자와 동행했더군요.

문정인　　그렇습니다. 국방 분야에서는 최근 교체가 되었습니다만 리명수 인민군 총참모장과 박영식 인민무력상이, 외교 부문은 외교 정책을 총괄하는 리수용 북한 노동당 중앙위원회 부위원장과 리용호 외무상이 대표했죠.

일반적으로 남북 관계는 김영철 통일전선부장, 리선권 조국평화통일위원회 위원장 등이 대표하는 통일전선부가 담당하는데 이번 정상회담에서는 당, 군, 내각 전 분야의 대표적 인사들이 참석했습니다. 그만큼 이번 회담을 중차대하게 여긴 것이기도 하고, 북이 김정일 위원장 시절과 달리 공식 기구를 통한 의사 결정과 보다 제도화된 통치 방식을 채택하고 있음을 보여주었습니다.

'화염과 분노'에서 평화 올림픽까지

김치관　　지난해 상황과 대비하면 정말 믿기지 않는 남북 관계의 진전입니다.

문정인 　　그렇죠. 지난 2017년은 1953년 7월 휴전협정 이후 한반도가 가장 첨예한 안보 위기 상황에 처했던 해라고 해도 과장은 아닐 거예요. 그야말로 전쟁과 평화의 교차로에 서 있었습니다. 북한의 핵 야망과 군사 도발, 트럼프 대통령의 공세적 수사와 군사 행보, 한국 내 사드 배치를 둘러싼 중국의 강경 기조, 여기에 안보 문제를 둘러싼 한국 사회의 양극화까지 겹쳐서 상황은 매우 위중했었죠. 문재인 대통령은 작년 5월 9일 취임과 더불어 극심한 안보 딜레마에 봉착했던 것입니다.

홍익표 　　문재인 정부 출범 나흘 만인 2017년 5월 14일 북한이 화성 12형 미사일을 발사했죠. 그로부터 한 달도 채 안 되는 기간에 4차례에 걸쳐 중거리 탄도 미사일 북극성 2형과 지대공 요격 유도 무기 체계, 지대함 탄도 미사일과 순항 미사일을 차례로 쏘아 올렸습니다.

8월이 되자 트럼프 미국 대통령은 "북한은 미국에 추가 위협을 가하지 않는 게 좋을 것이다. 지금까지 세계가 목격하지 못한 '화염과 분노(fire and fury)'에 직면할 것이다."라는 초강경 발언으로 세계를 놀라게 했습니다. 그러자 다음날 북한은 화성 12형 중장거리 탄도 미사일로 괌의 미군 기지 주변 30~40km 해상을 포위 타격하겠다며 실행 계획까지 내놓아서 간담을 서늘하게 만들었습니다.

북한에 대한 선제타격 이야기가 점증되는 가운데 '8월 위기설'

문정인 연세대학교 명예특임교수 　　　　　　　　　　　ⓒ 최배문

"

평화를 원한다면서 전쟁을 준비하던
낡은 패러다임이 저물어 갑니다.
평화를 원하면 평화를 준비해야 합니다.

"

이 나돌기도 했었습니다. 그런 가운데서도 북한은 미사일 도발을 계속해 9월에는 6차 핵실험을 감행했죠. 그리고 11월 29일에는 ICBM급 화성 15형을 발사하면서 자체 '핵 무력 완성'을 선언하기에 이릅니다. 한마디로 강수 위에 초강수, 협박과 엄포 위에 그보다 더 큰 압박과 무력 시위로 북미 간 일촉즉발의 위기와 긴장이 고조되어갔던 게 지난해 상황입니다.

문정인　대치 국면에서 반전의 계기는 지난 2월의 평창 동계올림픽이었어요. 북한은 개회식에 선수단, 응원단, 예술단은 물론 김영남 최고인민위 상임위원장과 김여정 부부장을 필두로 한 고위 대표단을 파견했습니다. 거기에 더해 문재인 대통령을 방북 초청하고 남북 정상회담을 희망한다는 김정은 위원장의 메시지를 보내왔죠. 폐회식에는 남북 관계를 총괄하는 김영철 통일전선부장을 보내 남북 관계를 전향적으로 개선하겠다는 북의 의지를 표명했어요. 이러한 화해 메시지에 화답하는 우리 측 방북 특사단이 3월 4일 평양을 방문했는데 김정은 위원장은 특사단을 환대하면서 4월 말 남측 평화의집에서 남북 정상회담을 열자는 것을 포함한 6개항의 합의를 흔쾌히 만들어주었죠.

홍익표　특히 김정은 위원장이 '선대의 유훈'을 거론하며 비핵화의 의지를 분명히 밝히고 남측 특사단에 '한미 연합군사훈련도 예년 수준으로 실시되면 용인할 수 있다'는 입장을 밝힘으로

써, 핵 문제를 풀 실마리를 제공했습니다. 우리 측 특사단을 통해 트럼프 대통령에게 친서를 전달하여 트럼프 대통령을 조기에 만나고 싶다는 뜻을 표명하는 등 아주 적극적으로 나왔지요.

문정인　바로 이어서 또 한 번 놀라운 진전이 일어나죠. 김정은 위원장의 메시지를 접한 트럼프 대통령은 참모들의 만류에도 불구하고 5월 이내로 미북 정상회담을 개최하자고 즉석에서 답을 주었습니다. 남북 관계 개선이 북미 관계 개선에도 파급 효과를 만들면서 한국 정부의 주도적 역할 아래 남북미 선순환 관계가 가시화되기 시작했습니다.

"평화를 원하면 평화를 준비하라"

홍익표　2018년 2월의 평창 동계올림픽, 4월 27일의 판문점 남북 정상회담, 6월 12일 싱가포르 센토사 섬에서의 북미 정상회담으로 이어진 일련의 과정은 평화와 화해의 선순환이 어떻게 가능한지를 보여주는 세계사적 사건입니다. 지난 20세기는 지구촌이 전쟁과 냉전 대결로 얼룩진 시대였죠. 21세기는 평화의 시대가 되기를 많은 사람들이 기원했지만 2001년 9.11테러가 일어나고 이것이 도화선이 되어 2003년 미국은 이라크를 침공했습니다. 8년간 엄청난 참화를 기록한 이라크 전쟁 이후에도 중동 지역에서는 최근의 시리아 전쟁에 이르기까지 하루도 포화가 멈춘 날이 없었습니다. 중동 다음으로 위기가 고조된 지역이 동아시아, 바로 한반도입니다. 냉전이 끝났음에도 불구하고 20세기와 하나도 다를 바 없는 전쟁과 대결의 시대가 계속되어야 하는지 많은 사람들이 안타까워 할 때, 한반도는 '아니오' 하고 과감하게 먼저 평화의 길을 열어젖혔습니다.

문정인 전적으로 동감입니다. 한반도는 지난 시대와 완전히 다른 평화의 국제 관계가 얼마든지 가능함을 세계에 보여주는 중입니다.

냉전 시대 국제 관계를 지배한 관점은 『군사학 논고』를 쓴 로마 시대의 정치 전략가 플라비우스 베게티우스(Flavius Vegetius Renatus)가 남긴 "평화를 원하거든 전쟁을 준비하라"는 금언이었어요. 이 관점에서 평화는 전쟁의 연장선일 뿐으로 언제든 전쟁이 벌어질 것을 대비하는 시기에 불과했습니다. 세계가 둘로 나뉘어 냉전 대결을 벌일 때에도, 냉전 체제가 허물어진 뒤에도, 전쟁을 먼저 대비하는 관점은 변하지 않았습니다.

남북한은 냉전 사고의 대표적 희생자입니다. 끊임없이 전쟁을 상정하고 대비해온 것이 해방 후 남북한의 역사라고 해도 과언이 아닙니다. 우리에겐 한 번도 진정한 평화가 없었어요. 이 대결이 극한으로 치닫은 결과가 북한의 핵 개발입니다. 이렇게 70년 넘게 대치 상태에서 전쟁을 대비해왔지만, 끝이 보이지 않고 서로가 힘들어요. 게다가 핵무기까지 등장하고 나니 이젠 그냥 재래식 전쟁이 아니라 남북이 공멸할 수 있는 상황까지 가버렸습니다. 베게티우스의 명제는 더 이상 유효하지 않습니다. 이제 생각을 바꿔야 합니다. 평화를 가능하게 하는 방법은 전쟁을 준비하는 게 아니고 평화를 준비하는 것입니다. 이것이 이 시대의 평화의 규칙이고 한반도가 전세계에 입증하고 있는 역사의 새로운 교훈입니다.

홍익표 "평화를 원한다면, 평화를 준비하라" 너무도 간단하고 상식적인 생각인데 기존의 관성과 관점을 바꾸는 게 참 쉽지 않았습니다. 우리나라도 4.27 남북 정상회담 이전까지 보수 진영의 반대가 얼마나 심했습니까. 평창 올림픽 폐막식에 북한의 김영철 통일전선부장이 참석하는 걸 두고도 언론이 난리였습니다. 일부 야당은 남북 화해와 평화를 끝까지 반대하다가 결국 6.13 지방선거에서 민심의 준엄한 심판을 받게 되었습니다. 익숙한 관성을 탈피한다는 게 그만큼 어려운 일입니다.

문정인 싱가포르 북미 정상회담 합의가 나온 이후 미국 상황이 그와 똑같아요. 이른바 전문가라는 사람들이나 관료, 의회 그리고 적지않은 언론이 회담 결과에 상당히 비판적이거든요. 김정은이 이겼고 트럼프가 당했다는 거죠. 정상회담에서 '핵 폐기에 대해 CVID가 명확히 선언되지 않았다, 구체적인 일정이 나오지 않았다, 인권 문제는 거론조차 하지 못했다' 등등의 비판이 거칠게 쏟아져 나오고 있습니다. 재미있는 것은 최근 이런 비판의 선두에 이전까지 비교적 전쟁보다는 외교로 북핵 문제를 풀어가자는 입장이던, 민주당을 비롯한 이른바 리버럴 진영이 서 있다는 거죠.

홍익표　　그렇습니다. 주류층의 반대가 극심하죠. 이에 비해 미국인들 일반 여론은 상당히 호의적입니다. 로이터 통신이 6.12 북미 정상회담 결과에 대해 미국 유권자들을 대상으로 여론조사를 했는데, 절반이 넘는 응답자가 대북 협상을 잘했다고 답했습니다. 또 다른 여론조사에서는 이번 회담이 북한의 핵 위협 감소에 도움이 될 것이라고 생각하는 사람(51%)이 그렇지 않을 것이라고 보는 사람(39%)보다 많은 것으로 나타났습니다. 민심과 주류 사회의 생각이 판이하게 다른 겁니다.

문정인　　국민들은 그럴 수밖에요. 현실적으로 전쟁 위협이 감소했는데 싫다고 할 이유가 어딨어요. 반면 전문가나 정치인들은 자신들이 견지하던 북한에 대한 고정관념, NPT 주요 5개국 이외의 나라가 핵무기를 보유하는 데 대한 근원적인 증오감, 미국 기준의 인권이 경시되고 있는 국가와 대등하게 협상을 했다는 사실 자체에 대한 거부감 등이 앞서서 현실과 동떨어진 비판의 목소리를 높이고 있는 겁니다. 오죽하면 트럼프 대통령이 트위터에서, '작년까지는 제발 북한과 대화를 하라고 난리더니, 막상 대화를 하고 비핵화 하겠다는 합의까지 받아내니까, 이젠 더 난리'라고 푸념하겠어요.

홍익표　그러다 보니 이전에는 한국의 진보 세력은 전통적으로 미국 민주당과 정치적 견해가 비슷하고 야당이나 보수 세력은 미국 공화당 쪽하고 호흡이 잘 맞았는데, 최근에는 이게 서로 뒤바뀌었어요. 남북 관계 개선을 원하는 쪽에서는 트럼프 대통령과 미 공화당을 응원하고 자한당 등 보수 진영에서는 트럼프를 비난하며 미국 민주당 쪽의 비판에 손뼉을 치고 있는 역설적 상황입니다.

문정인　기존의 패러다임이 파괴되고 있기 때문에 생기는 현상입니다. 기존 진영 논리나 패러다임으로는 지금 벌어지는 상황과 사태 진전을 설명하기도 이해하기도 어렵죠.

홍익표　토마스 쿤이 말한 패러다임 혁명이 생각납니다. 냉전과 대결 패러다임이 한계에 봉착한 건 분명한데, 진보든 보수든 여전히 기존 패러다임에 갇혀 있습니다. 무엇보다 국익을 우선해서 생각해야 할 보수가 나라의 전쟁 위기가 감소된 상황을 반대한다거나, 진보를 자처하는 일부 사람들이 말로는 평화를 지향한다면서 '북한 핵도 통일이 되면 우리의 자산'이라는 위험한 생각을 하기도 합니다.

문정인　딱 그겁니다. 기존 주류 이론, 노멀 사이언스라고 하죠. 패러다임의 교체는 이 주류 이론이 설명하지 못하는 현상들이 발생할 때 생겨나지요. 예를 들자면 뉴턴의 고전 역학이 기존 과학 패러다임이었는데, 우리가 눈으로 관측 가능한, 이 지구상에서 벌어지는 모든 물체의 운동은 뉴턴 법칙으로 다 설명이 가능했죠. 뉴턴의 고전 역학은 단순히 물리적 법칙에 대한 설명으로 끝나지 않아요. 서양의 근대 철학과 사상, 세계관에 영향을 미치죠. 그러나 눈으로 관측하기 어려운 미시 세계 또 빛의 속도로 움직이는 세계에 가서는 뉴턴의 설명이 맞지 않는 것이 생깁니다. 결국 뉴턴 역학을 넘어서는 상대성이론과 양자 역학이 등장하고 나서야 이런 예외 현상을 설명할 수 있었습니다. 비로소 패러다임의 교체가 이뤄지는 거죠.

전쟁과 평화를 보는 관점도 마찬가지입니다. 이전에는 냉전 대결의 관점으로, 전쟁을 먼저 준비하라는 베게티우스의 금언으로 모든 것이 설명 가능했어요. 우리나라 국민들도 정부 수립 후 지금까지 이 패러다임의 지배를 받아온 겁니다. 북한은 악이어야 하고, 북의 지도자는 항상 악마거나 희화화된 존재이고, 북과 대결하기 위해서는 한미 동맹과 주한미군은 우리의 생명선이나 마찬가지고, 북한의 도발을 억제한다는 명목으로 남한이 미국의 핵우산을 쓰거나 한반도에 전술핵을 들여와도 되고… 이런 관점이었습니다. 그러나 이제 어떻습니까. 그 관점으로 설명이 안 되는 현상들이 도처에 나타나고 사람들은 의심하기 시작했습니다. 여기에 과거 두 번의 남북 정상회담이 조금씩 균열을 내고 올해 4.27 판문점 정상회담을 거치고 나자, '아 어쩌면 예전 생각이 틀렸을 수 있구나' 이런 각성이 시작되었습니다. 패러다임이 변하고 있는 겁니다. 변화를 보지 못하거나 이전 패러다임에 갇힌 사람들은 변화에 저항합니다. 6.13 지방선거에서 자한당의 몰락은 패러다임 변화를 거부한 결과라고 할 수 있습니다.

홍익표 우리 국민은 위기의 당사자였고 냉전 대결 패러다임으로 설명할 수 없는 상황 변화를 먼저 맞닥뜨렸지만, 미국은 아무래도 바다 건너 한 발짝 떨어진 입장이라 우리보다는 훨씬 감이 떨어질 수밖에 없습니다. 그래서 트럼프 대통령은 북미 회담 결과를 미 언론이나 의회에 설명하고 설득하는 데 우리와 비교가 안 될 정도로 어려움이 클 수 있습니다. 북미 회담이 끝난 뒤 트럼프 대통령이 기자들과 일문일답을 하는 모습을 보니 그런 걱정이 많이 들더군요.

문정인 '김정은 위원장의 승리 아니냐, 미국이 너무 양보한 거 아니냐'는 질문이 계속 나오던데 사실 참 답답한 이야기입니다. 그 자체가 철저히 대결적이고 냉전적인 질문입니다. 전쟁은 승자와 패자가 있지요. 이기는 게 아니면 지는 겁니다. 그래서 지지 않으려고 필사적일 수밖에 없죠. 그런데 평화는 다릅니다. 서로 이익을 만드는 것이 평화입니다. 그리고 이걸 가능하게 만드는 것이 바람직한 외교입니다. 북미 정상회담의 결과로 어디 한쪽이 손해 보거나 이전보다 나빠진 나라가 있나요? 미국, 북한, 한국 모두 다 회담 전보다 전쟁 위기가 감소했고 언제든 서로 대화할 수 있게 되었습니다. 미국은 전쟁 비용과 미군 희생 걱정을 덜었고 한국은 한반도 리스크가 감소되면서 국가 신인도가 올라가는 중입니다. 북한은 그간 핵과 경제를 병진하느라 힘들었는데 이제 본격적으로 경제에 매진할 수 있고 김정은 위원장은 국제 무대에서 주목받는 정상적인 지도자가 되었습니다.

홍익표　맞아요. 이 명확한 현실을 미국 주류 사회가 인정해주지 않으니 이제는 우리가 트럼프 대통령을 지원해줘야 합니다.(웃음)

문정인　남북한이 모두 도와줘야죠.(웃음) 여기서 또 하나 중요한 평화의 규칙이 나오는군요. 평화가 가능하려면 상대방의 입장과 처지를 이해해야 합니다. 역지사지가 필요한 거죠. '나는 이걸 원하지만 상대는 저걸 원하는구나, 그렇게 생각할 만한 이유가 있구나' 하고 깨달아야 서로가 원하는 것을 들어주거나 때로는 한발씩 양보를 하면서 평화롭게 문제를 풀 수 있어요.

홍익표 　전쟁은 내가 절대 선이고 상대는 절대 악이라는 이분법만으로 가능합니다. 그러나 평화는 상대에 대한 이해가 있어야 가능하죠. 전쟁 승패에 따른 결과는 독점적인 데 비해서 평화는 독점할 수가 없기 때문입니다. 평화는 공유하는 속성을 가지고 있으니까요.

문정인 　한미 연합훈련을 중단하겠다는 발언을 보면서 트럼프 대통령도 역지사지를 많이 하고 있다는 생각이 들었습니다. 그 이전까지 미국 대통령들은 한미 연합훈련은 '북한의 군사적 도발에 대응하기 위한 훈련'이라는 생각에만 사로잡혀 있었습니다. 트럼프 대통령이 처음으로 '아 우리가 하는 훈련이 저들에게는 군사적 긴장을 높이고 침략 위협으로 느껴질 수도 있겠구나' 하고 북한의 입장을 생각해본 거죠.

홍익표 　북한도 마찬가지입니다. 남북 정상회담 후 먼저 풍계리 실험장을 폭파했습니다. 그리고 트럼프 대통령이 언급했듯이 미사일 엔진 실험장도 폐쇄했습니다. 폼페이오 국무장관이 북미 회담을 조율하기 위해 평양을 방문하고 돌아갈 때는 억류 미국인 3명을 송환했습니다. 이것은 물론 한국에 대한 선물이기도 하지만 북한의 비핵화 의지를 의심하는 기류가 강하고 인권 문제에 민감한 미국 내 사정을 고려한 조치 성격이 강합니다. 트럼프 대통령이 소신대로 정상회담을 추진하려면 우리도 이런 조치들을 취해줘야 하겠구나 하고 상대 입장을 고려한 겁니다.

김치관　　지금까지 이야기를 정리하면, 평화의 규칙 1. "평화를 원하면 평화를 준비하라", 평화의 규칙 2. "평화를 위해서는 상대의 입장을 이해하라"쯤 되나요? (웃음) 사실 우리의 대담은 이전의 냉전 대결적 관점을 버리고 한반도의 새로운 미래를 모색하려는 목적으로 시작했습니다. 여기서 중요한 관점이 '평화의 규칙'이라는 말로 요약되는군요. 한반도 주변 4강의 움직임과 전략을 살피고 북한 사회를 이해하기 위한 일련의 대담도 다이러한 '역지사지'와 '평화를 준비하기 위한' 논의라고 할 수 있겠습니다.

남북 정상이 내건 담대한 목표

김치관　　대담 내용이 갑자기 북미 정상회담으로 건너뛴 감이 있습니다. 남북 정상회담에 대해 좀더 살펴봐야 할 듯한데요. 남북 정상회담의 결실은 판문점 선언에 반영되었습니다. 판문점 선언의 의의와 내용을 자세히 검토해볼까요?

문정인　　4.27 판문점 선언은 남북 관계 발전, 군사적 긴장 완화, 신뢰 구축과 단계적 군축, 그리고 한반도의 평화체제와 비핵화에 관한 실속 있는 내용들을 담고 있습니다.

먼저 남북 관계 정상화에서 많은 합의를 이루었다는 점이 높이 평가됩니다. "남과 북은 고위급 회담을 비롯한 각 분야의 대화와 협상을 빠른 시일 안에 개최하여 정상회담에서 합의된 문제들을 실천하기 위한 적극적인 대책을 세워나가기로 합의했습니다. 이런 맥락에서 남과 북은 민족적 화해와 단합의 분위기를 위하여 각계각층의 다방면적인 협력과 교류 왕래와 접촉을 활성화하기로 했습니다. 그리고 개성 지역에 쌍방 당국자가 상주하는 남북 공동연락사무소를 설치하기로 하였습니다. 이산가족 문제에서도 큰 진전을 보았습니다. 올해 8월 15일 광복절에 이산가족과 친척 상봉을 하기로 결정했습니다. 이와 더불어 2007년 10.4 선언에서 합의한 대로 동해선 및 경의선 철도와 도로들을 연결하고 현대화하여 활용하기 위한 실천적 대책들을 취해나가기로 했습니다.

판문점 선언은 남과 북이 '한반도에서 첨예한 군사적 긴장 상태를 완화하고 전쟁 위험을 실질적으로 해소하기 위하여 공동으로 노력해나갈 것'을 명시했습니다. 양 정상 모두 지상과 해상, 공중을 비롯한 모든 공간에서 군사적 긴장과 충돌의 근원이 되는 상대방에 대한 일체의 적대 행위를 전면 중지하고 비무장 지대를 실질적인 평화 지대로 만들어나가는 것뿐만 아니라, 서해 북방한계선 일대를 평화수역으로 만들어 우발적인 군사 충돌을 방지하고 안전한 어로 활동을 보장하기 위한 실제적인 대책을 세우기로 했습니다. 국방부장관 회담을 비롯한 군사 당국자 회담도 자주 개최하기로 했습니다.

마지막으로, 이번 판문점 선언에서는 비정상적인 현재의 정전 상태를 종식시켜 한반도의 항구적이며 공고한 평화체제 구축을 위하여 적극 협력해나가기로 했습니다. 긴장이 해소되고 서로의 군사적 신뢰가 실질적으로 구축되는 데 따라 단계적으로 군축도 실현해나가기로 했습니다. 또한 정전협정 체결 65년이 되는 올해 안에 남·북·미 3자 또는 남·북·미·중 4자회담 개최를 적극 추진해, 종전을 선언하고 정전협정을 평화협정으로 전환하여 항구적이고 공고한 평화체제를 구축하는 것을 목표로 설정하고 있습니다. 가장 중요한 사항은 양 정상이 '완전한 비핵화를 통해 핵 없는 한반도'를 실현한다는 공동 목표를 확인하고 각자의 책임과 역할을 준수하는 동시에 비핵화를 위한 국제 협력을 추진해나가기로 한 것입니다.

홍익표   세부 내용을 잘 요약해주셨는데, 각론 하나하나도 의의가 크지만 무엇보다 이번 정상회담에서 남북한 8천만 겨레 앞에 내건 목표는 실로 담대하고 파격적이지 않습니까? 70년 가까이 묵은 전쟁 대결 상태를 금년 안에 종식시키고 새로운 평화의 역사를 만들겠다는 두 정상의 의지는 상상을 초월하는 것이었습니다.

문정인 사실 분단과 대결 상태가 오래 지속되면서, 많은 사람들이 남북 문제에 대해 점진주의적인 접근에 익숙했었는데 이번에 두 정상의 의기투합은 참으로 획기적인 발상의 전환이었습니다.

그리고 이번에는 의제 설정에서도 한목소리를 낸 것이 돋보입니다. 과거 사례를 보면 남측은 구체적 합의를 원하는 반면 북은 원론적인 포괄적 합의만을 강조하는 온도차를 보여왔습니다. 이번 판문점 선언은 이 두 시각을 절묘하게 절충했어요. 그리고 남측은 기능주의와 '쉬운 것부터 먼저, 어려운 것은 나중에' 하자는 선이후난(先易後難) 원칙에 의거해 경제나 사회문화 부분의 협력을 주장하는 반면, 북한은 정치와 군사 문제가 풀리면 다른 모든 게 풀린다는 '톱 다운' 방식의 일괄타결을 고집하던 것이 과거 관례였잖아요? 이번에는 그런 차이점도 극복하고 전쟁 종식, 평화체제, 그리고 비핵화와 같은 핵심 의제에 쉽게 합의를 했습니다.

홍익표 '완전한 비핵화'를 선언문에 명기한 것도 획기적입니다. 앞서 지적했듯이 우리 측이 강조했던 정상회담의 핵심 의제는 비핵화였습니다. 사실 과거 북한은 핵 문제는 오로지 미국과 북한 사이의 문제이기 때문에 남측은 낄 사안이 아니라고 주장해왔는데 이번에는 달랐습니다. 김정은 위원장은 '완전한 비핵화를 통한 핵무기 없는 한반도의 구현'을 서면으로 확인했고 조선노동당 기관지 〈노동신문〉 또한 완전한 비핵화 합의에 대해 전례없이 보도했습니다. 더욱 파격적인 것은 북한이 '완전한 비핵화'의 구체적 행보를 보이기 시작했다는 점입니다. 풍계리 핵실험장을 5월 24일 폐기한 것이 대표적 사례입니다.

문정인　　회담에 임하는 김 위원장의 행보는 상당히 실용적이고 현실적이었습니다. 김 위원장은 비핵화의 선제 조건으로 주한미군 철수, 축소나 한미 동맹의 지위에 대해 전혀 언급하지 않았어요. "우리와 대화해보면 내가 남쪽이나 태평양상, 그리고 미국을 겨냥해 핵무기를 쏠 사람이 아니라는 점을 알게 될 것이다." "미국과 자주 대화해 신뢰를 쌓고 종전선언과 불가침조약을 체결한다면 왜 우리가 핵을 가지고 어렵게 살겠느냐." 같은 발언이 그 자리를 메웠습니다. 뒤집어 말해 남측이 바라는 대로 올해 안에 종전선언이 이뤄지고 정전협정이 평화협정으로 전환되는 것이 확실하다면, 북측도 그에 상응하는 비핵화 노력을 하겠다는 것입니다. 역시 전례없이 고무적인 일이지요.

홍익표　　양국 정상이 과거의 합의와 선언을 이행하지 못했던 점에 주목하며 이번에는 합의 사항을 성실히 이행해나가기로 약속한 것도 앞으로의 전망을 밝게 합니다. 그런 점에서 이번 합의는 이전보다 훨씬 강한 구속력을 갖게 될 것입니다. 주요 회담과 행사 날짜를 선언문에 구체적으로 박은 것도 문재인 대통령의 금년 가을 평양 방문을 구체적으로 적시한 것도 과거와 많이 다릅니다.

문정인　아주 중요한 점이에요. 많은 약속보다 더 중요한 것은 일단 한번 한 약속을 서로 신의를 가지고 지켜나가는 일이죠. 과거 남북 관계가 진전될 듯하다가 답보 상태로 빠진 경우를 보면 항상 기본적인 약속을 서로 지키지 못하면서 신뢰가 후퇴했거든요. 문재인 대통령이나 김정은 위원장 모두 과거 남북 관계의 선례를 매우 꼼꼼히 복기하고 이번 회담에 임했다는 느낌이 강하게 듭니다.

회심의 카드, 김여정 부부장의 방남

김치관　두 분 말씀을 들으니 이번 정상회담이 과거 역대 정상회담과 어떤 차이점이 있는지 확연하게 드러납니다. 내용, 형식 그리고 무엇보다 남북 간 신뢰 측면에서 모두 진일보한 회담이었는데, 그렇다면 무엇이, 어떤 요인이 이 놀라운 성공을 가졌을까요?

문정인　우선, 김 위원장의 전략적 결단을 들 수 있습니다. 사실 이번 정상회담의 기획, 연출자는 김정은 위원장이라 해도 과언이 아닙니다. 이런 전향적 자세는 남측으로부터 경제적 지원을 모색하고 문재인 대통령을 통해 트럼프 대통령에게 접근하려는 의도 때문이겠죠. 특히 중요한 것은 경제입니다. 금년도 신년사와 4월 21일 노동당 7기 3차 전원회의에서 북은 경제의 중요성을 거듭 강조했습니다. 핵무기를 포기하면서까지 경제 발전을 추진하겠다는 김 위원장의 결단과 의지가 이번 정상회담을 가능케 한 가장 큰 요인이라고 봅니다.

문재인 대통령의 진정성, 성실성, 열린 마음 그리고 남북 관계 개선에 대한 의지 또한 크게 작용했습니다. 평창 동계올림픽 개막식에 참석한 북한 대표단, 특히 김여정 부부장은 이를 가감없이 김 위원장에게 전했습니다. 김정은 위원장은 문재인 대통령이 미국과 북한 사이를 연결하는 가교 역할을 해줄 수 있다는 판단을 내렸던 것 같습니다.

마지막으로 트럼프 대통령의 역할을 언급하지 않을 수 없습니다. 사실 작년만 해도 트럼프 대통령에 대한 우려가 컸습니다. 외교적 노력보다는 최대한의 압박과 강압, 그리고 군사 행동을 암시하는 행보로 우리 모두를 불안하게 했으니까요. 정점을 찍은 건 9월 19일 유엔총회 연설이었죠. "미국과 동맹국들을 방위해야 한다면 북한을 완전히 파괴하는 결정을 내릴 수밖에 없다."라고 말해 전 세계를 깜짝 놀라게 했습니다. 결과적으로 보면 트럼프 대통령은 북한을 최대한으로 압박하는 한편, 문 대통령의 대북 접근을 격려하고 지지하는 이중 전략을 썼던 거라고

홍익표 제20대 국회의원

"

북한 군부의 반발이나 쿠데타 가능성은
현저히 낮습니다. 중국과 베트남의
선례를 보아도 군부가 개혁개방에
저항한 사례가 없습니다.

,,

평가할 수 있습니다.

홍익표   몇 가지 요인을 봐야 하는데, 트럼프 대통령 자체에 좁혀서 보면 현재 정치적 위기가 좀 있죠. 지지율이 계속 하락하고 있고 장담했던 제조업 활성화나 일자리 증대, 경제 정책에서 생각보다 큰 성과를 못 내고 있습니다. 야당은 물론이고 공화당 내에서도 트럼프 대통령에 대한 반대 기류가 조성되면서 정치적 리더십이 안팎으로 상당한 위기에 직면해 있습니다. 그리고 여전히 러시아와의 커넥션 문제도 정치 쟁점으로 남아 있고요. 올해 11월 중간 선거가 집권 후반기 2년의 정국 운영에 큰 관건이 되기 때문에 뭔가 분명하고 가시적인 성과를 보여줄 필요가 있겠죠. 그런데 이런 정치적 판단을 넘어서는 객관 조건이 있습니다.

무엇보다 이제는 북핵 문제가 미국 주류 사회의 문제가 되었다는 점입니다. 그간에 미국은 사실상 북한 문제를 방치하거나 크게 관심을 기울이지 않았습니다. 중동의 석유 확보 문제가 가장 중요하고, 전통적으로 유럽 문제가 중요하고 이런 것들이 미국 주류 사회의 이해와 직접 연관된 문제였기에 미국 대통령으로서도 우선순위였죠. 반면 북한 문제는 변방이었습니다. 미국을 직접적으로 위협하는 문제는 아니었으니까요. 그러나 최근 북한의 장거리 미사일 기술이 최소한 미국 서부 지역까지는 도달한다는 판단을 하고 있잖아요. 미국 주류 사회가 직접적인 위협으로 간주하기 시작했다는 측면에서 우선순위가 높아졌고 이 문제의 해결에 대한 요구도 높아진 거죠. 따라서 이 문제를 풀 경우 트럼프 대통령은 과거 부시, 클린턴, 오바마 대통령도 풀지 못한 일을 해냈다는 역사적 평가까지 기대할 수도 있습니다. 당연히 현직 대통령이라면 욕심이 날 것 같아요. 이런 배경 아래에서 '내가 만나서 매듭을 지어보자'라는 승부사 기질이 발동되었을 거라고 판단합니다.

김치관　이번에 북한이 보여준 남북 대화 의지는 상당히 놀라운 것이었습니다. 핵 실험과 미사일 발사 시험을 하면서 긴장을 높일 때도 매우 빨랐는데 긴장을 푸는 과정도 아주 속도감 있습니다. 이것은 김정은 위원장 리더십의 중요한 특징으로 보입니다.

홍익표　그런 조짐은 북한이 평창 올림픽 대표단을 파견할 때부터 나타났죠. 김여정 부부장을 내려보낸 게 회심의 카드였습니다. 김 부부장은 김정은 위원장과 같은 '백두 혈통'이잖아요. 지금 김정은 위원장에게 가장 솔직하고 편안하게 여러 상황을 전달할 만한 사람이죠. 김 위원장 입장에서는 문재인 대통령에 대한 평가, 남한 정부의 대화 의지 등에 대한 판단이 매우 중요한 상황에서 다른 사람이 아닌 여동생을 메신저로 선택한 거죠.

문정인　　절묘한 선택이었습니다. 상징적으로는 헌법상 국가 수반인 김영남 상임위원장을 보내고 김여정 부부장에게 최고 지도자의 실질적 메신저 역할을 하게 했으니까요.

홍익표　　김여정 부부장은 당분간 남북 관계에서 중요한 역할을 할 가능성이 큽니다. 김영남 최고인민위원회 상임위원장은 90대의 고령입니다. 지금부터 새롭게 풀려나가는 남북 관계의 먼 미래를 생각할 때 젊은 김여정 부부장이 참여한다는 게 우리로서도 나쁘지 않습니다.

문정인　　문 대통령에 대한 김여정 부부장의 인식은 아주 좋은 것 같아요. 김여정의 방남 보고가 상당히 긍정적으로 이루어진 게 주효했죠.

홍익표　　북한에서도 남북 관계에 오래 종사한 사람들이 위치가 그렇게 안전하지 않아요. 우리도 마찬가지입니다. 분단 체제에서의 남북 관계라는 것은 늘, 그 사회 일각에서 항상 도전받고 위협받을 위치에 있는 거죠. 고위직이라 해도 관료 입장에서는 이런 점을 고려하지 않을 수 없습니다. 최고 지도자에게 보고할 때 자연히 그 사회 주류의 시각을 반영해 다소 보수적으로 보고할 가능성이 있지요. 김여정 부부장은 그런 점에서 김정은 위원장이 알고자 하는 남한 당국의 의지를 가감없이 전해줄 수 있는 인물이었습니다.

문정인 3월에 우리 대북 특사단이 다녀와서 발표한 내용을 보며 김정은 위원장이 지금 정말 일을 풀어가고 싶어 한다는 점을 느꼈습니다. 북한이 과거에는 남한을 배제하고 궁극적으로 미국과 문제를 푸는 데 집중했단 말이에요. 그런데 지금은 남북한의 관계를 통해서 풀려고 하는 접근 방식이지요. 과거의 패턴을 봐요. 1999년 미국 페리 장관이 평양 가서 페리 프로세스(Perry Process)를 통해서 북미 관계 개선 조짐이 나오니까 2000년 남북 정상회담이 성사됐죠. 2007년 10월 남북 정상회담도 마찬가지입니다. 2006년 10월 9일 북한 1차 핵 실험 직후 노무현 대통령이 부시와 만나 대화의 필요성을 강조하니까 부시 대통령이 북한하고 대화하겠다 그러면서 바로 2007년 2.13 합의를 만든단 말이에요. 항상 북미 관계가 개선되면서 남북 정상회담이 이뤄졌거든요. 북한은 늘 미국을 의식하면서 북미 관계가 진전되면 곁가지로 남북 정상회담을 하곤 했는데 이번엔 패턴이 완전히 달랐습니다.

홍익표 어떤 때는 남북 회담이 앞서는 경우도 있었지만 그 경우 북한이 패를 다 안 꺼냅니다. 미국한테 줄 패는 항상 따로 갖고 있었죠. 그런데 이번 방북 특사단에 내놓은 보따리를 보면 미국한테 줄 것까지 포함해서 그냥 다 내놓은 거죠.

문정인　이렇게 김정은 위원장과 트럼프 대통령은 때로는 주변을 놀라게 할 정도로 파격적으로 협상 의지를 드러내기도 하고 때로는 위협과 압박, 블러핑도 서슴지 않는가 하면, 종종 의도적으로 상대방을 깎아내렸습니다. 서로를 '로켓 맨', '늙다리 미치광이'라고 호칭했죠. 그러면서도 항상 몇 수 앞을 내다보고 움직였어요. 수 싸움이 치열했고 두 사람 모두 상당한 전략가라고 봐야 합니다. 그런데 이렇게 강한 캐릭터, 전략적인 목표가 분명한 두 지도자 사이에서 문재인 대통령이 인내심을 가지고 양쪽에 모두 이익이 되는 상황을 끊임없이 설득한 것이 적중했습니다. 이만한 중재자가 어디에 또 있을까요.

트럼프, 노벨평화상 받을 자격 있다

김치관　합종연횡을 펼친 춘추전국시대의 유세가들이나 적장과의 담판으로 거란으로부터 강동6주를 돌려받은 고려시대의 서희에 못지않은 외교적 승리라고 할 수 있겠죠. 결국 세 정상 모두 각자의 역할이 충분히 있었습니다. 여담이지만 일각에서는 트럼프 대통령이 노벨평화상 후보로 거론되는 데 대해서, 남북이 차려놓은 밥상에 숟가락 하나 얹었다고 평하기도 합니다만.(웃음)

문정인　누가 먼저 식탁을 차렸는지가 뭐 그리 중요하겠어요.(웃음) 결국 중요한 것은 마주앉아 식사를 하고 적대를 해소하는가 여부겠죠. 평화는 아무리 간절하다 해도 한쪽만 원해서는 성사되지 않아요. 양쪽이 같이 원해야죠. 그럼 테이블에 마주앉아 식사한 사람들 모두가 상 받을 자격이 있는 거죠.

홍익표　그렇긴 해도 트럼프 대통령이 어느 정도는 노벨평화상을 의식한 것은 사실인 듯합니다.

문정인　당연히 생각해봤을 겁니다. 그러나 승산이 없으면 아마 트럼프 대통령은 이렇게 적극적으로 나오지 않아요. 대통령이 되기 전에 쓴 『거래의 기술』이라는 책을 보면 트럼프 대통령의 사고는 우리가 통상 생각하는 관료적인 접근 방식과 많이 달라요. 승산이 있다면 매우 과감하게 베팅을 합니다. 한국 정부에서 그동안 전달받은 이야기, 문재인 대통령의 지속적인 북미대화 및 북미 관계 정상화 요구, 정의용 실장과 서훈 원장이 트럼프 대통령에게 전달한 북한의 메시지 등에서 충분히 베팅할 만하다는 판단을 내렸을 거예요.

홍익표　기질적으로 트럼프 대통령은 항상 이전 정치인과 자신을 비교해요. 특히 오바마 전 대통령과 대립각을 많이 세우는데, 오바마의 가장 큰 외교적 업적이 이란 핵 협상이라고 평가

받잖아요. 이란 핵 협상이 성공적이라고 하지만, 사실 이란은 아직 핵무기를 갖지도 않은 상황이었죠. 이미 핵을 가진 북한을 설득하고 협상으로 해결한다면 더 큰 평가를 받겠다고 생각할 수 있죠.

문정인　오바마의 이란 핵 협상을 평가 절하하던 트럼프 대통령은 결국 얼마 전 이란 핵 협정 탈퇴를 선언했죠. 전임 대통령의 최대 치적을 그렇게 함부로 파기하는 트럼프이기는 한데, 다른 면에서는 그런 예외적인 정치를 하기 때문에 김정은 위원장과 만나겠다고 나설 수 있었던 것이기도 하죠. 후보 시절 트럼프는 대통령 선거 기간 동안에 이미 "난 김정은 위원장 만나서 딜을 할 수 있다, 같이 햄버거 먹고 이야기할 수 있다."라고 발언한 바 있어요. 역대 미국 대통령 가운데 이렇게 적극적으로 북한과 직접 만나서 해결하겠다고 나선 사람은 없었거든요. 미국 주류 사회의 눈치를 계속 보는 일반 정치인들과 접근법이 아예 달랐던 겁니다.

홍익표　트럼프 대통령이 역대 미국 대통령들과는 다른 독특한 포지션에 있기에 북미 관계의 큰 변화가 가능했다는 점은 분명합니다.

문정인　그렇죠. 그간 역대 미국 정부의 외교 과제에서 한반도 문제는 항상 유럽과 중동, 일본 다음이었기에 방치한 측면이 강했어요. 미국이 먼저 적극적으로 나서서 한반도 문제를 평화적으로 풀어갈 유인이 크지 않았던 거죠. 기대를 많이 걸었던 클린턴 정부나 오바마 정부에서 북핵 문제, 한반도 평화 문제에 전혀 진전이 없었잖아요.

또 전통적인 미국 정치인들의 이른바 '미국적 가치'에 대한 집착은 우리 생각보다 큽니다. 그 절정을 보여준 게 부시 전 대통령이죠. 부시가 표방했던 신보수주의는 도덕적 절대주의에 가까운 미국적 가치 우월성에 대한 집착입니다. '미국의 가치는 보편적이고 절대적이다. 미국과 뜻을 달리하는 친구들은 절대 수용할 수 없다'는 확신이 강하게 자리잡고 있었던 겁니다. 그런데 트럼프는 이런 전통적인 가치관이나 미국 외교 정책의 관성 심지어 공화당 외교 노선에서도 상대적으로 자유로운 인물입니다.

홍익표 맞습니다. 그런데 주요 행위자들의 특성을 떠나서 이 시점에 우리는 남과 북 그리고 미국이 처한 객관 상황과 조건을 가장 주목해야 한다고 봅니다. 지금 상황이 이렇게 빠르게 진전되는 것은 무엇보다 객관적 조건이 무르익었기 때문입니다. 지난 연말까지 한반도의 긴장이 최대 수준으로 높아졌지 않습니까. 사실 트럼프 대통령이 계속 북한에 대한 제한적 타격 얘기를 했지만 미국은 한반도의 긴장이 높아지고 실제로 군사적 조치를 고려해야 하는 상황에 대해서는 상당한 부담을 갖고 있었습니다. 남북한은 더 말할 것도 없겠죠. 또 남북한의 군사적 긴장을 정치적으로 일정 부분 활용하고 있는 아베 총리조차도 한반도에서의 전쟁은 결코 원하지 않는 상황일 겁니다. 과거 1950년 한국전쟁 때와 달리 만일 지금 한반도에서 전쟁이 난다면, 일본 경제는 큰 타격을 입게 되죠. 더구나 북한이 핵무기까지 개발한 상태에서는 불똥이 일본에 튈 가능성을 배제할 수 없습니다.

이런 객관적 조건을 보면 남북한을 비롯해 우리 주변의 모든 행위자들이 한반도의 긴장으로 인해 상당히 큰 부담감을 오랫동안 받아왔던 거예요. 그래서 상황은 풀고 싶은데 이걸 풀 수 있는 환경이나 주도할 역량을 지닌 주체의 부재로 모멘텀을 찾지 못하고 있었습니다. 이런 객관 조건에서 문재인 정부의 일관된 목표와 인내심 그리고 북한 김정은 위원장의 결단이 문제를 풀기 위한 결정적 방아쇠를 당겼다고 할 수 있습니다.

문정인 우리 정부가 인내심을 가지고 이 상황을 잘 조성했지요. 정권 초기에 다소 답답해 보이는 측면도 있었는데 저는 그것이 거꾸로 도약을 위한 준비 단계였다고 생각합니다. 우선 국내외의 보수 여론이나 중도층의 의구심 혹은 불안감을 해소하는 과정이 필요했지요. 문재인 정부가 일부 야당이나 보수 언론에서 얘기하는 것처럼 좌파나 종북 정권이 아닐뿐더러 국제 관계를 굉장히 안정감 있게 대처하는 정권이라는 신뢰감을 주는

김치관 〈통일뉴스〉 편집국장　　　　　ⓒ 최배문

"

미사일 시험 발사로 긴장을 고조시킬 때도
그리고 그 긴장을 해소할 때도
아주 전격적이고 빠른 것이
김정은 위원장 리더십 스타일이었습니다.

"

과정이 필요했던 겁니다. 특히 정권 초반 미국에게 우리가 한미동맹이나 남북 관계에서 미국과의 공조를 매우 중시하고 항상 모든 것을 터놓고 협의한다는 신뢰를 주기 위해 많은 공을 들였습니다. 이런 노력이 문재인, 트럼프 대통령 간의 한미 정상회담을 통해 우호적인 분위기로 모아졌고, 차근차근 내부 준비를 갖춘 상태에서 평창을 계기로 파격적으로 우리의 카드를 내보이며 역량을 발휘한 것입니다.

김치관 　두 분 대화에서 지금 한반도의 역사적 변화의 물결이 어떤 객관적 조건과 주요 행위자들의 특성에 기초해서 만들어졌는지 상당부분 감이 잡힌 것 같습니다. 그런데 지금까지 순조로웠다 해도 앞으로의 과제 또한 첩첩산중입니다. 북미 정상회담의 미국 내 수용 문제, 북한 군부의 동향 등도 그러하고 특히 쉽지 않은 문제는 김정은 위원장이 핵 시설, 핵 물질 및 핵탄두를 완전하고, 검증 가능하며, 되돌릴 수 없는 방식(CVID)*으로 폐기할 의향이 진짜 있는가 하는 점입니다. 이런 점들을 짚어봤으면 합니다.

● 북한 핵 개발을 복구 불가능한 상태로 만들려는 목표 아래 조지 부시 행정부에서 내걸은 북핵 해결 원칙. Complete, Verifiable, Irreversible Dismantlement 의 약자를 따서 CVID라 표기한다. 그런데 이 원칙은 미국 측에서 일방적으로 요구한 것일 뿐만 아니라, 무엇이 완전한 것이고 어떻게 검증할 것인지, 되돌릴 수 없는 폐기가 구체적으로 어떤 내용인지 정의되지는 않아서 이 원칙에 따라 핵 협상을 하더라도 세부 사항에서는 북미 간에 많은 이견이 나올 수밖에 없는 원칙이다.

문정인   사실 판문점 선언은 믿기지 않을 정도로 훌륭하고 포괄적입니다. 그러나 판문점 선언을 이행해 나가는 데는 험난한 길이 기다리고 있습니다. 해묵은 한반도 갈등을 짧은 시간 내에 항구적인 평화로 바꾸는 것은 쉽지 않습니다. 두 숙적끼리 군사 긴장 완화, 신뢰 구축, 그리고 단계적 군축을 해 낸다는 것은 간단치 않은 과제입니다. 1993년부터 지속되어온 북핵 문제도 마찬가지겠죠.

홍익표   보수 야당을 비롯해 회의론자들은 김 위원장이 '행동 대 행동' 원칙에 기반한 점진적이고 동시적인 교환 방식을 강조하며 핵 협상에서 과거처럼 살라미 전술*을 취할 수도 있다고 우려합니다. 북한 내부 불확실성 때문에 더욱 그럴 수 있다는 것입니다. 제 아무리 김 위원장이 군부를 통제하고 있다 하더라도 '완전한 비핵화'라는 합의 이행을 군부가 순순히 수용하기는 어렵지 않겠냐 하는 의구심을 갖는 거죠. 그러면 북한이 과거처럼 비핵화의 초기 단계에서 실리만 챙기고 시간을 번 뒤 다시 협상을 파국으로 몰아 갈 거라는 불신이 깔려 있습니다.

● 얇게 썰어 먹는 이탈리아 소세지 살라미(salami)에서 유래한 말로, 하나의 과제를 여러 단계나 내용별로 세분해 차례로 협상해 나가는 협상 전술을 뜻한다. 북한 핵 문제 협상 반대론자들은 북한이 단계별로 남한과 국제 사회로부터 최대한 보상을 얻어내기 위해 이러한 전술을 쓴다고 보기도 하지만, 단계별로 시간을 끌어 핵 무력을 더욱 고도로 완성하기 위한 시간 벌기용이라는 시각으로 협상 자체를 반대하기도 한다.

문정인　한국이나 미국 모두 이러한 북의 살라미 전술을 받아들일 수 없을 것입니다. 북한이 그러한 전술을 추구한다면 이번 합의 전체가 위험에 빠지게 되고 가다 서다를 반복하는 과거의 패턴과 죄와 벌의 반복을 피하기 어려울 것입니다. 이는 분명히 군사 행동과 전쟁 가능성을 키우면서 또 다른 위기로 이어질 것입니다. 이러한 가능성을 인지하여, 한국과 미국은 북한에게 분명한 메시지를 전달했고 북한은 과거의 관행으로 돌아가지는 않을 것입니다. 북한이 이 문제에 대한 확고한 방향을 세우지 않고 전술적으로만 접근했다면, 이번 정상회담에서 '한반도의 완전한 비핵화'를 명기한 공동 선언이 나오기는 어려웠을 겁니다.

북한 군부의 반발? 영화 시나리오 같은 이야기

김치관　방금 언급한 사항 중에 북한 군부의 동향은 미국 쪽에서도 상당히 신경을 쓰는 문제입니다. 김정은 위원장은 남북 관계가 급진전되고 개혁개방의 속도가 붙어도 군부를 통제하는 데 큰 무리는 없을까요? 급격한 변화에 대한 북한 군부의 반발 가능성 말입니다. 노련하고 나이 많은 장성들이 포진한 군부가 애써 만든 핵무기를 포기하는 걸 가만히 지켜보고만 있을지 궁금한 사람들이 많습니다.

홍익표　군부 반발 문제는 사실 보수 진영이나 미 국무부, CIA 등 대북 강경론을 펼쳐온 쪽에서 갖는 주관적 희망이 섞인 관심사일 뿐입니다. 사회주의 국가에서는 쿠데타가 발생하기 훨씬 어렵습니다. 사회주의 나라에서 군사 쿠데타 유례를 찾기가 힘들죠. 과거 중국에서 린뱌오(林彪)*, 그리고 구소련 말기인 1991년에 미하일 고르바초프 대통령에 반대하며 발생한 쿠데타 정도가 있는데 모두 성공하지 못했지요. 게다가 구소련의 경우 엄밀히 말해서 군부가 자체적으로 일으킨 쿠데타라기보다는 당시 붕괴 위기에 내몰린 소련 공산당이 주도한 것입니다. 사회주의 나라들은 자신들이 혁명을 해본 경험이 있고, 국가 건설 과정에서 군대의 역할이 얼마나 중요한지 잘 알기 때문에 그 위험성도 잘 인식하고 관리에 크게 주의를 기울입니다.

북한 군부의 최고위 간부를 보면 우리 국방장관에 해당하는 인민무력상, 합참의장에 해당하는 총참모장, 그리고 우리 군에는 없는 직위인데 굳이 비교한다면 기무사령관과 가깝지만 위상과 역할, 권한 등이 비할 바 없이 큰 총정치국장 등이 있습니다. 그런데 북한과 사회주의권에서는 총정치국장이 총참모장보다 더 중요한 자리이고 실세입니다. 계급상 총참모장이 군을 통솔하지만 총정치국장이 총참모장을 감시, 통제하는 거죠.

● 중국공산당은 1973년 10전대회(十全大會)에서 정치 보고를 통하여 이른바 '린뱌오 사건'에 대해 발표했다. 국가 부주석 린뱌오가 1971년 9월 8일 반혁명 무장 쿠데타를 일으켜 주석 마오쩌둥을 모살(謀殺)하고, 중앙정부를 수립하려고 했다는 것이다. 린뱌오는 음모 실패 후, 소련으로 도피하려 했으나 비행기 추락 사고로 사망했다.

또한 김정은 위원장 체제 이후 북한은 지속적으로 선군정치 하에서 과도하게 군에 치중되었던 권한을 당 중심으로 이전하는 과정을 거쳤습니다. 이런 점도 북한 군부의 동요 가능성을 줄이는 결정적인 요인이고요.

문정인　총정치국에서 군 인사를 담당하는 게 당이 군을 통제하는 핵심이죠. 배치를 담당하고, 보직을 관리하고, 성분을 감시하고, 이렇게 기무사가 군을 감시하는 것보다 훨씬 더 세부적인 감시를 하고 결정을 내리기 때문에 군부가 독자적인 행동을 하기 상당히 어려운 게 북한의 현실입니다. 이번에 김정각 총정치국장이 김수길로 교체된 점에 대해 주목할 필요가 있을 것입니다.

김치관　영화에는 개혁개방이 임박하자 위기를 느낀 군부가 최고 지도자를 시해하고 쿠데타를 일으키는 시나리오가 종종 나오는데 적어도 북한에 대해서는 그건 어디까지나 영화적 상상력일 뿐이군요. (웃음)

홍익표　그래서 제가 일부 보수 진영의 주관적 희망을 담은 생각이라고 말씀드린 겁니다. (웃음) 중국이나 베트남 등의 선례를 보아도 개혁개방 이후 군부에 의한 권력 도전이나 반란 등이 없었다는 점을 감안하면 남북 관계 개선이나 개혁개방 추진이 군

부에 대한 통제 약화나 군부의 집단 반발로 이어질 가능성은 매
우 낮다고 봐야지요.

2장·한반도 경제지도를 새로 그린다

김치관 주제를 남북 경제 협력으로 돌려보겠습니다. 남북 정상회담의 정신에 입각해서 북한에 대한 국제 제재가 풀리기 전이라도, 우리가 뭐 북측에 가시적으로 보여주거나 풀 수 있는 부분이 있을까요? 금강산 관광 재개나 개성공단 재개 같은.

문정인 개성공단이나 금강산 같은 경우는 벌크 캐시 즉 대량 현금 규제 문제로 유엔 안보리 제재 결의안에 걸리니까 유엔과 같이 풀어야 합니다. 2007년 남북 정상회담 후에 11월에 남북 총리 회담에서 합의한 45개 사항이 있는데, 그 중에서 우리가 단독으로 할 수 있는 것들을 찾아야겠지요.

홍익표 2005년 9월에 경추위(경제협력추진위원회)에서 합의해서 2007년도에 이뤄졌던, 유무상통 원칙에 따라서 북쪽 지하자원하고, 남쪽 경공업 원자재를 교류해본 적이 있거든요. 그렇게 되면 현금이 들어가는 게 아니고 북쪽이 필요로 한 물자들, 군사적 전용이 쉽지 않은 인도적이고 생활적인 물자들을 우선적으로 교류하는 건 유엔 제재에 저촉되지 않으면서 우리가 시도해 볼 수 있는 방식이 아닐까 생각합니다.

남북 경협은 새로운 성장 동력인가

김치관　　지금 한국 경제 상황은 낙관적이지 않습니다. 계속 저성장 기조가 이어지고, 일자리 창출도 쉽지 않고 양극화 해결도 요원해 보입니다. 이런 상황에서 향후 남북 경제 협력이 소위 블루오션을 열 수 있을까요? 상징적인 교류 협력이나 평화 분위기를 보조하는 차원을 넘어서 남북한 경제가 당면한 난관을 돌파하는 데 실질적으로 큰 기여가 될 수 있을까요?

문정인　　남북한의 경제적 보완성은 상당히 많아요. 문재인 대통령이 공약으로도 내걸고 제일 꿈꾸는 일 중 하나가 '한반도 신경제지도'를 구축하는 거죠. 한반도의 새로운 경제 지도가 만들어지면서 북방 경제하고 연결이 되면, 엄청난 동력이 될 수 있을 겁니다.

홍익표　　순전히 우리 입장에서만 살펴보더라도 남북 경협은 한국 경제의 새로운 성장 동력이라고 할 수 있습니다. 우리 경제는 최근 10년간 1인당 국민소득 3만 달러 고지를 돌파하지 못하고 있어요. 2만 달러를 넘어선 게 2007년인데 지난 2017년에도 29,745달러에 그쳐 결국 3만 달러 돌파에 실패했습니다. 이른바 '중진국 함정'에 빠진 겁니다. 이렇게 장기간 성장률이 정체된 것은 지금 한국 경제에 더 이상의 성장 동력이 없다는 뜻이죠. 그래서 지금 우리에게는 어떤 단기적인 목표보다 장기적인 신성장 동력을 만드는 일이 필수 과제입니다. 학계나 경제계에서 새로운 성장 동력에 대한 논의가 분분하지만, 한국만 놓고 보면 답이 별로 나오지 않습니다.

문정인　　현재 우리나라 경제의 잠재성장률이 3% 수준인데, 남북 경협이 가속화되면, 5%대까지 올라가는 것으로 전망하고 있죠?

홍익표　　그렇습니다. 2017년 잠재성장률은 3%에도 못 미쳤어요. 지난해 IMF 보고서는 한국이 노동 인구의 급감 등으로 잠재성장률이 지속적으로 하락하여 2020년대에는 2.2% 수준으로 떨어지고 2030년대에는 1%대까지 하락할 것이라는 전망을 내놓았습니다. 그동안의 저성장 기조에서 거의 제로 성장으로 가는 거죠. 물론 이것은 남북 관계를 전혀 고려하지 않은 전망입니다. IMF의 이러한 전망을 뒤집을 수 있는 유일한 방법이 바로 남북 경제 협력과 북방경제의 개척입니다.

김치관　　우리와 사정은 많이 다르겠지만, 아무래도 독일 사례를 비추어보지 않을 수 없겠네요.

홍익표 네, 1989년 베를린 장벽이 붕괴된 이후 서독 경제는 통일 특수로 상당한 호황을 누렸습니다. 1980년대 2% 아래에 머물던 성장률이 1988년부터 3%대로, 그리고 통일 이후 2년간은 5%를 넘어섰죠. 동독 지역에 대한 사회간접자본 시설 투자 및 주택 건설, 넓어진 시장, 동독 주민들의 서독 제품 수요 증가 등으로 반짝 호황이 왔습니다. 이후 1990년대 중반에는 세계 경제의 침체와 이른바 통일 비용 부담 본격화로 인해 성장률이 다시 하락합니다만, 우리는 독일과 같이 바로 경제 통합을 하는 게 아니라서 케이스가 많이 다릅니다. 통일 비용만 해도 서독은 동독 지역에 대해 직접적인 재정 부담을 통해서 사회보장 수준을 맞추고 노후 생산 설비를 교체해야 했지만, 앞으로 전개될 남북 경협에서 우리 정부의 부담은 어디까지나 간접적 지원이 될 것입니다.

문정인 독일은 노동 시장이나 사회보장 제도를 통일 직후 바로 통합해 나가야 하는 어려움이 있었어요. 임금 구조나 사회보장 수준에서 동서독 간의 현격한 격차를 줄여줘야 했으니까요. 남북한은 완전한 경제 통합까지 상당히 오랜 시간이 걸릴 거예요. 그 사이에 남한 경제 성장이 지속되고 북한도 경제의 자생력을 높인다면 통일 비용은 그만큼 줄어드는 거죠.

홍익표 이명박, 박근혜 정부 시절에는 한동안 과도하게 부풀린 이른바 '통일 비용' 계산이란 것이 시도때도 없이 등장했습니다. 장기간에 걸친 남북 경제 협력과 양쪽 경제의 상호 보완 발전 같은 중간 과정과 단계를 건너뛰고 남북 경제와 사회가 바로 통합되는 것을 전제로, 그러니까 양쪽 1인당 GDP를 균일하게 맞추려면 얼마가 소요되는가, 남한이 북한에게 얼마를 지원해 주어야 하는가를 단순 계산한 것인데, 한마디로 넌센스죠. 현실에서는 벌어질 수 없는 일입니다. 그 진원지는 주로 미국과 일본 쪽의 보수적인 싱크탱크와 경제 연구소들입니다. 예를 들어서 미국의 보수적 싱크탱크인 랜드연구소 같은 곳에서는 이런 엉터리 계산으로 남북 통일 비용이 1조7천억 달러라고 발표했고 국내 신문에 그대로 전재되면서, 국민들에게 통일에 대해 겁을 집어먹게 만들곤 했습니다.

랜드연구소는 미국 방위 산업체인 더글러스 항공이 돈을 대서 설립한 싱크탱크죠. 연구도 주로 국방, 안보 분야 위주이고요. 항공기를 비롯해서 고가 무기 주요 구매국 중 하나인 대한민국이 남북 화해 협력 분위기로 가는 것을 반길 리 없었죠.

김치관 고양이가 생선가게를 지킨 격이군요.

홍익표 정부의 한반도 신경제지도 구상에 따르면, 향후 남북 경제는 인구 8천만의 시장과 국민소득 1인당 3만 달러 수준의 경제 공동체를 형성하게 됩니다. 이른바 3080 클럽이라고 해서 국민소득 3만 달러 이상, 인구 8천만 명 이상인 나라가 현재 전 세계에서도 미국, 독일, 일본 세 나라밖에 안 되는데, 우리가 네 번째가 될 수 있다는 거죠. 이게 문재인 정부만의 아전인수 계산인가 하면 그렇지 않습니다. 글로벌 투자은행인 골드만삭스는 참여정부 시절인 2007년에 이미 남북 경제 협력이 진전되는 것을 전제로, '2050년 한국의 1인당 GDP가 8만1천 달러를 기록하여, 독일과 일본을 제치고 미국에 이어 세계 2위 수준에 오를 것'이라고 전망한 바 있습니다.

문정인   우리가 랜드연구소의 계산을 일고의 가치도 없다고 일축했는데, 골드만삭스 보고서에 너무 일희일비하지는 맙시다. 2050년이면 너무 먼 전망이고 독일과 일본이라고 구경만 하고 있지는 않을 테니까요. 아무튼 중요한 건 글로벌 투자은행도 남북 경협의 파급력을 그만큼 크게 본다는 것인데, 사실 그간 대한민국 경제는 매우 선방하긴 했지만, 섬나라 경제나 다름이 없었어요. 남북 교류와 협력으로 비로소 북방 대륙으로 진출하는 커다란 관문이 열리는 거죠.

한국, 독점적 경제 협력 파트너 과신 말아야

홍익표　　문 교수님 의견에 저도 적극 동의합니다. 다만 하나 걱정스러운 건 북한에 대한 국제 제재가 사라지고 북한과의 교류를 막는 장애가 다 제거된다면, 거꾸로 지금 우리가 가지고 있는 경제 파트너로서의 독점적 지위도 사라질 수 있습니다. 말하자면 북한은 다양한 협력 파트너가 생기는 거죠. 중국은 물론이고 일본도 될 수 있고 미국이나 유럽도 그렇죠. 방금 거론한 골드만삭스 같은 국제 투자은행들도 성장성이 높은 북한 투자를 당연히 고려할 것입니다.

우리가 이런 상황을 생각하지 않고 과거와 같은 패턴, 즉 노동 집약적이거나 경쟁력이 떨어지는 산업을 북한에 이주해서 저임금 노동력을 활용한다는 식의 낡은 사고에 갇혀 있다면, 도리어 북한이 우리를 효율적인 파트너로 생각하지 않을 거예요. 그러니까 북한이 진짜 원하는 게 뭔지, 우리도 경제의 큰 미래를 생각하고 북한과의 협력을 통해 만들어갈 수 있는 영역이 무언지 신중하게 고민해야 합니다.

문정인　　참 좋은 지적입니다. 남북 경제 협력에서 우리는 이미 선진국, 북한은 개발도상국 이렇게 놓고 접근하는 것은 일면적인 생각이에요. 북한이 남한 못지않게 발전한 부분도 꽤 있어요. 예컨대 군사 기술 부문에서는 우리보다 경쟁력 있는 부분이 많단 말이에요. 가령 우리는 아직까지도 독자적으로 로켓을 발사하지 못하는데 북한은 성공했죠. 그런데 북한은 위성이 우리보다 훨씬 뒤쳐져요. 그러면 우리의 위성 테크놀로지하고 북한의 로켓 테크놀로지를 결합해서 기상 위성이니 통신 위성이니 이런 시장을 함께 개척하면 상당한 국제 경쟁력을 가질 수 있는 거죠.

또 하나 예를 들 수 있는 게 사이버 안보 분야입니다. 북한이 이 분야에서 세계적 수준이죠. 아이티 기술은 대한민국이 세계에서 손꼽히는 나라인데 북한이 갖고 있는 사이버 해킹 테크놀로지와 결합하면 위력이 상당하겠죠.

홍익표 맞습니다. 단순하게 우리는 자본과 기술, 북한은 값싼 노동력, 이런 전형적인 선진국과 후진국 분업 모델을 뛰어넘어야 합니다.

문정인 이번 남북 정상회담에서 문재인 대통령이 북측에 신경제지도 구상이 담긴 USB를 건넸다고 하잖아요. 연구해 보자고 말이죠. 이거 매우 의미가 큽니다. 우리가 아직 북한의 잠재력과 가능성을 다 알지 못해요. 경제력이 앞서 있다고 해서 일방적인 경제 협력 모델을 제시해서는 안 되는 거죠. 경제 공동체로 가려면 정말 협력적이고 동반자적인 관점이 필요합니다. 지금부터 함께 연구하고 만나서 의논하면서 어떤 사업부터 같이 할 것인지, 투자 우선순위를 어떻게 세울 것인지, 남북한 경제 각각의 약점을 보완하려면 무슨 정책이 필요한 것인지 하나하나 면밀히 따져보고 추진해야 해요. 그래야만 북한도 민족적 관점, 동반자적 관점에서 남한과의 경제 협력을 최우선으로 여기겠죠.

트럼프의 '북한 경제 번영론'이 뜻하는 것

김치관　　트럼프 대통령은 북미 정상회담을 앞두고 북미 회담이 잘 진행되고 비핵화가 이뤄질 경우 '북한이 부유한 국가가 되고 매우 번영할 것'이라는 발언을 여러 차례에 걸쳐서 했습니다. 물론 북한의 핵 폐기를 촉구하기 위한 립 서비스 성격도 있겠지만, 트럼프 대통령이 실제로 북한의 경제 성장 가능성을 상당히 내다보고 있는 것 아닌지요. 또 그런 측면에서 미국이 핵 폐기 대가로 북에 상당한 경제적 지원이나 자본 투자를 고려하고 있는 것인지, 이 점은 어떻습니까.

홍익표　　우선은 행정부 내에서 합의되고 조율된 발언이라기보다는 감으로 먼저 치고 나가는 트럼프 대통령 특유의 캐릭터에서 나온 이야기라고 보는 게 좋겠습니다. "북한은 굉장히 번영하게 될 것이고, 지금 김정은은 역사상 없었던 가장 큰 기회를 가지고 있다", "북한은 언젠가 경제적으로 위대한 나라가 될 것이다.", "미국의 지원을 받아 경제적으로 가장 번영한 나라가 한국인데, 북한과 한국은 같은 민족이다." 등의 발언은 비즈니스로 단련된 트럼프 대통령의 직관이 중요하게 작용했을 겁니다. 또 트럼프 대통령은 "북한이 체제를 지키면서 한국 수준으로 번영하는 것을 지원하겠다."고 했고, "김정은은 안전할 것이고 그의 나라는 부유해질 것"이라며 체제 보장을 결부해서 항상 발언한 점을 상기해 보면, 북핵 폐기와 체제 보장 – 경제적 번영 수순의 프로세스를 염두에 두고 북한을 안심시키는 데 초점을 맞춘 발언이라고 봅니다.

문정인 네, 저도 그렇게 생각해요. 미국의 북한에 대한 경제적 지원이라든가 핵 폐기 대가 지불 의사는 크지 않습니다. 우선 트럼프 대통령은 북한과 정상회담에서 합의를 도출한다 해도 이를 미국 정가와 의회에 설득하고 승인을 받는 게 쉽지만은 않습니다. 워낙 미국 정가에 강하게 고착되어 있는 북한에 대한 불신감을 고려한다면 말이죠. 그런데 합의의 대가로 미국이 많은 경제적 지원을 해야 한다면, 더더욱 일은 어려워집니다. 지원을 해주고 싶어도 못하는 상황이 될 겁니다. 그래서 트럼프 대통령은 지난 6월 1일 김영철 북한 노동당 부위원장을 배웅한후 대북 경제원조와 관련한 입장을 묻는 취재진에게 "미국이 돈을 많이 써야 할 같지는 않다. 한국이 그것(경제 지원)을 할 것으로 생각한다."고 공을 떠넘긴 겁니다. 그러면서 트럼프 대통령은 "우리는 매우 멀리 떨어져 있다. 수천마일 떨어져 있다. 그런데 그들(한중일)은 이웃 국가"라고 이유를 댔고 "솔직히 중국이 도와줄 것 같다. 일본도 도와줄 것으로 생각한다"며 "미국이 돈을 많이 쓸 것 같지 않다"고 거듭 강조했는데, 이건 명백히 미국 정치권과 의회를 겨냥한 발언입니다.

홍익표　　관련해서 마이크 폼페이오 미 국무장관은 미국의 세금을 들여 북한을 지원하는 대신 미국 민간 부문의 투자와 대북 진출, 기술 지원이 있을 것이라고 밝힌 바 있습니다.

문정인　　트럼프 대통령은 취임 이후 해외에서 미국이 국제 헌병 역할을 하기 위해 돈을 쓰는 바보짓은 하지 않겠다고 일관되게 밝혔고 실제로 그런 정책을 집행하고 있습니다. 여기에 비춰보아도 미국이 직접 경제 원조를 하거나 핵 폐기 대가로 돈을 내놓을 생각은 크지 않다는 점은 분명해 보입니다.

남북 정상의 다보스 포럼 참가

김치관　　그렇다면 북한이 체제 안전이 확보되고 경제 발전에 매진하려고 할 때 필요한 자본은 어디에서 조달해야 할까요?

홍익표　현재 북한이 중국과 두 차례의 정상회담 등 긴밀하게 만나고 있고 뒤늦게 일본이 북핵 폐기 과정에서 어떻게든 자신들의 입지를 마련하려고 애를 쓰는 모습을 보면 알 수 있듯이 주변국들과의 논의가 많이 필요할 겁니다. 그리고 과거 두 차례 남북 정상회담 때에도 이미 유럽이나 일본의 민간 자본이 북한에 대한 자본 투자를 상당히 저울질했던 바 있습니다. 인접 국가들과의 외교 협상과 국제적인 민간 자본의 참여를 통해서 길은 여러 가지로 열려 있습니다. 북한은 이미 2013년에 BOT(Build-Operate Transfer) 방식으로 국제 투자 집단과 철도도로 건설에 대한 업무협약(MOU)을 체결한 바 있습니다. 민간 자본이 프로젝트를 건설하고 일정기간 운영해서 수익을 낸 뒤 운영 기간이 종료되면 정부나 관련 기관에 양도하는 방식이죠.

문정인　이미 국가 간 경제 협력에서 예전 같은 차관과 원조보다는 민간 기업과 자본의 자율적 투자와 참여가 중심이 된 상황이잖아요. 북한의 체제 보장이 확실해지고 개혁개방이 가시화되면 국제적인 민간 자본, 상업 자본의 진출 타진이 활발해질 겁니다.

덧붙여 저는 이런 생각도 해봐요. 매년 1월에 스위스에서 다보스 포럼이 열리는데, 여기에는 국제적으로 영향력 있는 정치인, 기업가, 금융인, 오피니언 리더들이 대거 참여하죠. 2019년 다보스 포럼에는 우리 문재인 대통령이 김정은 위원장과 함께 참석하면 어떨까 생각해 봅니다. 그래서 두 분이 함께 국제 무대에서 남북 경제 협력과 한반도 경제 지도의 미래를 소개하고 국제 사회의 관심과 참여를 독려하는 거죠. 이것만큼 확실하게 북한을 개방된 국제 사회의 한 가운데로 당당하게 나가게 만들고 경제 발전에 필요한 자본 유치에 도움이 되는 일이 또 있을까 싶어요.

홍익표　　참 좋은 생각입니다. 적극 찬성합니다. 클라우스 슈밥 다보스 포럼 이사장에게 한반도의 경제적 미래에 대한 기조 연설을 요청해도 좋을 것 같고요. 매년 다보스 포럼은 그해의 중요한 정치경제적 화두를 주제로 선정하는데 올해 주제는 '분열된 세계에서 공유의 미래 만들기'였죠. 한반도가 분열과 대립을 청산하고 평화로 나가는 현재의 과정은 올해 다보스 포럼 주제와도 긴밀하게 맥락이 닿습니다.

3장 · 북미 정상회담과 평화체제

김치관　남북 정상이 북한의 경제 발전과 개혁개방을 위해서, 그리고 한반도 경제 지도를 새로 그리기 위해 국제 무대에 함께 나서는 모습은 생각만 해도 흐뭇합니다. 그런데 이 모든 청사진이 가능하려면, 북핵 문제 해결과 북미 관계 정상화가 필요합니다. 결국 마지막 열쇠는 미국의 손에 달려 있고 그래서 6.12 북미 정상회담이 관건일 수밖에 없습니다. 지금부터는 북미 정상회담에 대해 심층 검토해 보겠습니다. 먼저 회담 결과에 대한 미국 정가와 의회의 반응이 심상치 않습니다. 여러 가지 불만이나 미흡한 점을 이야기하고 있지만, 가장 결정적인 것은 북핵 문제 해결에 대해 CVID가 명확히 들어가지 않았다는 점과 일정이나 로드맵이 없다는 것이지 않습니까?

홍익표　회담 전부터 예상된 문제였습니다. 사실 북핵 문제를 조금만 심도 있게 검토한 사람들이라면 이번 북미 정상회담에서 CVID가 명기되기 쉽지 않다, 아니 오히려 바람직하지 않을 수 있다고 생각했을 겁니다. 우선 CVID는 원칙일 뿐, 내용이 구체적이지 않습니다.

하나씩 살펴볼까요. Complete, '완전한'이 뭘까요. 지금 20개에서 40개, 더 많게는 100개까지 추정된다고 하는 북한 핵무기를 모두 해체한다는 뜻일까요. 해체하면 언제든 재조립할 수 있으니, 그걸로는 불완전하고 아예 미국에 넘기라고도 할 수 있겠죠. 그럼 여기에는 러시아의 기술이 들어가 있는데, 러시아가 자기 핵심 기술이 미국에 넘어가는 걸 가만히 보고 있겠어요? 북미 간에만 간단히 협의하고 끝날 문제가 아닙니다.

Verifiable, '검증 가능한'. 이것도 쉽지 않습니다. 검증 대상이 어디까지인지 범위를 설정하는 것 자체가 상당히 정교한 협상 내용입니다. 또 검증을 하려면 북한이 먼저 신고를 해야 하는데, 신고한 내용을 액면 그대로 믿겠습니까? 신고되지 않은 시설과 물질에 대한 의심이 드는 게 당연한데, 이건 어떻게 확인할 건지 그 방법이 정해져야죠.

Irreversible, 불가역적이다, 되돌릴 수 없다라는 뜻인데, 그렇게 하자면 북한의 핵 물질 개발 능력과 기술, 핵 에너지 이용 가능성마저 원천 차단해야 합니다. 가뜩이나 에너지난에 시달리는 북한에게 '너희 핵 발전이나 핵 에너지 이용도 하지 마라' 하고 요구하는 거 아닙니까? 그럼 북한 에너지 문제를 어떻게 해결해 줄 것인지 대책이 나와야죠. 과거 6자회담에서 북한이 핵을 포기하는 대가로 경수로를 지어주겠다든가 이런 합의가 나온 이유가 그래서입니다. 그런데 지금 미국은 이런 대책도 없고 더구나 비용을 지불할 의사도 없습니다. 결국 과거 6자회담 당사국들이 같이 나서든가, 한국 일본 중국 등 인접국이 지원해줘야 하는데 이걸 북미 간에 결정할 수는 없는 문제죠. 좀 더 나가 생각해 보면, 핵 시설이나 물질이야 없앤다 치고, 원천 기술을 보유하고 있는 북한의 핵 전문가나 과학기술자들은 어떻게 해야 하는 걸까요? 연구개발에서 손 떼면 되는 건가요 아니면 전부 해외로 추방이라도 해야 하는 것일까요.

문정인   비핵화는 여러 단계를 거쳐야 해요. 첫째, 북한이 갖고 있는 핵시설, 핵물질, 핵무기에 대해 신고(declaration)를 해야 하고, 그러고 나면 사찰 팀이 가서 보고 내용이 맞는지 하나하나 사찰(inspection)을 해요. 이때도 어느 시설, 어떤 물질부터 조사하고 사찰할 것인지 순서를 정해야 합니다. 사찰 다음이 검증(verification) 단계죠. 여기서 북한은 핵시설, 핵물질, 핵무기 관련된 모든 자료, 시료 등을 공개하고 검증에 임해야 하지요. 그 이후에 기존 시설과 핵 물질, 그리고 핵탄두를 단계적 또는 일괄 타결 방식으로 해체하고 폐기(dismantling)해야겠죠. 이것도 이행할 때마다 하나씩 약속대로 이행이 되었는지 검증이 들어가는 거고. 이런 일련의 과정은 상당한 시간이 소요됩니다. 그리고 북한이 이 조치들을 밟을 때마다 그에 상응하는 북한의 요구도 들어줘야 하겠죠.

홍익표   결국 CVID를 적용하려 해도, 미북 간에만 결정하고 끝날 수 있는 게 아니고 주변 관련국의 협조가 필요한 사항들이 많다는 거고, 구체적 내용은 일일이 세부 협의를 해야 하는데 그 양이 방대하고 여러 단계를 거칠 수밖에 없다는 겁니다. 그래서 지금 첫 만남을 가진 단계에서 CVID 방식이다 이렇게 결론을 내리기 어렵고 오히려 바람직하지 않을 수 있다는 겁니다.

CVID는 핑계일 뿐, 항복 문서를 원하는 것

문정인　지난 2015년 7월 타결된 이란과 주요 6개국 간의 이란 핵 협상에서도 CVID가 적용되지 않았습니다. 단적으로 이란에 농축도 20% 수준의 우라늄 농축을 허용했단 말입니다. 핵에너지의 평화적 이용마저 막을 수 없다는 점이 협의된 거겠지만, 어쨌든 CVID에서 말하는 '완전하고 불가역적인' 해결이 아니었던 거죠. 이처럼 현실에 들어가면 CVID라는 게 그렇게 쉽게 합의하고 도장 찍을 수 있는 간단한 사항이 아니에요.

무엇보다 중요한 점은, CVID는 'Dismantlement' 즉 만들어놓은 핵 무기나 시설의 해체 또는 폐기를 말하는 건데, 이번에 북미가 합의한 비핵화는 'Denuclearization'로 훨씬 더 포괄적인 개념, 상위 개념입니다. 폐기만이 아니라 앞으로도 안 만들겠다는 거니까요. 이번 합의가 절대로 낮은 수준이 아니지요.

홍익표   그래서 어떻게 보면 지금 CVID를 명기하지 않았다고 북미 합의를 비판하는 것은 실제로 핵 문제를 협상하기를 바라는 게 아니라, 북한으로부터 항복문서를 받아오지 못했다고 비판하는 거나 다름없습니다.

문정인   그거죠. 반대 진영의 속마음은 '북한의 무릎을 꿇리고 항복 문서를 받아오라고 했지, 언제 우리가 북한과 비핵화 협상하라고 했어' 하는 겁니다. 그러니 전쟁 위협이 실질적으로 감소했든 아니든, 북한이 실제로 비핵화의 단계를 밟아나가든 말든, 그들에게는 합의 자체가 전혀 마음에 들지 않는 겁니다.

홍익표   더구나 그 합의를 만들어온 사람이 트럼프 아닙니까. 어떻게든 반대를 하고 깎아내려야 할 대상이죠. 거기다 트럼프 대통령은 민주당 오바마 전 대통령이 합의한 이란 핵 협상에 문제가 많다며 일방적으로 탈퇴를 했습니다. 얼마나 꼴보기 싫겠어요? 11월 중간선거까지 트럼프 대통령을 몰아쳐서 입지를 좀 혀놓아야 하는데 북미 합의로 인기가 올라가고 업적이 남는 게 싫은 거죠.

문정인   우리 일부 언론도 기계적으로 CVID를 가지고 비판을 하는데, 그럼 안 되는 겁니다. 당장 핵 위협과 전쟁 위험이 감소한 성과를 봐줘야지, 왜 미국의 예전 정부에서 일방적으로 내건 용어 하나가 모든 판단 기준이 되어야 합니까?

CVID라는 용어가 처음 나온 게 2003년인데, 조지 W 부시 행정부에서 2차 북핵 위기 해결 방침을 정하던 과정이었죠. 지금 백악관 안보 보좌관으로 있는 존 볼턴이 당시 미 국무부 군축 및 국제안보 담당 차관이었고 그 밑에 마크 그룸브리지(Meak Groombridge)라는 보좌관이 이 용어를 만든 거였어요. 무슨 대단한 원칙이나 국제적 합의가 있어서 나온 게 아닙니다. 미국이 원하는 핵 폐기 방향을 일방적으로 담은 일종의 슬로건이지요. 이걸 신줏단지처럼 생각하고 북한과의 모든 협상마다 'CVID 집어넣었느냐'를 따져 묻는데, 핵 문제 해결이라는 본질에는 관심이 없고 그걸 촉구하기 위해 만든 슬로건에만 매달리는 우스꽝스러운 일입니다.

홍익표　북한은 이미 남북 정상회담에서 한반도 비핵화에 대한 분명한 의지를 밝혔고 남북 정상이 충분한 교감을 이루었습니다. 북미 정상회담은 남북 정상회담과 이란성 쌍둥이 같은 회담입니다. 내용의 연속성이 있고 남북 정상이 합의한 것을 미국도 인정하고 동의하는 차원이기도 합니다. 결국 남북미 세 나라 정상이 비핵화에 뜻을 같이한 겁니다. 단계와 과정은 이제부터 만들어 가겠지만 최종적으로 핵 문제가 해결이 되는 시점에 가서는 CVID 원칙대로, 완전하고, 검증 가능하고, 불가역적인 비핵화가 이루어지는 거죠.

문정인   비핵화에 대해 이견이 없고 그 최종 방식이 CVID가 될 것임을 남도 북도 미국도 다 인정한 가운데, 지금 이 평화 프로세스가 시작된 겁니다. 그런데 북한 입장에서는 이렇게 비핵화를 합의한 마당에 굳이 과거 북을 '악의 축'이라 명명하고 적으로 간주하여 굴복시키려 했던 부시 정권에서 만든 용어를 합의문에 명기하는 건 굴욕적이고 받아들이기 어려운 겁니다. 트럼프 대통령도 이 점을 이해하기에 용어에 집착하지 않았던 것이고요.

지금은 남북한이 트럼프 대통령을 도와줘야 할 때

김치관   북미 공동성명의 '완전한 비핵화'가 CVID보다 더 상위이고 포괄적 개념이라는 점과 구체적 일정을 거치고 나면 결국 CVID의 원칙이 적용된 비핵화가 이루어질 것이라는 사실을 잘 설명해주셨습니다. 그러나 정치는 세력 싸움이고 반 트럼프 진영은 이런 사실을 객관적으로 인정하고 싶지 않은 것이 현실입니다. 트럼프 대통령의 행보에 대해 미국 의회의 견제가 그간에도 만만치 않았습니다. 의회에서 이번 북미 협상의 발목을 잡는다든지, 구체적 이행 조치나 제재 해제에 동의해주지 않을 가능성은 크지 않습니까?

홍익표　당연히 예상되는 문제입니다. 특히 민주주의와 인권 문제를 갖고서, 상하 양원에서 흔들어대면, 트럼프 대통령이 아무리 얘기해도 통과시키기가 상당히 어려울 겁니다.

문정인　그래서 지금은 우리가, 즉 남과 북이 트럼프 대통령을 좀 도와줘야 할 때입니다. 트럼프 대통령 혼자서 의회를 설득하기는 힘들 거예요. 한국 정부가 의회에 로비할 수는 없는 거지만, 우리와 뜻을 같이 하는 미국에 있는 많은 분들, 재미교포라든지 평화를 원하는 시민 단체, 국제 NGO 등과 함께 평화 여론을 조성하고 연대하여 의회를 움직여줘야 해요.

홍익표　미국 사회의 여론을 직접 움직이는 것도 방법이고 과거 김대중 전 대통령이 썼던 방법도 고려해 봐야 합니다. 북한 문제에 조금 더 열려 있는 유럽 국가, EU를 통해 우회적으로 미국과 국제 사회의 여론을 조성했었거든요.

문정인　워싱턴 정가의 여론은 서서히 바뀌갈 수밖에 없는 것이라서, 지금 국면에서는 일단 북한의 움직임이 상당히 중요합니다. 부분적이라도 북이 비핵화의 가시적 조치를 좀더 밟아 나간다면, 트럼프 대통령이 반대 진영의 주장을 제어하고 설득하는 데 큰 도움이 될 겁니다. 예를 들자면, 비핵화 전반은 오래 걸리는 일이지만, 우선 핵탄두와 대륙간 탄도 미사일(ICBM)이라도 먼저 동결하고 해체하는 방법도 고려해볼 수 있습니다. 미국 주류 사회가 가장 걱정하는 게 어쨌든 자기 본토에 핵 미사일이 날아오는 상황입니다. ICBM만 먼저 해체해도 적어도 본토 공격 걱정은 한시름 덜게 되니까, 북미 정상회담 합의의 긍정적 효과를 피부로 실감하게 되죠.

홍익표 　　매우 적절한 의견입니다. 당장의 성과를 보여줄 수 있는 방안이네요. 이런 가시적 조치와 함께 시간의 문제도 관건입니다. 북한이 폼페이오 장관과 빨리 비핵화 로드맵을 짜고 제시해줘야 합니다. 속도가 상당히 중요합니다. 트럼프 대통령은 11월 중간선거 그리고 2020년 대선이라는 정치 일정의 압박 속에 있습니다. 재선을 노리려면 반대 진영이 시비를 걸어오지 않도록 그때까지는 CVID 원칙이 구체적으로 실천되고 있음을 보여줘야 하니까요.

김치관 　　비핵화도 갈 길이 멀지만, 또 하나 논점을 좁히기 쉽지 않은 것이 북한 인권 문제입니다. 특히 이 문제는 미국 민주당이 아주 강경하죠. 자신들의 주요한 정체성이라고 생각하고 있으니까요.

홍익표 　　인권 문제 역시 CVID와 마찬가지로 출구에 둬야 할 문제입니다. 이것으로 발목 잡으면 북미 관계 진전이 어렵습니다. 북은 인권 문제를 가지고 계속 흔들고 압박을 할 경우, 이를 최고 존엄에 대한 위협이자 북에 대한 내정 간섭으로 간주합니다. 북한은 수령, 당, 국가, 인민, 군이 하나인 오위일체 체제입니다. 인민과 지도자의 간격을 만들어 국가를 흔들려는 행동으로 보는 거죠.

문정인 트럼프 대통령이 인권 문제를 거론한 기자에게 '지금은 핵에 집중할 때'라고 말한 것도 같은 맥락이라고 볼 수 있습니다. 어떻게 원하는 걸 다 요구할 수 있겠어요. 국가 간 협상에서.

그러나 좀더 적극적으로 생각해 보자면, 북한도 지금까지와 태도를 좀 달리 할 필요가 있습니다. 미국이나 유럽 쪽에서 요구하는 인권 문제를 '내정 간섭'이라며 외면만 해서는 북한이 국제 사회의 일원이 되기 힘들죠. 미국 쪽 요구를 일거에 다 맞춰 줄 수는 없는 것이지만, 대표적인 한두 가지는 적극적으로 응하고 나서야 한다고 봅니다.

예컨대 가장 많이 지적되는 정치범 수용소 같은 경우, 실태를 공개해도 된다고 생각합니다. 국제사면위원회(Amnesty International) 등에 북한의 내부 수용소 시설과 수용 현황을 공개하고 국제적 인정을 받는 거죠. 외부에 공개하지 않고 있으니까 자꾸 북한에 정치범이 20만 명이 있다느니 이런 억측이 돌고 의심을 사는 겁니다. 제가 보기에 이건 터무니없는 숫자입니다.

정치범이야 거기에도 있겠지만, 북한은 현재 구조적으로 정치적 반대파가 존재하기 어려운 상황인데 체제에 반대해 투옥된 정치범 숫자는 상당히 제한적일 수밖에 없습니다.

먼저 나서서 선제적으로 공개하고, 수용 과정에서 처우가 열악하거나 인권적으로 개선이 필요한 사항이 있다면, 국제기구 등의 권고를 받아들여 '고쳐 나가겠다'고 인정하면 되는 일입니다.

홍익표 맞습니다. 북한이 한국, 미국과의 정상회담에 나선 것은 결국 국제적으로 인정받는 정상 국가가 되고 경제적, 사회적으로도 개혁개방을 해나가자는 것이니 어차피 다 거쳐야 할 일입니다.

또 저는 인권 문제에서도 남북한이 상징적으로나 현실적으로 협력해 풀어갈 일이 많다고 봅니다. 자존심이 강한 북한은 밖에서 일방적으로 '너희 이거 해라' 말하면 좀처럼 듣지 않습니다. 그러나 '이거 같이 해보는 게 어때?' 하고 제안하면 비교적 선선히 움직이곤 합니다.

남북한이 체제 대결을 벌여온 지난 역사에서 인권 문제는 북한만의 것이 아닙니다. 인권 유린 사례는 대한민국에도 얼마든지 있습니다. 대표적으로 인혁당 사건 같은 경우가 그렇죠. 숱한 간첩단 조작 사건, 국가보안법 위반 사건, 군 의문사 사건, 비전향 장기수들에 대한 폭력적인 전향 작업, 지금도 남아 있는 출소 장기수들에 대한 보안관찰 처분 등등 따지자면 끝이 없습니다. 남북이 저지른 이런 인권 유린 사례들을 공동 조사하고 법적, 정치적으로 명예회복을 시도하는 일을 같이 하자고 제안할 수 있을 겁니다.

미군 유해 발굴 송환 작업은 북미 수교의 징검다리

문정인　결국 인권 문제도 입구에 두느냐 출구에 두느냐 차이일 뿐입니다. 입구를 넓혀 쉽게 들어간 뒤 문제를 해결하고 나오면 되는 겁니다. 입구에 들어서기도 전에 체제가 다르고 역사가 달라서 생긴 문제들을 모두 자국 기준에 맞추라고 하면 협상이 틀어지는 건 당연합니다. 지금 당장 OECD 수준의 인권을 요구한다는 건 말이 안 되지만, 출구를 나설 무렵에는 북한도 최소한의 국제 기준을 수용할 정도의 변화는 도모한다는 생각이 있다면 인권 문제가 군이 걸림돌이 될 이유는 없습니다.

홍익표　그런 점에서 저는 이번 북미 공동 합의문에 전쟁 포로, 전쟁 실종자들의 유해 수습 및 송환 문제를 넣은 것은 매우 잘한 일이라고 봅니다. 왜냐하면, 미국은 해외 파견 미군 실종자, 사망자에 대한 예우는 대단히 중요한 보훈 정책이자 인권 문제로 간주하기 때문입니다.

문정인 이번 협상에서 그게 나온 건 아주 좋은 징조입니다. 북미가 서로 마다할 이유가 없고 트럼프 대통령 입장에서는 국민들에게 가시적으로 북한의 변화와 협조를 보여주기에도 좋은 합의였어요.

홍익표 역설적이지만 미국은 전세계에서 보훈 정책이 가장 잘 발달한 나라입니다. 그럴 수밖에 없는 게 20세기에 미국은 끊임없이 해외에서 전쟁을 치르면서 자본주의 세계의 헌병 역할을 하고 패권을 유지해왔으니까요. 국민들을 여기에 동원 또는 참여시키는 대신 국가의 이름을 가지고 나가 싸운 사람에 대한 우대 정책을 발전시켜온 것입니다. 그런 면에서 전사자, 실종자 유해 문제는 단순히 그 가족 차원의 문제가 아니고 미국인들이 자랑스러워하는 국가적 정체성이자 인권 차원의 문제라고 간주하는 상황입니다.

문정인 사실 살펴보면 미국과 베트남 관계 개선도 처음에는 베트남전 사망 미군 유해 발굴 문제로 시작했거든요. 존 매케인, 존 케리 상원의원 등이 적극적으로 나서서 이 문제를 베트남과 협상하기 시작했죠. 둘 다 공화당 의원이자 베트남전 참전 정치인이란 말이에요. 그런데 결국 이것이 계기가 되어 베트남과의 관계가 호전되고 양국 수교로 가게 되었던 역사적 경험이 있습니다.

홍익표 　　지금 이번 북미 회담에서는 양 정상 간의 2차 만남에 대해 구체적으로 명시하지는 않았습니다. 언제든 만날 수 있다는 것만 확인한 상태인데요. 미국 내부 사정상 트럼프 대통령이 먼저 평양을 방문하기는 쉽지 않은 것 같고, 북한과 미국이 유해 발굴 및 송환 문제를 적극적으로 진전시키고 난 뒤, 김정은 위원장이 미국을 방문하면 모양새가 아주 좋을 것 같습니다.

문정인 　　동감입니다. 그 정도 되면 북미 수교 단계로 나아가는 확실한 이정표가 되는 거죠.

김치관 　　순서가 다소 바뀌었습니다만, 6.12 북미 정상회담이 열리기 전에 한번 가슴을 철렁하게 하는 과정이 있었죠. 트럼프 대통령이 회담을 최소하는 해프닝이 벌어졌었는데, 이게 회담을 유리하게 끌고 가려는 트럼프 식 협상 전략이었냐, 실제로 북미 정상회담이 깨질 수도 있는 위기였느냐에 대한 관측도 설이 분분합니다.

문정인 　　두 가지가 다 섞여 있습니다. 미국 쪽 지인들의 전언에 의하면, 트럼프 대통령은 서너 가지 요인 때문에 예정대로 6월 12일에 회담을 열기는 당장은 어렵겠다는 판단을 실제로 했다고 합니다. 걱정했던 대로 CVID 포함해서 북한과 회담 어젠다 합의가 쉽지 않을 수도 있다고 본 게 그 하나고, 북한 최선희 외무성 부상의 마이크 펜스 미국 부통령에 대한 비판에 대해서는 상당히 대로했다고 합니다. 행정부와 미 의회에 여전히 강경파들의 반발이 상당한 상황에서 이들을 전혀 고려하지 않고 그냥 진행하기는 어려운 입장이 분명 있었던 거죠.

그런데, 여기서 또 트럼프 대통령의 기질이 보입니다. 상황이 꼬인다 싶으면 휘저어서 한번 던져보고 상대 반응을 보며 동물적 감각으로 판단하는 측면이 있어요. 리얼리티냐 쇼냐 이게 잘 구분되지 않는 셈이니 '리얼리티 쇼' 유형이라고 할까요?

홍익표　　부동산 비즈니스가 특히 그런 성향이 있습니다. 매물로 나온 물건이 맘에는 드는데 비싸다든가 값을 깎고 싶으면 "비싸서 거래 못하겠다"고 일단 거절합니다. 그러면서도 생각이 바뀌면 연락 달라며 명함은 꼭 주고 나오는 게 부동산 비즈니스 패턴인데, 이번 해프닝이 그 전형적인 모습이었다고 할 수 있습니다.

문정인　　다행인 것은 그 뒤 남북이 2차 정상회담을 즉시 열고, 북한이 김계관 외무성 제1부상 명의의 담화를 발표하여 "우리는 아무 때나 어떤 방식으로든 마주앉아 문제를 풀어갈 용의가 있음을 미국 측에 다시금 밝힌다"라고 답함으로써 트럼프 대통령에게 명분을 주고 북미 정상회담이 재개될 수 있었죠.

홍익표 그 과정에서 김정은 위원장의 요청에 의해 2차 남북 정상회담이 열린 것은 대단히 놀랍고 순발력 있는 대처였습니다.

문정인 남북 2차 정상회담은 한마디로 천지개벽할 변화입니다. 앞서 있었던 모든 정상회담은 남북이 서로 자신의 요구와 의제를 가지고 조율하기 위해 만났던 거죠. 그런데 5월 26일 이뤄진 깜짝 정상회담은 전혀 성격이 달라요. 그 양상을 보면, 북이 미국과 협상해나가는 데 어려움이 생기니까 김정은 위원장이 우리 대통령의 의견을 듣고 참조하기 위해 먼저 만나자고 제안한 거란 말입니다. 이건 두 정상 간의 신뢰가 없이는 안 될 일이고, 북이 남을 믿고 동반하는 관계이기 때문에 가능한 겁니다.

홍익표 맞습니다. 양자 관계의 질적 변화를 보여주는 것이죠. 그래서 1차 남북 정상회담만큼의 역사적 중요성은 아닐지 모르나, 한반도를 바라보는 지구촌 사람들에게도 깊은 감명을 준 것 같습니다. 남북한이 평화를 만들기 위해 얼마나 노력하고 서로 협조하고 있는지를 여실히 보여준 것이죠.

한반도 평화체제는 어떻게 만들어지는가

김치관 네, 북미 회담 이후 한반도는 본격적으로 평화의 길을 밟아갈 것으로 보이는데, 이제 그 경로가 어떤 과정을 거쳐 어떤 모습으로 만들어질 것인지 점검해 보기로 하죠. 정전체제가 마무리되고 평화체제가 만들어지려면, '평화협정'이 명시적으로 필요한 것인가요? 전문가가 아닌 보통 사람들이 느끼기에는 현재 정전협정이라는 게 맺어져 있으니, 이를 대체하는 평화협정 내지는 평화조약이 필요한 거 아닌가 생각하게 됩니다.

문정인　우선 용어부터 이해해 보죠. '평화체제'라는 말은 그 자체가 상당히 추상적이고 애매모호한 말이에요. 체제를 영어로는 레짐(regime)이라고 하는데 이것은 국내 또는 국제 관계에 있어서 거버넌스(governance), 즉 통치를 하기 위한 일련의 원칙, 규범, 규칙, 절차를 집대성 해놓은 걸 말합니다. 즉 한반도 평화체제라고 할 때는 특정한 조약 하나를 얘기하는 게 아니고 평화질서를 보장하기 위한 일련의 사항들을 다 포괄하는 것이죠. 그러니까 평화협정이나 조약 하나 맺는다고 자동으로 평화체제가 되는 건 아니라는 거죠. 물론 조약 같은 것이 국제법적 효력을 발휘하는 측면이 있지만, 종이 한 장이 구속력을 갖는 건 아니고 거기에 참여한 당사자들이 그걸 준수해 나가려는 의지와 노력이 보태져야 해요.

기존에 남북 사이에 맺은 합의들은 다양해요. 7.4 공동성명, 남북 기본합의서, 6·15공동 선언, 그리고 10·4 정상 선언 등 모두 한반도 평화체제를 구성하는 중요한 문건들입니다. 새로운 걸 만드는 일도 필요하지만 기존에 약속한 것을 제대로 이행하는 게 아주 절실해요. 가령 남북 기본합의서만 잘 이행해도 적대 관계의 종식, 상호 불가침, 그리고 높은 수준의 군사, 정치, 경제, 사회 문화적 신뢰 구축을 실현시킬 수 있어요. 6·15 공동선언은 선언적인 측면이 상당히 강하고, 10·4 정상 선언 같은 경우는 경제 사회 부분의 교류 협력에 대해서 아주 구체적인 아이디어를 주고 있거든요. 이렇게 보면 남북 사이에는 기존 합의나 성명들을 제대로 이행하고 그 후속 조치를 만들어 나가는 게 더 중요하다고 봅니다.

그럼 미국하고 북한 사이에는 뭐가 필요한가? 저는 양자 간에 그냥 국교 정상화를 하면 된다고 생각합니다. 우리가 한일 기본 조약을 체결한 것처럼 북미도 외교 관계 정상화를 위한 기본 조약을 체결하고 그 안에 주한미군의 위상이라든가 한반도 평화체제에 관련된 것들을 포함시키면 된다고 봅니다. 국교 정상화가 되어 실질적으로 교류하면서 지내는 게 평화를 유지하는 가장 좋은 방법입니다. 결국 제일 중요한 건 평화 조약이나 협정이 아니라 유관 당사국들이 한반도에서 더 이상 전쟁은 일어나지 않는다는 걸 느끼고 안심할 수 있는 상황을 조성하는 겁니다.

홍익표　　　그렇죠. 레짐이라고 얘기할 때 국제정치학에서는 제도적인 문제 외에 가치 체계도 포함시키거든요. 어떤 하나의 시스템에 들어와 있는 구성원들이 일정한 목표나 가치를 공유하고 이해를 공유해야 한다는 거죠. 저는 한반도의 평화체제라고 할 때, 여기 구성원인 남북한은 물론이고 주변 국가들도 서로 어느 정도는 목표와 가치 체계를 공유해줘야 한다고 생각합니다. 그런 차원에서 필요하다면 평화협정을 맺는 것은 나쁘지 않다고 생각해요.

그런데 훨씬 더 중요한 문제는 북미간 국교 수립입니다. 정상적으로 외교 관계를 맺는 것이 평화협정에 조인하는 것보다 더 위력이 크고 항구적이지요. 국교 정상화가 된다는 것은 상호 평화 유지를 위해 필요한 사항들이 그 안에 다 구성요소로 들어가게 되는 겁니다. 우리가 중국과 수교를 한 게 1992년 8월이죠. 한국전쟁 이후 약 40년을 교전 상대국이자 공산주의 나라, 죽의 장벽 너머의 나라로 지냈는데, 수교 후 채 30년이 안 된 지금 어떤가요. 한국의 제1 교역국이 되었고 가장 많은 관광객이 오가는 사이가 된 겁니다. 체제가 다르지만 중국을 적이라고 생각하거나 중국과의 군사적 충돌을 걱정하는 국민은 이게 거의 없습니다. 이게 교류, 수교의 힘입니다.

문정인　그렇습니다. 평화체제가 굳어지려면 북한과의 대화에 들어가는 입구에서부터 이 목표를 가지고 같이 논의해야 하고 당연히 북미 국교 정상화 문제도 포함될 겁니다. 이렇게 시작된 논의가 마무리되려면 결국 남북미중 4개국 정상이 함께 모일 수밖에 없어요. 정전체제를 평화협정 체제로 바꿔나가는 과정에서 종전선언을 해야 하고 거기에는 중국도 휴전 당사국이 니까요.

여기서 한발 더 나간다면, 한반도 안보 문제라고 하는 것이 주변국과 분리될 수 없는 사안이기 때문에 러시아와 일본이 참여한 6자회담을 만들어서 동북아의 포괄적인 안보 협력 체제를 만드는 것까지 생각을 넓혀볼 수 있어요. 6자 정상회담을 통해서 동북아 안보 문제에 대한 보다 근원적인 해법이 나올 것으로 봅니다. 여기까지 가면 남북 평화만이 아니라 한반도 주변 지역, 동아시아 차원의 평화가 상당히 안정적으로 굳어지는 겁니다.

평창이 가져온 가장 큰 선물이 남북 정상회담인데, 여기에서 결실을 내서 3자, 4자, 6자 정상회담으로 계속 가다 보면 동북아 평화와 안보를 논의하는 동북아 안보 정상회의의 정례화도 충분히 가능하죠. 한반도가 가장 위험한 분쟁 지역에서 동북아 평화·협력의 중심 축이 되는 겁니다. 현 시점에서 우리는 이런 폭넓은 상상력이 필요해요. 너무 먼 꿈같은 얘기 아닌가 싶겠지만 저는 충분히 가능하다고 봐요.

홍익표 베트남과 미국 간의 국교 정상화 과정을 보면 거의 10년이 걸렸어요. 그 과정에서 사안마다 하나하나 의회 동의를 받아야 될 게 있어요. 경제 제재 해제부터 나중에 외교안보 분야까지. 미국하고 북한도 비슷하게 갈 겁니다. 결국 비핵화 과정과 평화 프로세스라고 해도 좋고 북미 국교 정상화 과정이라고 해도 좋은데 이 두 과정이 같이 간다고 봅니다. 그렇게 보면 북한 핵 문제도 북한과 미국의 국교 정상화가 완전히 이루어지는 시점이 최종 단계일 겁니다.

김치관   정리해 보면, 비핵화 실무 논의가 지속되면서 북미는 점차 수교 과정으로 가게 될 것인데, 그 과정에서 북의 안전, 체제 보장 차원에서는 먼저 한반도 전쟁 상태의 종료를 선언하는 종전선언이 이루어질 수 있다는 것이지요. 종전선언과 함께 또는 시차를 두고 평화협정을 맺을 수도 있지만, 보다 더 구체적으로 평화를 담보하는 것은 결국 북미 수교라는 것이구요. 그런데 여기에서 종전선언이나 평화협정 당사국에 중국이 포함되느냐 문제가 약간 애매하군요.

문정인   종전선언을 통해 한반도의 정전체제를 종식시키는 데는 중국이 참여할 수 있다고 봅니다. 기존 정전협정의 법적 당사자는 북, 미, 중 3국이고 한국은 실질적 당사국입니다. 따라서 네 정상이 만나 정치적으로 선언문을 채택하면 되는 거죠.
평화협정에 대해서는 몇 가지 의견이 있는데 저는 남, 북, 미 3국이 맺으면 된다고 봐요. 현재 한반도에 실제로 군대를 가지고 대처하고 있는 나라들이니까요.
다른 의견으로는 어쨌든 전쟁 당사국이었던 남, 북, 미, 중 4개국이 평화협정까지 함께 맺는 게 과거 역사의 연장선상에서 자연스럽다는 의견도 있고, 한반도에서의 평화이므로 협정은 남북이 체결하고 이것을 좀더 균형적으로, 국제적으로 보장한다는 차원에서 미중이 담보를 서는 2+2 형태가 좋다는 의견도 있습니다. 어떤 게 더 좋은지는 따져보면 될 문제고 저는 아까도 말씀드렸지만 형식이 그렇게 중요하다고 보지는 않아요.

홍익표　평화 조약이나 평화협정문 하나로 평화체제가 보장되는 건 아니라는 문 교수님 의견에 저도 동감하면서, 보충하자면, 종전선언은 비교적 쉬운 데 비해서 수교가 이뤄지는 건 상당히 시일을 요구하는 것이므로, 그 중간에 북한이 걱정하는 체제 보장을 담보하기 위해 북미 간에 불가침조약을 맺는다든가, 한반도 평화협정을 주변국들까지 참여하여 맺는 것도 좋은 방법이라고 생각합니다. 협정이나 조약이 평화를 담보하지는 않지만, 최소한의 구속력은 생기니까요.

아직도 산적한 문제들, 악마는 디테일에 있다

문정인　평화에 도움이 된다면, 2자든 4자든 6자든 다 좋습니다. 그런데 제2차세계대전이 벌어지기 전에 유럽은 불가침조약이 여러 나라들 간에 다차원적으로 맺어졌어요. 하지만 막상 독일이 폴란드를 침공하고 나니 그 많던 조약이 다 휴지가 되어

버린 거죠. 그래서 오히려 종잇조각에 불과한 조약과 협정보다는 이를테면 평양을 비롯해 북한의 주요 도시에 맥도널드 햄버거 점포가 개설되고, 스타벅스가 들어가고, 미국과 일본, 유럽 관광객 수만 명이 북한을 여행하는 상태가 훨씬 더 전쟁을 예방하고 평화를 담보해주는 겁니다.

따라서 현 단계에서는 북핵 문제를 실질적으로, 단계별로, 가급적 빠른 시일 내에 잘 푸는 과정에 집중하자는 겁니다. 그래야 북한도 안전해지고 북미 관계가 적대를 청산하고 양국 수교까지 갈 수 있으니까요. 폼페이오 국무장관이 2년 정도의 타임 테이블을 제시하면서 서두르는 데는 이런 의미도 있습니다.

김치관   미국 차기 대선도 있지만 속도감 있게 핵문제와 북미 관계 정상화가 함께 추진되어야 한다는 뜻이군요. 결국 평화체제로 가려면, 양쪽의 요구를 서로 조율하고 하나씩 이행하는 과정을 차근차근 잘 밟아야 하는 거죠.

문정인   그래서 행동 대 행동 원칙으로 갈 수밖에 없어요. 한쪽 요구만 먼저 다 들어줄 수는 없으니 이쪽에서 하나 하면, 저쪽에서도 하나 하고, 그런 식으로 진행될 겁니다. 가령 영변에 있는 핵 시설 없애면 대신 과거처럼 경수로 지어달라고 지원 요청을 할 가능성이 상당히 많고요.

그런데 여기서 또 한 가지 잘 생각해 보아야 하는 것은, 북한은 자기들이 혼자 하는 거지만 우리는 혼자 할 수가 없어요. 국제 공조를 해야 하니까요. 제재 푸는 것도 그렇고 군사 분야로 오면, 한미 군사 훈련 어떻게 할 거냐, 주한미군 성격과 위상은 어떻게 조정할 거냐, 이런 것 하나하나 한국 혼자서 할 수 있는 게 아니지요. 그래서 앞으로도 상당 기간 한미 간에는 신뢰와 공조가 잘 담보되어야 합니다. 국제 공조도 마찬가지입니다.

홍익표　말씀하신대로 구체적인 문제에서는 리스크가 많아요. 동결된 해외 북한 자산을 풀어달라는 요구도 분명히 나올 거예요. 그 다음에 금융 거래 풀어주는 문제, 소위 세컨더리 보이콧(secondary boycott) 말이죠. 이런 사항들이 굉장히 많기 때문에 하나하나 리스트를 만들어야 해요. 미국이나 국제 사회의 공조도 대단히 중요한데, 예를 들면 일본도 풀어줘야 할 게 많이 있죠. 일본도 가장 문제 되는 게 만경봉호 선박 입항을 중단시키고 있는데 이건 한국이 맘대로 할 수 있는 게 아니죠.

문정인　국제 제재 때문에 우리가 마음대로 북에 줄 수 있는 게 별로 없어요. 김정은 위원장 입장에서는 통 크게 '개성공단 재개하고 금강산 재개하자' 제의하더라도 우리 대통령은 '이거 저거는 국제 제재가 있어서 우리가 쉽게 할 수 없다'고 답할 수밖에 없는 현실이고 보면, 어려운 게 한두 가지가 아니죠.

홍익표   남북미 관계가 진전되면 유엔도 이를 보조하기 위한 행보를 서두르기는 할 겁니다. 이미 안토니오 구테흐스 유엔 사무총장이 남북 대화를 적극 지지한다는 입장을 밝혔습니다. 남북 정상회담 이후 문재인 대통령과 전화 통화도 했고요. 유엔은 상당히 협력적이에요. 놀랍게도 반기문 총장 때보다 현재의 안토니오 구테흐스 총장이 훨씬 더 한반도 평화에 적극적인 스탠스를 취하고 있습니다.

문정인   그래도 남북, 북미 간에 과정 하나하나가 다 신경전이 될 거예요. 결국 갈 길은 멀죠. MIT대 교수이고 오바마 행정부 때 에너지부 장관을 지낸 어니스트 모니즈(Ernest Moniz)에게 들었는데, 이란과 핵 협상을 할 때 6개월 이상을 200명의 정예 인력을 투입해서 구체적 준비를 했대요. 관련 서류가 자그마치 12만 페이지나 되고, 아주 기술적인 것까지 디테일하게 정리를 했다는 거죠. 흔히 하는 말로 '악마는 디테일에 있다'가 바로 이럴 때 쓰는 말이겠죠. 모니즈 전 장관은 '북한 비핵화는 이란과 비교가 안 될 정도로, 핵 폐기 역사상 최대 규모가 될 것'이라고 전망했었죠. 협상을 하다가 구체적인 부분에서 서로 충돌이 나고 교착 상태에 빠질 수도 있어요. 지금 한국이나 미국도 북핵 문제에 대해 이 정도로 준비가 되어 있지는 않은 상태니까 뚜껑을 열어보면 여러 복잡한 문제들이 나올 수밖에 없습니다. 그럴 때마다 한국 정부의 역할이 중요하죠. 북한과 미국을 잘

유도하고 협상이 교착되면 새로운 제안을 내놓으면서 돌파해야 할 거예요. 남북, 북미 정상회담까지만 운전자가 필요한 게 아니죠. 앞으로 평화체제를 만들어 가는 모든 과정에서 한국 정부의 운전자 역할이 필요한 겁니다.

홍익표 그런 면에서 문재인 대통령은 중재자라는 표현보다 '촉진자'라고 개념을 정한 것 같습니다.

문정인 맞습니다. 중재자는 이쪽 저쪽을 이어주는 매개자 정도인데, 한국 정부의 역할은 그 이상입니다. 양쪽이 서로 소통조차 못하고 있을 때는 예를 들면, 이도령이 춘향이를 처음 만날 때는 방자와 향단이를 거쳐야 했지만 이제 북한은 미국과의 채널이 있죠. 폼페이오 국무장관과 대부분의 협상을 해나갈 거고, 양쪽 정상이 전화번호를 교환하여 직통 핫라인을 가진 거죠. 그럼 이제부터 한국 정부의 역할은 중재가 아니죠. 관련 당사국들이 다 채널이 있지만 전체적으로 일이 생산적으로 풀리도록, 좋은 방향을 찾고 제시하고 촉구하는 역할을 하게 되겠죠. 그런 점에서 중재자란 적절하지 않고 촉진자라는 표현이 좋군요.

김치관 네 지금까지 남북, 북미 정상회담을 중심으로 한반도 평화의 큰 구도를 살펴보았습니다. 첫걸음을 잘 뗐지만 갈길이 아직 멀고 그 과정에서 조약과 협정보다 평화를 다져가기 위한 신뢰와 합의 이행, 행동 대 행동으로 서로 보조를 맞추는 일이 중요하다는 점도 확인됩니다. 당면한 격변을 어느 정도 살펴보았으니 이제 대담의 축을 좀더 근원적인 한반도 지정학적인 문제와 주변 4강의 전략, 그리고 우리가 함께 가야 할 파트너인 북한 사회를 이해하기 위한 논의로 옮기도록 하겠습니다.

2부

우리는 지정학적 숙명을

벗어날 수 있는가

1장 · 강대국 결정론과 한반도의 운명

김치관　　문재인 정부 출범 초기부터 사드 문제로 갈등이 컸습니다. 내부적으로는 '문재인 대통령도 결국 사드를 배치할 수밖에 없는가' 하는 실망감도 있었습니다. 바깥으로는 미국은 사드 기지 선정, 환경 영향 평가 등의 과정에서 우리 정부를 미심쩍게 보는가 하면, 중국으로부터는 직접적인 사드 보복 조치를 당했죠. 미국과 중국 모두의 눈치를 보지 않을 수 없는 우리나라의 현실을 단적으로 보여준 사건입니다.

이렇듯 한반도는 주변 나라들로 인해 역사적으로 많은 고통을 받아오지 않았습니까? 멀리 삼국시대에 수, 당과의 관계에서부터 가깝게는 일제의 식민 지배, 분단, 한국전쟁, 그리고 아직도 해소되지 않은 정전체제까지 강대국들의 이익과 패권에 따라 운명이 크게 엇갈렸습니다. 대륙 세력과 해양 세력 사이에 낀 반도라는 지정학적 위치로 인해 우리는 이런 숙명에서 벗어날 수 없는 것인지, 이 화두를 가지고 이야기를 이어갔으면 합니다.

정치학자들이 확대 재생산한 '한반도 숙명론'

문정인 결론부터 말씀드리면, 저는 그런 숙명론에 동의하지 않아요. 한반도는 대륙과 해양 세력의 교차점이기 때문에, 양쪽 세력의 역관계에 따라 운명이 바뀔 수밖에 없다는 주장은 정치학에서 말하는 세력 균형론이죠. 고전적 현실주의 이론을 만든 한스 요아힘 모겐소(Hans J. Morgenthau) 같은 학자의 주장입니다. 모겐소는 『국가 간의 정치(Politics among nations)』라는 책에서 '한반도는 지난 2천 년 동안 강대국 정치에 의해서 그 운명이 결정되어왔던 가장 고전적 사례'라고 말하고 있어요. 중국과 같은 대륙 세력이 일본, 미국 같은 해양 세력과 한반도에서 부딪치고 이들 강대국의 국익 추구와 힘의 논리에 의해서 우리 민족의 운명이 결정된다는 주장이죠. 그런데 이 책이 나온 게 1948년이에요. 제국주의 시대의 끝자락에 나온, 강대국의 힘의 논리를 정당화하는 주장인데 우리가 이 해묵은 이론을 너무 무비판적으로 받아들이고 있습니다.

지금은 세상이 많이 달라졌습니다. 더 이상 제국주의 시대의 국제 관계가 유효하지 않아요. 우리나라 역시 크게 달라졌어요. 국가 역량이 미약하고 국민들이 충분히 각성되지 않았던 해방 전후 시기에는 강대국들에 의해 일방적으로 휘둘렸지만 지금은 그렇지 않아요.

김치관　과거 좌우를 막론하고 지식인들 가운데 이런 논지를 전개하는 경우가 꽤 많았습니다. 진보 지식인 리영희 선생도 주변 4강의 이해관계에 따라서 한반도의 운명이 좌우될 위험성을 지적했었죠. 미국과 중국이 비밀 협정이나 묵인 아래 북한을 미국에게, 대만을 중국에게 서로 주고받을 가능성을 염려하기도 했으니까요.

문정인　그게 이제는 시대적으로 맞지 않는 생각입니다. 대만이나 북한이 상품인가요? 물건도 아닌데 주고받기가 되겠어요? 그 나라들은 가만히 있겠어요?

물론 리영희 선생이 걱정한 배경은 충분히 이해합니다. 청일전쟁 후 1895년 시모노세키조약에 따라서 조선은 일본의 영향권 아래 들어갔죠. 1905년 러일전쟁 후에는 미국과 일본 사이에 가쓰라-태프트밀약을 맺어 미국은 일본의 조선반도에 대한 기득권을 인정해 주는 대신 필리핀에 대한 통제권을 인정받았어요. 이렇게 실제로 제국주의 열강들끼리 한 나라를 주고받고 했습니다. 그 뒤에 2차세계대전이 끝나가는 1943년 말 카이로선언부터 1945년 얄타회담까지 강대국들 간의 협의로 한반도의 운명이 결정되면서 우리 민족이 분단되고, 결국 한국전쟁이 일어나는 원인이 되기도 했으니까요.

그러나 이건 제국주의 시대, 2차세계대전과 그 종전 처리 시기라는 특수한 상황에서 가능했던 일이죠. 한 나라를 명분도 없이 물리적으로 점령하고 정치적 영향력을 행사하는 행위는 오늘의 국제 사회에서는 지탄 대상입니다. 억지로 강행할 경우 치러야 할 군사적, 경제적 대가도 크지요. 한 예로, 2003년 3월 미국이 이라크전을 벌인 뒤 7년 5개월 만에야 종전을 선언했는데, 그 사이 전쟁 비용이 2조 달러를 넘어서 재정 위기의 큰 원인이 되었어요. 미군 사망자가 4,400명, 부상자가 3만여 명에 달하면서 미국 국내 여론이 들끓었고요. 세계 최강 전력을 지닌 미국이 이 정도의 대가를 치르면서도 이라크 하나를 완전히 자기 뜻대로 만들지 못했단 말이죠. 한국전쟁도 베트남전쟁도 마찬가지였고 코앞의 쿠바도 어쩌지 못했어요.

홍익표　우리나라 정치학자들, 주로 국제정치학 전공한 사람들이 미국에서 공부하면서 1960년대 1970년대 당시 미국에서 맹위를 떨친 현실주의 정치학의 영향을 많이 받았습니다.
그런데 아직도 강대국 결정론 같은 현실주의 정치학 이론이 우리나라에서 영향력이 큰 데는 구조화된 이해관계도 있습니다. 과거 일제시대를 거치면서 형성된 일본과의 유착 구조, 해방 후 미국과 강하게 밀착된 이해 구조에서 우리나라 자체의 이익보다 이해관계가 밀착된 주변 강국의 시각에 더 관심을 두는 일군의 사람들이 존재하는 거죠. '검은 머리 외국인'이라고 하잖아요. 한국 사람이지만, 사고방식과 관점은 거의 미국인인 사람들이 꽤 있습니다. 이런 사람들이 한반도 문제를 미국의 관점에서 보는 거죠. 경제적 이해관계를 갖는 사람들만이 아니라, 정치권 인사들, 학문적 영향을 받은 학자들, 언론의 영향도 큽니다. 특히 언론의 경우 지금까지 항상 우리의 주장이나 생각보다는 미국의 정치인, 전문가, 언론 등이 뭐라고 하는지를 더 중요하게 생각했잖아요.

문정인　지금은 노력에 따라 얼마든지 우리의 운명을 개척할 수 있는데, 불행하게도 우리 사회는 강대국의 영향력을 지나치게 크게 보고, 스스로를 그들에게 예속시키는, 패배적이고 자기 비하적인 경향이 존재합니다.

홍익표　이런 사람들이 한반도 문제도 '미국 정치권이 한반도를 어떻게 보느냐, 미국 언론이 어떤 대안을 제시하느냐' 이렇게 접근하는 경향이 있습니다.

강대국 정치의 영향력은 무시할 수 없어요. 그러나 그걸 어떻게 우리의 이해관계에 맞게 조정하고 타개해 나갈 것인지 생각하는 게 외교의 기본일 겁니다. 강대국의 관점을 먼저 고려하여 우리의 입장을 정한다는 건 정말 심각한 문제인데, 이런 말도 안 되는 일이 종종 벌어졌죠.

북핵과 주한미군을 '빅딜' 하자는 키신저

문정인　　북한 핵 문제 해법에 대해서도 강대국 결정론의 변종이 종종 등장해요. 헨리 키신저(Henry Kissinger)● 전 국무장관이 북핵 문제 해결책이라면서 미국과 중국 간 빅딜(big deal)론을 꺼내든 게 한 사례예요. '북한 핵 문제를 해결할 열쇠는 중국이 쥐고 있다. 그런데 중국은 한반도에 주한미군이 주둔하는 상태에서 북한 체제가 붕괴하는 상황을 경계한다. 그러니 미국은 주한미군 철수를 약속해 주고 대신 중국으로 하여금 북한에 압력을 가해 책임지고 비핵화를 얻어내도록 하자' 이런 식으로 중국과 미국 사이의 거래와 협상을 통해서 북핵 문제를 해결하자는 구상입니다.

김치관　　키신저는 트럼프 대통령에게 북핵 문제에 대해 조언을 하고 있는 인물이잖아요.

● 유대계 독일 이민 출신의 미국 정치가이자 정치학자. 하버드대학 정치학과 교수를 역임하고 닉슨 행정부에서 1971년 7월 중국을 비밀리에 방문하여 중국과 외교의 길을 열면서 '키신저 외교'를 전개하고 국무장관에 취임했다. 1972년 중동 평화 조정에 힘썼으며, 1973년 1월 북베트남과 평화협정을 체결한 공로로 노벨평화상을 수상하였다. 그러나 협정을 진행시키는 과정에서 북베트남에 대한 북폭을 확대하고 핵무기 공격 협박을 가했다는 비판이 제기된다. 1977년 국무장관직에서 물러난 이후에도 국제 정치에 관한 칼럼과 책을 꾸준히 쓰고 있으며 트럼프 대통령이 외교안보에 대한 조언을 구하기 위해 만날 정도로 여전히 미국 정가에서 영향력을 발휘하고 있다.

문정인 네, 트럼프 대통령을 직접 만나서 이 구상을 설명하기도 했어요. 그런데 이거, 우리 입장에서 상당히 기분 나쁘고 위험한 생각이기도 하지만, 현실에 전혀 맞지 않는 탁상공론입니다. 키신저를 현실주의 정치인이라고 얘기하지만, 이런 주장을 보면 현실 파악도 제대로 못한다는 생각이 들어요.

우선 첫째, 키신저는 중국의 힘을 과대평가하고 북한의 힘을 과소평가하고 있어요. 중국은 북한에 대해 그 정도의 영향력을 구사하지 못합니다. 북한도 중국 말을 고분고분 듣는 나라가 아니고요.

두 번째는, 대한민국을 완전히 허수아비로 여기는 생각이죠. 우리 경제력이 세계 11위예요. 세계 반도체 수요의 상당부분을 한국이 책임지고 있어요. 한국이 삐끗하는 날에는 세계 경제가 충격에 휩싸이게 됩니다. 대한민국 군사력도 결코 만만치 않아요. 세계 군사력 순위 7위예요.● 미국이 그렇게 고전한 이라크는 순위가 47위에 불과해요. 어떻게 이런 나라를 이쪽에 붙였다 저쪽에 붙였다 할 수 있다고 생각해요.

홍익표 미국 중심 사고만 문제가 아니라 최근에는 중국에 대한 지나친 기대나 과대평가도 문제입니다. 우리 사회 일각에 미

● 미국의 군사력 평가 기관 글로벌파이어파워(GFP)는 육해공군력, 경제력, 국방 예산, 천연자원 등 50개 지표를 평가하여 세계 각국의 군사력 지수를 발표한다. 2018년 평가 결과에 따르면, 미국, 러시아, 중국, 인도가 차례로 상위 1위부터 4위까지를 차지하고 한국은 프랑스, 영국에 이어 7위이다. 일본이 8위, 북한은 18위로 평가되었다.

국 패권주의에 대한 반작용으로 중화주의적 관점, 이른바 조공 외교 시스템을 이야기하면서 '중국은 전통적으로 패권을 추구하지 않는 나라이니, 중국에 대한 외교 비중을 높이자'는 의견도 상당합니다.

문정인　　그것도 탁상공론입니다. 아시아 질서가 그 사이 얼마나 극심한 변화를 겪었나요. 조공 체제를 중심으로 한 아시아 질서가 본격적으로 짜인 건, 14세기에서 17세기까지 명나라 때죠. 주변 국가들이 명에 조공을 하는 대가로 책봉을 받고 정권을 인정받는 중국 천하 질서가 만들어진 것인데, 1842년 아편전쟁에서 패하면서 이 질서는 이미 막을 내렸습니다. 그 뒤 서구 열강이 밀려오면서 약육강식의 혼돈이 아시아를 점령하다가 1894년 청일전쟁에서 일본이 승리하면서 대동아공영권을 내세운 일본 제국주의 질서가 만들어져요. 그러다 1945년 세계대전이 끝나고 미국 중심의 패권이 구축되는데, 반쪽짜리였죠. 중국, 소련 진영이 남아 있었으니까요.

현재 우리가 가장 익숙한 게 이 미국 중심의 패권 질서입니다. 냉전이 끝나니까 이제 사회주의권도 사라지고 단극 질서로 변하면서, 결국 미국이 다 제압한 줄 알았는데 지금 보면 또 어때요? 중국이 부상하고 미국은 상대적으로 약화되고 미중 대결 구도가 만들어집니다. 여기서 우리가 어떤 선택을 해야 할지 또 고민스러운 상황이거든요. 이렇게 최근 한 세기 동안에도 국제 질서와 아시아 상황이 끊임없이 변했는데, 명나라 때의 조공 시스템을 가지고 중국 중심론을 전개한다는 게 말이 되나요?

홍익표 　조공 체제니 아시아적 질서니 하는 것이 700년 전 이야기이고 그 사이 국제 정치의 부침을 제대로 반영한 논리는 아니죠.

문정인 　그럼요. 지금 아시아 지역은 부단히 변하고 있어요. 현실을 바로 봐야지, 자꾸 어떤 고정관념에 매달리면 안 되죠. 기본적으로 세력 균형론이나 강대국 결정론은 전체가 부분을, 즉 국제 체제가 개별 국가의 위상을 일방적으로 결정한다는 의미이거든요. 요즘은 그 시각보다는 신고전적 현실주의(neo-classical realism) 이론이 더 설득력을 얻고 있어요. 국제 체제가 개별 국가의 자율성을 제약하는 측면이 있지만, 개별 국가의 국내 정치가 오히려 국가의 대외적 행태를 결정하면서 국제 구조와 마찰을 가져온다는 이론입니다. 가만히 보면 현실 세계에는 이러한 요소가 훨씬 더 많습니다. 강대국 질서라는 건 분명히 존재하지만, 숨도 못 쉴 만큼 강고하다기보다는 듬성듬성 구멍이 나 있어서 우리가 주도적으로 대처하여 앞날을 결정하는 게 얼마든지 가능해요.

한반도의 지정학적 숙명이란 게 있느냐? 그건 우리에게 달린 겁니다. 자꾸 미국이나 중국 중심으로 강대국에 맞춰 사고하면,

우리 운명은 그들 손에 달린 거니까 숙명이 되는 거죠. 그러나
우리 스스로 주도적으로 운명을 개척하기 시작하면 한반도 숙
명론은 허구에 불과합니다.

2장 · 트럼프 대통령은 협상 가능한 인물인가?

김치관　네, 아주 중요한 문제의식 하나가 나온 것 같습니다. 강대국 위주의 현실을 엄중히 인식하되 숙명론에서 벗어날 때가 되었다는 이야기인데, 그런 점에서 현재 한반도 주변 정세, 우리를 둘러싼 주변 강대국의 속셈과 의도를 냉정하고 면밀하게 바라봐야 할 것 같습니다. 미국, 중국, 일본, 러시아 다 한 번씩 두루 살펴보겠는데, 먼저 미국의 대한반도 전략에 대해 트럼프 정부 중심으로 논의를 시작하겠습니다.

트럼프 대통령, 아주 독특한 예측 불허의 캐릭터입니다. 한마디로 말해서 북핵 문제로 한반도에서 전쟁도 불사할 인물인지, 합리적인 틀 안에 있는 인물인지 의견이 분분했었습니다.

문정인　트럼프 대통령은 소위 '아메리카 퍼스트', 미국 국익 우선주의를 내세웠죠. 트럼프 행정부 국가안보전략 보고서에서도 '안보는 경제'라는 점을 분명히 밝히고 안보 문제도 국익 위주로 대처하겠다고 강조했습니다. 트럼프 외교 정책을 관통하는 또 다른 기조로는 '애니씽 벗 오바마(Anything But Obama)' 즉 과거 민주당 정부, 특히 오바마가 폈던 정책은 다 안 하겠다는 기저 심리가 있어요.

이런 기조 위에 트럼프 대통령의 개인적 특성이 결합되는데, 충동적인 면이 무척 강하죠. 특히 어떤 때 충동성이 잘 발현되는가 하면, 남 못살게 굴 때예요. 골목대장이 자기 맘에 안 드는 친구들 온갖 방법으로 괴롭히듯이 말이죠.

트럼프 대통령은 잘 알다시피 비즈니스를 통해 사회적으로 성장한 인물입니다. 부동산 사업은 특히 치고 빠지는 타이밍이 중요한 비즈니스죠. 장사에 능한 사람들 보면 물건 살 때 상대방의 약점을 파악하고 후려쳐서 값을 깎는 패턴이 있어요. 그렇다고 판을 깨면 장사 자체가 이뤄지지 않습니다. 트럼프 대통령의 기질 중 하나가 그거에요. 일단 후려치지만 판이 깨질 것 같으면, 또 다시 살려내죠. 그런 기질이 한미 관계에서도, 북핵 문제에서도 그대로 나타납니다.

홍익표　　취임 초 호주 말콤 턴불(Malcolm Turnbull) 총리하고 통화한 일화는 유명하잖습니까? 취임 축하 전화는 으레 덕담을 주고받는 건데 트럼프 대통령은 전임 정부 때의 난민 처리 문제 합의를 거론하며, '멍청하다, 이 통화가 오늘 제일 불쾌하다'고 버럭 화를 내 구설수에 올랐죠.

문정인　　독일 메르켈(Angela Merkel) 총리하고도 처음에 얼마나 살얼음이었어요. 시리아 난민 문제나 그리스 구제 금융 문제로 사사건건 대립하고, 메르켈 총리가 악수하자고 손을 내밀어도 거절하고. 지금은 관계를 조금씩 복원시켜 나가고 있지요. 자신이 원하는 목표에 따라 무례할 정도로 상대를 압박하면서 자기 후생 극대화를 추구한단 말이에요. 이익 추구 앞에서 서슴없지만 판이 깨질 듯 위태로워지면 곧 다시 판을 살려내고 타협 모드로 들어가는 거죠. 이러한 모습을 전체적으로 정리하면, 트럼프 대통령은 일관된 자기 합리성을 지녔다고 볼 수밖에 없어요. 상대방 입장에서는 매우 당황스럽지만.

김치관   충동적이지만 합리적인 범주 안에 있다?

문정인   합리적인 사람도 충동적일 수 있거든요. 보통 사람들의 일반적인 패턴과는 많이 다르지만, 궁극적으로는 상당히 합리적인 행위자예요. 무례하고 거칠기도 하고 블러핑도 서슴없지만 파국을 부르는 극단적 행동은 쉽게 하지 않습니다.

2017년 1월 한반도 상황의 급반전

김치관   2017년까지 한반도에서 금방이라도 뭔가 터질 것 같은 일촉즉발 분위기가 2018년 벽두부터 급반전되잖습니까. 1월 1일 북한 김정은 위원장이 신년사에서 평창 올림픽 성공을 기원하며 적극적인 대화 의지를 밝히지요. 청와대는 6시간 만에 박수현 대변인 논평을 통해서 시기, 장소, 형식에 구애받지 않고 북한과 대화하겠다고 답했죠. 이튿날 새해 첫 국무회의에서 문재인 대통령이 직접 김정은 위원장 신년사를 환영한다는 뜻을 다시 확인하고 북한의 올림픽 대표단 참여, 남북 회담을 위한 준비를 지시했습니다.

이때까지만 해도 '트럼프 대통령이 이걸 지지해 주겠는가, 또 무슨 충동적 발언으로 대화 분위기를 싸늘하게 만들지 않겠는가' 많은 사람들이 관측했었죠. 그런데, 트럼프 대통령은 1월 4일 한미 정상 통화에서 문재인 대통령이 요청한 올림픽 기간 동안 한미 군사 훈련 연기에 의외로 선선하게 동의할 뿐만 아니라, 남북 대화를 100% 지지하며 평창 올림픽에 자신의 가족을 포함한 고위급 대표단을 보내겠다고 밝혔습니다. 한국만이 아니라 미국 쪽 인사들의 예상을 뛰어넘는 극적인 반전이었죠.

문정인　　허버트 맥매스터(Herbert Mcmaster) 국가안보 보좌관이나 매튜 포틴저(Matthew Pottinger) 아태 담당 선임보좌관 등 백악관 참모들, 아시아 담당 참모들은 사실 트럼프 대통령이랑 생각에 차이가 좀 있어요. 그들은 '결국 북한 신년사는 한미 사이를 이간질하려는 거고, 그걸 남쪽이 받은 건 우리에게 배신 때리는 거다' 이런 프레임을 가지고 있었거든요. 그런데 참모진 분위기를 트럼프 대통령이 완전히 뒤집어 놓았어요.

홍익표　미국 외교 정책을 이해할 때 전통적인 영역과 트럼프 대통령 시대에 들어와 변화된 부분을 우리가 잘 구분해 보아야 합니다. 전통적 요소라는 건 미국이 세계 질서를 유지하는 두 축입니다. 하나는 국무부가 주관하는 NPT(핵확산금지조약) 질서입니다. 핵무기를 보유한 유엔 안전보장이사회 다섯 이사국의 기득권 속에서 나머지 국가들이 핵을 갖지 않도록 하고 핵 위험을 제거해 나가는 기조가 있죠. 이게 북핵 문제와 가장 관련이 큽니다. 또 다른 한 축은 미국 재무부 중심의 달러 체제죠. 달러로 국제 통상 및 세계 경제 질서를 유지해 가려고 하는. 이 두 가지 외교의 중심축은 트럼프 대통령이라고 해서 바뀌지 않아요. 미국의 패권 지위를 유지하는 핵심이기 때문에 민주당이든 공화당이든 마찬가지입니다. 2차세계대전 종전 이후 한번도 이 틀이 깨진 적이 없어요. 정권에 따라 이 틀 안에서 미국의 입장을 밀어붙이는 일방주의냐, 주변 국가들의 입장을 배려하면서 다자주의적 관점에서 문제를 푸느냐의 차이가 있었을 뿐입니다.

그런 측면에서는 분명히 트럼프 대통령의 정책은 같은 공화당인 부시 때하고도 또 다릅니다. 부시 정부의 일방주의는 과거 공화당의 전통적 고립주의 측면에서 이루어졌다고 할 수 있어요. 미국이 내세우는 명분과 가치를 밀고나가기 위해 희생도 치르고 비용 발생도 감수하는 거죠. 트럼프 대통령은 일방주의냐 다자주의냐 이런 이분법으로 나눠지지는 않아요. 굉장히 상황론적이지요. 국익에 부합한다면, 어떤 때는 고립주의로, 또 어떤 때는 미국 일방주의로 가기도 하고, 그때그때 다릅니다.

김치관　　홍 의원님도 트럼프 대통령이 합리적인 의사 결정자라는 데 동의한다는 뜻이죠?

홍익표　　그렇습니다. 트럼프 대통령의 의사 결정 패턴이 기존에 우리가 보아온 미국의 역대 대통령, 미국의 정당 정치 방식과 상당히 다를 뿐이죠. 그래서 이질적으로 느껴지는 것이고 아직까지는 이런 패턴을 많이 경험해 보지 못해서 당혹감이 존재하지만, 거꾸로 트럼프 대통령의 이해관계 우선 패턴이 오히려 단순하고 간명한 측면도 있습니다.

문정인　　부시의 신보수주의는 도덕적 절대주의에 가까운 미국적 가치 우월성에 대한 집착을 뜻해요. 미국의 가치가 보편적이고 절대적이며 미국과 뜻을 달리하는 나라들은 절대 수용할 수 없다는 교조적 태도지요. 그래서 이런 나라들을 '악의 축', '불량국가'라고 칭했던 거죠.
부시의 신보수주의는 또한 패권적인 일방주의예요. 홍 의원님이 얘기했듯이 2차대전 이후에 미국은 자유주의적 다자질서를 조성합니다. 경제에서는 관세와 무역에 관한 일반 협정, 가트(GATT)를 통해 자유무역 체제를 만들고 그것을 지원하기 위해서 브레튼 우즈(Bretton Woods) 통화 체제를 구축하죠. 달러를 기축화폐로 만들고 국제통화기금(IMF)과 세계은행(World Bank)을 만들면서 세계 금융을 안정화시키는 거죠. 결국 미국은 2차세계대전 이후 패권 국가이면서도 자유주의적 다자주의를 지향한 거예요. 유엔도 사실 미국이 주도해 만들었고요.

그런데 부시에 와서는 다자주의가 패권적 일방주의로 바뀌죠. 유엔에 대한 배타성이 강해집니다. 국무부 정무차관을 지냈던 존 볼턴(John Bolton) 같은 사람이 유엔 대사를 맡으면서 유엔을 통한 국제 문제 접근을 노골적으로 경시해요. 포괄적 핵실험금지조약(CTBT)●에서 탈퇴했고, 국제형사재판소도 가입하지 않았고, 교토 프로토콜(Kyoto Protocol)도 거부했지요. 이런 식으로 다자 질서를 거부하면서 일방주의로 갔습니다.

이와 맥을 같이한 게, 공세적 현실주의(offensive realism)였지요. 여기엔 9.11사태의 영향도 큰데, 적이 미국을 위협하려 한다는 사실을 사전에 탐지했을 땐 선제타격을 하겠다는 거죠. 도널드 럼스펠드(Donald Rumsfeld) 전 국방장관, 콘돌리자 라이스(Condoleezza Rice) 전 국무장관 등이 대표적 인물이죠. 그런데 상대 국가에 대한 선제타격이란 건 국제법적으로 허용되지 않거든요. 그러니까 자연히 스스로 만든 국제 질서와 거리를 두는

● Comprehensive nuclear-Test Ban Treaty. 1996년 UN 총회에서 결의한 핵 실험 전면 금지 조약. 이전의 부분적 핵실험금지조약(PTBT, Partial Nuclear Test Ban Treaty)에서 제외되었던 지하, 수중, 대기권 외부에서의 실험 등 모든 핵 실험을 금지하려는 취지를 담고 있다. 비핵 국가들이 1995년 5월 핵확산금지조약(NPT)의 무기한 연장에 합의하면서 핵 보유국들로부터 받아낸 것이나 대표적 핵 개발 국가인 미국, 러시아, 중국 등은 비준하지 않았다.

거죠. 또 일방적 패권을 강화하려면 군사력을 증강해야 하고 군사비도 늘릴 수밖에 없는데, 부시는 막대한 경제 부담을 감수하고서라도 밀고 나갔습니다.

하지만 트럼프 대통령에게는 부시가 강조한 미국적 가치가 별 의미가 없어요. 이익이 제일 중요해요. 물론 다자 질서를 그다지 존중하지 않는 일방주의란 점은 둘이 서로 비슷해요. 차이라면 부시는 패권적 일방주의인데, 트럼프 대통령은 일방주의이기는 하나 패권이 목적은 아닙니다. 미국 패권 유지를 위해 군사비를 더 지출하거나 경제적 부담을 늘릴 생각은 없다는 거예요.

홍익표　패권보다는 이익이 목적이라는 거죠.

문정인　'미국 사람 잘 먹고 잘 사는 게 제일 중요하고, 그거 하자고 안보가 있는 거지, 왜 우리가 세계 오대양 육대주의 안보를 다 책임지느냐' 이런 생각이죠. 그래서 무임승차 이야기가 나오는 겁니다. '너희들 안보 지키는 데 든 돈은 너희가 내라' 하고요.

미국, 국제 경찰에서 국제 보안회사로

홍익표　농담 삼아 덧붙이자면 트럼프 대통령 이전 미국의 역할이 '세계 경찰'이었다면, 트럼프 대통령은 미국을 '국제적 경호 회사'로 위상을 바꾼 겁니다.

김치관　돈 받고 보안을 지켜주는 일종의 보안(security) 산업이군요.

문정인　그러니까 부시와 트럼프 대통령의 외교 정책이 강경 일변도라는 점에서 겉으로는 비슷해 보이지만, 자세히 들여다보면 양쪽 결이 상당히 달라요.

홍익표　그게 트럼프 대통령이 전통주의적 공화당 내에서도 약간 이단아 취급을 받는 결정적인 이유인 것 같습니다. 어쨌든 부시까지는 정도의 차이가 있을지는 몰라도 전통적 공화당 외교, 일방주의나 고립주의라는 틀에서 미국이 패권적 질서를 유지하려는 기조를 유지해왔다면 트럼프 대통령은 전통적 방식하곤 상당한 거리를 두고 있는 거죠. 그런 측면에서 우리에게도 트럼프 대통령의 외교는 새로운 도전이지만 기회이기도 해요.

김치관　트럼프 대통령은 미국의 번영에 지장을 주지 않는다면 외부 세계에 신경 끄겠다는 고립주의에 가깝다는 거죠? 미국 패권에 대한 관심도 크지 않고?

문정인　그렇습니다. 2차세계대전 이후에 세계 무역, 통화, 군사 질서와 오대양 동맹 체제까지 다 만들어놨는데, 한 20년 지나고 보니까 도넛 현상이 생겼단 말이에요. 해외 군사력 유지에 돈을 쓰고 또 동맹 국가들에게 기술 넘겨주고, 투자도 많이 하다보니 미국은 속 빈 강정이 되고 동맹인 일본, 독일만 잘 살게 되었으니 이거 고쳐야 된다는 이야기거든요. 한마디로 미국의 내실을 기하자는 건데, 이게 무역에서는 보호주의로, 군사적 측면에서는 동맹을 유지하는 비용을 제대로 받자는 정책으로 나오는 겁니다.

만약 트럼프 대통령도 그런 식으로 해서 경제가 잘 되고 안보도 잘 유지되면, 그 다음 다시 또 팽창으로 나갈 겁니다. 미국 패권을 추구하는 거죠.

김치관　이런 기조에서 트럼프 대통령이 동북아 구상을 가질 것이고, 그 일환으로 한반도 정책을 펼 텐데요. 아시아 태평양 전략의 핵심은 결국 대중국 전략에 있겠죠?

홍익표　전통적인 미국의 아시아 태평양 전략 속에서 트럼프 정부를 더 세부적으로 살펴보는 게 타당할 듯합니다.

군사적 측면에서 미국에게 1차적으로 중요한 지역은 항상 유럽이었어요. 유럽이 제1선이고 2선이 중동, 제3선이 아시아 태평양 지역이죠. 그런데 이 축이 조금씩 변합니다. 상대적으로 유럽에서 미국 패권 질서에 도전하는 세력의 힘이 약화된 거죠. 이 지역의 가장 큰 위협은 구소련이었는데, 지금의 러시아는 냉전 시기와 같이 글로벌 차원에서 미국의 패권에 도전하긴 어렵죠. 유럽의 전략적 리스크가 상대적으로 낮아지는 반면에 최근 20여 년간 리스크가 제일 컸던 지역은 중동이죠. 특히 2008년 무렵은 원유가가 배럴당 150불 가까이 육박하면서 3차 오일쇼크에 준하는 충격이 있었습니다. 미국의 가장 핵심적인 전략 물자라고 할 수 있는 석유 자원의 안정적 관리는 늘 중요하죠. 그 다음 테러리즘과도 관련이 있는데 특히 9.11 이후 미국 본토나 미국적 가치에 가장 심각하게 도전하는 세력은 사실상 중동 지역이었습니다. 그런 차원에서 중동의 전략적 비중이 높아졌고, 이 지역에 대한 국력 투입도 매우 늘어났습니다.

마지막으로 제3선인 아시아 태평양 지역을 보면, 그간 이 지역은 현상 유지가 가능했고 전략적 위협은 크지 않았어요. 2000년대 초반까지는 중국이 경제 개방 이후 지속 성장은 했지만 미국과 세계 질서나 패권을 놓고 경쟁할 만한 위상은 아니었죠. 그리고 북핵 위협이 계속 거론되었지만, 미국 본토를 겨냥하거나 미국의 패권적, 세계적 질서에 도전하는 차원은 아니었기 때문에 아시아 태평양 지역의 질서는 현상 유지나 소극적 관리 수준이었죠. 그런데 2000년대 중반을 거치면서 상황이 확 바뀝니다.

문정인　　　중국의 부상 속도가 예상을 초월했던 거죠.

홍익표   그렇습니다. 제1의 위험 요소가 되어버렸습니다. 여기에 북한의 핵 개발 능력이 미국의 생각보다 훨씬 속도가 붙으면서, 미국 본토 타격 위협이 실존하게 된 거죠. 미국은 이 지역의 위험성이 증가하고 패권적 질서가 무너졌다고 보게 됩니다. 그래서 오바마 때 아시아 리밸런싱(Asia rebalancing)이라고 해서, 전통적인 동아시아 지역, 아태 지역의 균형을 회복하겠다는 전략이 대두된 겁니다. 중동 지역 국가들의 위협이 산발적이고 분산적이라면, 중국은 과거 구소련만큼은 아니라 하더라도 실제로 슈퍼 파워인 미국에 대립할 수 있는 유일한 국가이니까요. 트럼프 정부도 이러한 기조에서는 크게 다르지 않아요. 다만 방식에서는 과거 오바마 대통령이 전통적으로 일본과 호주 이런 기존 동맹국 체계, 동맹 시스템을 통해서 중국을 견제하려고 했다면 트럼프 대통령은 예전처럼 일방적으로 비용을 부담하는 동맹 유지는 원하지 않습니다. 그래서 제가 보안 회사라고 표현한 건데 미국이 감당할 수 있는 만큼, 이익에 부합하는 만큼만 이 질서를 유지하고 싶은 기색이 역력해요.

문정인   사람들이 트럼프 대통령이 당선됐을 때 큰 변화가 있을 거라고 걱정했어요. 트럼프 대통령은 우선 중국의 부상에 대해서 그렇게 우려하지 않았어요. 키신저가 트럼프 대통령을 자문해줘서 그런지는 모르지만. 그간에 미국과 중국 사이에 가장 큰 걸림돌은 소수민족 보호, 인권, 민주주의 같은 가치의 문제인데, 트럼프 대통령은 전혀 신경 안 썼고 무역 적자에 관심을 보이면서 경제 문제만 해결되면 중국하고 관계는 개선되는 것처럼 얘기해서 중국이 상당히 안도했단 말이에요.

그 다음에 사람들은 아시아 태평양 동맹 체제가 상당히 흔들릴 거라고 걱정했었거든요. '한국, 일본 다 무임승차한다, 제대로 비용 내라. 그거 안하면 동맹 안 하겠다' 뭐 이렇게까지 나왔으니까요. 그런데 트럼프 대통령 취임하고 딱 1년인데 지금 상황이 어떻습니까? 트럼프 대통령도 중국의 부상을 현실로 인식해서, 지난 2017년 11월 아시아 순방 때 인도 · 태평양 전략을 선언했어요. 그러면서 가치를 공유하는 국가들끼리 대응하자고 강조했거든요. 결국 트럼프 대통령도 지정학적인 시각에서 중국에 대한 전략적 견제와 봉쇄 입장에 있는 겁니다. 동맹 간에는 방위비 분담 문제라든가 무역 마찰, 특히 한국과는 한미 FTA 재협상 등의 현안이 있지만 대통령 선거 기간의 발언에 비하면 동맹의 중요성을 상당히 인식하고 있어요. 아시아 순방 이후에는 더 강해졌죠.

결국 트럼프 대통령이라고 하는 행위자가 자기가 하고 싶은 걸 하려 해도 미국 대통령으로서 구조에 의해서 제약 받고, 역사적 관성에 의해서 제약을 받는 겁니다. 그러다 보니까 과거 미국 정부와 비슷한 아시아 태평양 정책을 펴는 양상이에요. 결국 트럼프 대통령 역시 과거 미국의 패권적 행보를 유지할 것이고, 중국에 대한 견제를 계속하면서, 그 맥락에서 한미 동맹과 미일 동맹을 강화시켜 나가는 상황이라고 추론할 수 있습니다.

동맹은 목적인가 도구인가

김치관　큰 틀에서는 트럼프 대통령의 성향, 노선 이런 것들은 좀 고립주의이기도 하고, 경제 우선주의, 자국경제 중심주의이긴 한데 아시아 태평양 지역에서 기존의 관성과 동맹 체제를 크게 변화시키지 않을 거라는 게 두 분의 시각인 것 같습니다. 이런 것들이 실제로 한반도 정책에는 어떻게 반영이 될까요?

홍익표　먼저 트럼프 대통령과 한국 정부의 관계를 보죠. 일부 보수적인 분들은 문재인 정부 들어와서 한미 동맹이 미일 동맹에 비해서 약화되었다는 이야기를 자주 해요. 그런데 미국은 역사상 단 한 번도 한미 동맹을 미일 동맹보다 위에 둔 적이 없어요. 미국의 동아시아 질서의 기본 축은 미일 동맹입니다. 거기에 하위 체계로서 한미 동맹이 작동하고 있는 겁니다. 진보적 대통령 때문에 미일 동맹보다 한미 동맹이 하위로 격하됐다, 약화됐다 하는 말은 비판을 위한 말장난일 뿐입니다.

미국은 오래 전부터 전통적 미일 동맹 속에 한국을 끌어들여 한미일 삼각동맹 또는 한미 동맹과 미일 동맹의 구조적 연결을 지속적으로 생각해왔죠. 역대 어느 대통령이든 마찬가지였는데,

이러한 계획이 한일 간의 특수한 관계, 역사적 문제 등 때문에 잘 진전되지 않으니까 미국 입장에서는 좀 답답한 거죠. 범위를 군사적 문제로 좁혀서 보면 전쟁을 같이 치렀기 때문에 미국 국방부나 군 쪽의 한미 동맹에 대한 인식은 외교적 관점보다는 훨씬 더 우선순위가 높고 굉장히 중요하게 보는 게 사실입니다. 군인들의 멘탈리티라는 게 있지요. 같이 전쟁을 치르고 피를 흘린 역사는 간단한 게 아니잖아요.

하지만 한국과의 군사적 공조는 철저하게 미국의 전략적 관점에 따라 이뤄지고 있습니다. 현재 연합사령부 개편, 무기 시스템 개편, 전작권 이양 등을 차례로 밟아나가는 중인데, 기본적으로 이 지역에서 한국의 역할을 높이고 미국의 부담을 줄이자는 생각입니다. 무기 시스템을 고도화하고 한미 연합군 지휘 체계를 효율화해서 미국의 실질적인 부담을 줄이되, 방어력이나 전투력은 더 견고하게 유지하려는 의도입니다. 전작권 문제도 우리 정부가 원해서만 되는 게 아니라 미국 정부의 군사 전략 역시 그렇게 가고 있는 겁니다.

문정인 전시작전통제권처럼 혼란스런 개념이 또 없어요. 우리나라 헌법 74조는 대한민국 대통령을 국군 통수권자로 규정하고 있죠. 군 통수권자인 대통령은 군정과 군령을 총괄해요. 여기서 군정은 군사 행정을 얘기합니다. 인사, 보직 등을 관장하는 거죠. 군령이라고 하는 건 지휘와 통제예요. 지휘는 대한민국 대통령이 가지고 있는데 전시에는 작전 지휘권을 한국과 미국 대통령이 공동으로 행사합니다. 한미 대통령이 협의해서 지휘 결정을 내리면, 한미 국방장관이 검토해서 한미합창의장으로 구성된 군사위원회에 실질적으로 집행하도록 하는 것이죠.

그러니까 주한미군 사령관이자 연합 사령관이 가지고 있는 권한은 이 군 통수권 중에 전시작전통제권에만 한정되는 것이고 데프콘 쓰리 이상 상황에서만 발동되는 거죠. 전작권은 노무현 정부 때 2012년까지 전환하자고 미국과 합의했었는데 이명박 정부에서 2105년으로 연기했고, 박근혜 정부에서는 다시 무기한 연기됐지요. 문재인 정부는 가능한 조속히 전환하겠다는 입장입니다.

홍익표 군사 동맹과 별개로 경제 관계에서는 도전적 요소가 훨씬 더 많아졌습니다. 1990년대 초반부터 확산된 신자유주의 영향으로 아까 얘기하신 도넛 현상이 한국과 미국에 동일하게 나타났어요. 트럼프 대통령은 미국만 일방적 손해를 본 것처럼 이야기하지만, 자유무역협정으로 한국이나 미국이나 이익을 누리는 10%와 손해를 보는 90%가 동시에 나타나요. 과거 제국주의론이나 종속이론 등으로는 설명이 안 되는 현상이죠. 핵심 그룹은 이익을 누리고 다수는 손해를 보는 건 한미 양국이 다 마찬가지인 겁니다. 하지만 미국 경제 상황의 피해자들의 분노에 힘입어 당선된 트럼프 대통령이기 때문에 어떻게든 그 책임을 한국에 전가하려 할 거란 말이죠. 자유무역협정의 결과로 루저 그룹에 속하게 된, 자동차산업을 비롯한 미국의 전통적 제조업 입장을 대변하면서 한국에 대한 압박을 굉장히 높일 겁니다.

문정인　그래서 우리가 동맹의 의미를 잘 살펴봐야 하는 거예요. 동맹이 목적 그 자체냐 아니면 도구냐를 생각해야 한다는 겁니다.

한국과 미국의 국익이 일체화 되는 거라면, 그러니까 미국의 패권 추구에 우리도 동참하고 그 결실을 똑같이 누리는 거라면, 동맹은 목적 그 자체가 될 수 있겠죠. 한미 동맹을 영속적으로 생각한다는 것은 한국과 미국이 일심동체이고 미국의 패권적 지위를 계속 지키는 일에 우리도 함께 하겠다는 뜻입니다.

그런데 북한에 대한 군사적 억지력을 구축하고 전쟁을 막기 위해 필요한 게 동맹이다, 이렇게 생각할 때는 동맹은 도구고 수단이거든요. 우리는 당연히 후자겠죠. 침략을 막기 위해 한미 동맹을 하는 거지, 우리가 미국 패권을 유지해주려고 동맹을 하는 게 아니란 말입니다. 동맹에 대해 논의할 때 제일 헷갈리고 있는 부분이에요. 많은 보수 인사들이 동맹을 목적 그 자체로, 신줏단지로 본단 말이죠.

저 같은 사람이 '어 동맹은 도구인데?' 이러면 보수적인 사람들, 보수 정치권과 언론에서는 당장에 '문 교수 저 사람 종북 좌파 아냐?'라고 나와요. 불경죄라는 거죠.

김치관　　우리를 지키고 발전하기 위한 수단이 동맹인데, 동맹 그 자체가 목적으로 전도된 거죠.

문정인　　그렇게 동맹이 신줏단지가 되니까 별별 해프닝이 다 생겨요. 한미 동맹과 미일 동맹을 항상 비교하는 습성도 마찬가지입니다. 김영삼 정부 초대 외무장관을 지냈던 한승주 교수 같은 분은, 이명박 정부 때 한미 관계가 아주 좋고 반면 일본은 미국과 다소 삐걱대고 있으니까 조선일보 칼럼에 "처음으로 한미 동맹이 미일 동맹을 이겼다. 우리가 더 강한 동맹이 됐다"고 썼어요. 어불성설이죠.

그와 비슷한 해프닝이 '린치 핀, 코너 스톤' 논쟁이죠. 한동안 이거 가지고 우리 정관가에서 얼마나 요란했어요. 오바마가 한미 동맹이 린치 핀이라고 하면서 '린치 핀이 없으면 구조물이 내려앉을 수도 있다'고 발언하자 우리가 미국에게 코너 스톤, 주춧돌인 일본보다 더 중요한 나라라도 된 것처럼 흥분해서 들썩였죠.

홍익표　　좋게 말하면 외교적 수사, 나쁘게 말하면 말장난인데 말이죠.

문정인　　외교적으로는 둘 다 중요한 존재라는 뜻이지 뭐가 더 중요하다는 가치를 둔 발언이 아니죠. 그러나 왜 오바마 전 대통령이 일본은 코너 스톤이고 한국은 린치 핀이라고 했는지 굳이 따지자면, 구조적으로 생각해봐요. 집 짓는데 보통 주춧돌이 네 개 아닙니까. 린치 핀은 주춧돌에다가 기둥을 세운 뒤 지붕과 고정 시킬 때 꽂아서 접목시켜주는 거니까 보통 주춧돌 하나에 아래쪽에 네 개, 위쪽에 네 개, 그러면 결국 집 하나에 주춧돌 네 개와 린치 핀 열여섯 개가 있다는 거잖아요. 이렇게 구조적으로 생각하면 우리는 열여섯 개 중 하나고 일본은 네 개 중 하나죠. 그런 현실을 인식해야 하는데, '린치 핀이 더 중요하다' 이렇게 자화자찬하고 있던 게 지난 정부의 외교 수준이었어요.

김치관　　좀 슬픈 얘기군요.

복종이 평화를 보장하지는 않는다

문정인　　국민을 기만하는 거죠. 1950년 1월 10일 당시 미 국무장관 딘 애치슨(Dean Acheson)은 이른바 애치슨 선언을 발표했어요. 미국의 극동 방어선을 한국에서 오키나와로 변경한다는 선언 말이에요. 이후로 냉전 기간 내내 미국에게는 일본 방어가 최우선이었지, 한반도가 더 우선이었던 적은 없어요. 현실을 제대로 인식하고, 누울 자리를 보고 발을 뻗어야 할 거 아닙니까? 일부 보수층의 미국에 대한 절대 사랑, 절대 복종은 마치 종교에서 하나님에 대한 절대 복종을 통해 마음의 평화를 얻으려 하는 거나 다름없어요. 그런데 하나님 믿는 것과 미국을 믿는 건 달라요. 아무리 미국에 절대 복종을 해도 일본이 우선인 사실은 바뀌지 않아요. 복종한다고 한반도의 평화가 보장되는 건 절대 아니란 말입니다.

홍익표 　세계 지도를 한번 펼쳐놓고 보기만 해도 알 수 있는데 말이죠. 미국 방어에 어디가 더 중요한 곳인지….

문정인 　조금 더 나가 봅시다. 한미 관계 핵심은 군사 동맹과 경제적 호혜 관계인데, 트럼프 대통령이 당선될 때 이게 다 흔들리는 걸로 보였죠. 그런데 지금 보니 동맹은 유지한다는 거고 그 핵심 이유는 북한 핵 문제 때문이죠. 북한 핵이 미국과 한국에 동시에 위협을 가하고, 미국의 동맹인 일본에 위협을 가하니까 한미 동맹의 필요성을 인정은 하면서도 2017년 11월부터 방위비 분담 협상에 착수했죠. 미국은 아주 강하게 밀어붙이고 있어요.

지금 우리가 분담금을 약 9500억 원 정도 내고 있는데, 문제는 이게 적정 금액인지조차 모르고 있다는 겁니다. 미국은 아직까지 자기들 쓰는 돈을 항목별로 밝힌 적이 없어요. 얼마가 필요한 건지도 정확하지 않은 가운데 우리가 알아서 돈을 내는 식이었거든요. 그러니 우리가 낸 돈으로 미국이 방위비 가운데 뭘

커버하는지를 몰라요. 주한미군 인건비도 거기서 책정하는 건지, 무기 구입비도 해당되는지 아닌지 그냥 유지 관리비에만 쓴다는 건지. 그러니까 돈이 남는 거예요. 우리가 분담한 돈을 다 못쓰니까 그냥 적립하고 있는 거라고요. 그런데 앞으로는 트럼프 대통령이 '미군이 한국 지켜주러 온 거니까 주한미군 주둔 비용 대부분을 한국이 내라'고 할 수도 있지요. 그러면 사달이 나겠지요. 방위비도 과도하게 요구하고, 무역 부문에서도 무리한 요구를 하면서 한국에 통상 압력을 가해온다면, 그럼 우리도 동맹을 다시 볼 수밖에 없는 거죠.

향후 이 문제에서 핵심은 우리 정부의 태도예요. 우리 정부는 방위비 분담 같은 거 '미국이 원하면 주자'고 할 것 같은데, 줄 때 주더라도 따져 놓고 줘야지요. 전시작전 통제권을 전환하는 시기에 있는데 그럼 우리의 대미 의존도가 그만큼 줄어든다는 얘기고 방위비 부담도 줄어야 하는 거죠.

아마 트럼프 대통령의 속내는 한국이 미국말 잘 듣고 부담도 해줄 거라고 생각할 거예요. 여기에서 상당히 불협화음이 있을 겁니다.

김치관　복잡한 문제가 속출할 텐데 걱정되는 것은, 우리 외교부나 국방부의 대외 협상 패턴이 상당히 비밀주의가 많잖아요. 투명하게 공개되지도 않고.

홍익표　이명박 정부에서 국방부 장관을 했던 김태영 씨 발언이 단적인 예죠. "내가 책임지고 UAE와의 군사 협약을 비밀로 추진하자고 했다."라고 자랑스럽게 말했는데, 이건 아주 심각한 문제입니다. 대외 협상이나 외교 관계에서 국회 통제를 받는 것은 투명성을 높이기 위한 것이죠. 그런데 협상 성공을 위해서, 기밀 유지를 위해서 등등의 명분을 내세워 김태영 전 장관처럼 불법적으로 처리해버리는 경우가 벌어집니다. 국방부나 외교부가 대외 협상을 할 때, 외교 안보 사안은 국회에 자료를 공개하지 않을 수 있다는 국회법과 정보공개법의 우회 루트를 통해서 투명성을 피해가는 거예요. 말씀하신 방위비 분담금 문제도 그런 케이스인데, 1조 원 가까운 돈을 쓰면서 그 용처나 투명성이 검증이 안 돼요. 일본은 그게 이뤄지고 있습니다. 사안마다 항목을 구체적으로 정해놓고 일본 측에서 돈을 지불해요.

문정인　일본처럼 최소한 지불하는 돈의 용처는 확보하고 있어야 제대로 방위비 분담 협상을 할 수 있죠.

홍익표　더 기가 막힌 것은 돈이 통으로 넘어가다 보니까 적립한 돈에 대한 이자수익도 미군 당국이 자기 수익으로 가져가는 상황이에요.
방위비 부담을 늘리라는 추가 요구는 계속 높아질 겁니다. 우리가 그걸 거부하긴 힘들어요. 일정하게 수용을 해야 될 거예요.

다만 그 과정에서 왜 이걸 우리가 부담해야 하는지 분명한 이유와 필요성, 그리고 사용 과정에 대한 투명성은 높인다는 목표를 가지고 미국과 협상을 해야 합니다.

문정인　동맹이라는 게 목적이 아니라 도구이고, 절대복종이 아니라 서로 필요한 만큼의 동반 관계이기 때문에 따질 거 다 따져가면서 해야 하는데, 따지는 것 자체를 미국에 대한 불경죄처럼 생각하면 문제 있죠. 거 왜 태극기 집회에 성조기 같이 들고 나오잖아요.

홍익표　거의 신앙이나 신화 수준으로 격상되어 있어서…. 제가 미국 외교부나 정치 인사들 만나면 '도대체 박근혜 지지 집회에 왜 우리 성조기를 들고 나오냐'고 그 사람들이 오히려 뭐라고 합니다. 자기들이 창피하고 이해도 못하겠다는 거죠. (웃음)

문정인　게다가 이스라엘 국기는 또 왜 나오는 건지(웃음)….

홍익표　한미 동맹을 범접할 수 없는 존재로 신성시하는 건 태극기 집회만이 아니고, 우리 정치권이나 일부 언론도 마찬가지예요.

문정인　극단적, 신앙적 동맹관에 사로잡힌 사람들도 있고, 상황의 안정적 관리를 위한 관리적 차원의 동맹관을 갖고 있는 사람들이 있어요. 물론 한쪽에는 더 나가서 한미 동맹을 반대하는 사람들도 있죠. 미국이 한국에 들어와서 지역 긴장을 높이고 군사 독재를 지지하는 등 잘한 게 뭐 있냐 하는 시각이죠. 이런 다양한 시각이 있는 건 민주주의 국가에서 당연한 일입니다.

감정에 치우치지 말고 냉정하게 보아야 합니다. 6.25 때 미국의 개입 덕에 한반도의 공산화를 막은 것, 4만 명 이상의 미군이 전사한 것 다 사실입니다. 또한 한미 동맹과 주한미군이 있었기 때문에 한반도의 전략적 안정이 구축된 것도 부인할 수 없습니다. 그러나 지금 트럼프 대통령이 보여주듯이 미국은 철저히 동맹을 자기 이익 수단으로 생각하고 받을 거 다 받아내려 한다는 점도 사실이죠. 이런 객관적 사실을 바탕으로 동맹 관계를 제대로 인식하려는 노력이 필요합니다.

김치관　　그런 점에서 우려가 적지 않습니다. 많은 관료들이 한미 동맹에 대한 관점이 고정되어 있어서, FTA 재협상이나 방위비 분담 협상에서 미국에게 휘둘리지 않겠는가 하는 거죠. 정부에서 합리적으로 하라고 주문해도 말입니다.

자, 다시 화제를 이어가기로 하죠. 우방이자 동맹인 한국과도 이렇게 복잡한데 이제 더 어려운 대북 정책 차례입니다.

미국 본토에 대한 위협으로 떠오른 북한 핵

홍익표　　아니 오히려 복잡하지 않습니다. 미국의 대북 정책은 사실 북한 정권 수립 이후 지금까지 거의 적대 정책으로만 일관했기 때문에 아주 단순합니다. 봉쇄, 제재와 압박이 기본 축이었습니다. 최근에는 북한 핵무기로 인해서 제재와 압박이 유엔이나 국제적 차원으로 확대되고 수준이 높아진 게 변화라면 변화랄까, 미국은 한 번도 이 기조를 바꿔본 적이 없어요. 중간 중간 약간 완화하려는 계기들이 있었지만 결국 흐름이 바뀌지는 않았습니다.

미국이 볼 때 1990년대 초반, 핵 위기 발생 전까지는 북한은 남한에 대한 위협 차원의 지엽적 위협 세력이었죠. 지엽적 위협 세력이란 현재 한반도에 주둔하고 있는 미군의 전력 차원에서 충분히 대처 가능한 수준이라는 겁니다. 1990년대에 오면서 상황이 많이 바뀌는데, 냉전이 해체되면서 남북한 유엔 동시 가입이 이루어졌잖아요. 한국은 그래서 유엔 가입과 함께 중국, 러시와 국교가 수립되었는데 북한은 유엔 가입만 이루어지고 미국 및 일본과 수교가 이뤄지진 않았습니다. 수교가 안 되고 외교 관계가 정상화 되지 않으면서, 사실 북한 입장에서는 균형이 깨진 겁니다. 미국은 그런 속에서 북한의 일차 핵 위기 때도 합의를 했지만, 뻔히 우리가 다 아는 것처럼 합의를 이행할 생각이 없었어요. 클린턴 정부의 국무부 관계자가 대놓고 이야기를 했어요. 1994년 7월에 김일성 주석이 사망하고 10월에 북미 제네바 합의를 했지만, 미국은 내심 북한이 길어야 3년에서 5년 내에 붕괴할 것으로 생각했던 거죠. 뜻밖에도 북한이 굉장히 어려운 고난을 겪으면서도 생존에 성공하면서 현재의 북핵 위기가 온 겁니다.

전반적으로 북한에 대한 미국의 이해가 너무 낮아요. 특히나 지난 이명박, 박근혜 정부에서는 우리 측 일부 보수적 인사들과의 교류만 집중적으로 이루어지다 보니 북한에 대한 생각이 한국의 보수주의자들과 차이가 없습니다. 북한이 곧 붕괴할 거라는 '희망적 사고', 북한은 악의 축이고 나쁜 놈들이기 때문에 이걸 어떻게 손을 좀 봐줘야 한다는 '집단 사고'가 주류를 형성하고 있는 거죠. 다만 최근 북한 핵 문제가 장기화되고, 북한 핵이 고도화되면서 그 해법을 놓고서 미국도 백가쟁명(百家爭鳴) 상태로 변하고 있어요. 열 명을 만나면 열 사람 다 해법이 다른 상황입니다. 자기들도 이것저것 다 해봤는데 뾰쪽한 수가 없다는 답답함을 토로하는 사람들이 늘어나는 것이 최근 현실이지요.

김치관　사실 오바마 정부 대북 정책이었던 '전략적 인내'는 어떻게 보면 대안이 없으니 그냥 참고 있는 것 아닙니까. 북한이 스스로 무너지기만을 기다리면서.

홍익표　그러는 사이에 북핵 위기가 커진 겁니다. 그렇다고 해서 적극적으로 한반도 평화를 위해 움직인 것도 없어요.

문정인　　미국의 대북 정책을 이익과 가치 측면으로 나눠 봅시
다. 이익 측면은 결국에 미국의 안보에 북한이 위해가 되느냐
안 되느냐 이걸 보는 겁니다. 과거에는 미국이 좀 여유가 있었
죠. 왜냐면 북한의 위협이라는 게 재래식 무력 수준이고, 주한
미군과 한국에 대한 위협 차원이었거든요. 제한적이고 일이 터
져도 틀어막을 수 있는 그런 위협이었죠. 그러다가 북한이 노동
미사일 개발하고 나니 위협이 일본까지 미치는 거고 또 화성 15
호 대륙간 탄도 미사일 시험 발사에 성공하니까 이제는 미국 본
토에 대한 위협이 되는 거 아닙니까. 게다가 재래식 군사력의
위협을 넘어 핵위협이 되었고요. 본토에 대한 직접적 위협인 북
한은 상당히 다른 문제이기 때문에 이제는 북한이 미국의 외교
정책 어젠다에서 중요한 비중을 차지하게 되었습니다. 과거 오
바마 정부 때만 해도 국가 안보전략 보고서에 북한에 대한 언급
이 거의 없었어요. 그런데 이번에는 가장 중요한 문제로 떠올라
서, 트럼프 정부 안보 보고서에서는 열일곱 번이나 언급된단 말
이에요.

두 번째로 가치의 측면을 살펴보면 민주주의나 인권 문제도 미
국은 상당히 중요하게 생각하죠. 전통적으로 미국 민주당 정부
는 이런 이슈들을 군사적 위협 못지않게 다뤘어요. 그러면서 북
한을 백안시하고 상대조차 안 하려 했던 거죠. 지금 트럼프 대

통령은 가치에 크게 역점을 두지는 않는데 의회는 여전히 이 문제에 주목해요. 북미 관계가 쉽지 않은 게 북한 핵 문제 하나에 우선순위를 두고 거기에만 집중할 수 있는 상황이 아니고, 민주주의, 인권, 탈북자, 화생방 무기까지 다 이슈로 걸려 있어요. 요즘은 또 사이버 안보 문제도 나오죠. 지금 미국은 핵 위협 못지않게 사이버 안보 위협도 큰 문제로 인식하고 있어요. 그러니 문제를 풀기가 참 쉽지 않은 거죠.

미 CIA가 북한 종말론에 매달리는 이유

김치관　　그런데 과연 미국에는 북한 전문가들이 얼마나 있는지, 그들이 북한 상황을 객관적으로 인식하고 있는지도 의문입니다.

문정인　　2012년 3월 초 뉴욕에서 남북한과 미국 그리고 독일이 비공개 회의를 한 일이 있었어요. 미국에서는 존 케리(John Forbes Kerry) 당시 상원의원, 헨리 키신저 전 국무장관, 도널드 그레그(Donald Gregg)대사가 참석했고 한국에서는 저하고 임동원 이사장, 북한에서는 리영호 당시 외무성 부상이 참석했죠. 그때 리용호 부상이 이런 말을 했어요. "미국이 2차대전 이후에 수교를 하지 않은 국가가 쿠바, 이란, 북한 이렇게 셋이다. 그런데 쿠바, 이란은 과거에는 수교했다가 단교한 케이스고 단 한 번도 기회를 안 준 것은 북한 밖에 없다. 이는 불공정하다."

그러니까 존 케리 상원의원이 "잘 알고 있다. 그런데 수교를 하려 해도 상원에서 비준을 받아야 하는데, 북한이 지금과 같은 행태를 보이면, 상원의원 백 명 중에 단 한 명도 동의하지 않을 거다. 그러니까 당신들 행태 바꿔라." 이렇게 대답해요.

상황을 상징적으로 보여주는 장면이라 얘기를 꺼낸 건데, 이런 사고방식이 미국 정치인들에게 지금도 지속되고 있어요. 상황을 역지사지해서 북한 내부의 입장도 고려하면서 접근하는, '내재적 접근'이라고 하죠, 그런 북한 전문가들의 의견은 워싱턴 정가에 거의 영향력이 없어요. 이들은 북한의 모든 행동이 도발이라고 보지는 않고 미국이 원인을 제공하거나 잘못한 것도 있다고 봅니다. 그런데 워싱턴의 주류는 북한 전문가들이 아니라 외교 분야의 제너럴리스트들입니다. 북을 충분히 이해하지 못하면서 고정된 사고방식으로 북한 문제를 판단하는 사람들이 득세하고 있는 거죠.

미국 정부에서 대북 정책에 영향을 미치는 주요 관계자들은 CIA의 분석국에서 북한 담당하는 분석관들, 국무부 정보연구실의 북한 담당자들. 그리고 국방정보본부 DIA(defense Intelligence Agency)의 북한 담당 요원들 등인데 성향이 각기 달라요. 국무부는 비교적 객관적 분석을 하는 반면 CIA는 북한에 대한 적대적 분석이 강합니다. DIA는 주로 영상 또는 암호 정보

등 기술 정보에 의존하기 때문에 왜곡이 적다고 합니다. 그러나 어쨌든 전반적으로는 한국말도 못하고 한글 문서도 못 읽으면서 목소리만 큰 제너럴리스트들이 워싱턴 정가를 주름잡는다고 할 수 있어요. 이것이 대북 정보 실패를 가져오는 주요 원인 중 하나라는 것이지요.

홍익표　하나 덧붙이면, 재미교포 2세들이 훨씬 더 보수적인 입장을 주도하는 사람들이 많아요. 빅터 차(Victor Cha) 교수, 수미 테리 전략국제문제연구소(CSIS) 한국 담당 선임연구원 이런 한국계 미국인들.

김치관　이민자 자녀들이 더 미국적 가치에 충실한 거로군요.

문정인　수미 테리 선임연구원은 1.5세예요. 아무튼 이런 메커니즘 속에서 미국 정부는 애초부터 반북적 사고가 강한 CIA 분석국 의견에 기우는 경향이 있습니다. 도널드 그레그 전 주한미대사의 자서전『역사의 파편들』을 보면 '미 CIA 최악의 정보 실패는 북한에 대한 분석'이라고 회고하는 부분이 나와요. 그레그 전 대사는 1951년에 대학을 졸업하고 CIA에 들어가서 1973년부터 1975년까지는 한국 지국장을 하고 1989년에 주한미대사로 부임했으니까 30년 이상 한국 정보를 다루었던 사람입니다. 북한은 폐쇄 사회니까 정보를 입수하기가 어렵잖아요. 그럼 더

더욱 북한을 이해하고 제대로 공부한 전문가들이 필요한데, 보수적 의견에 사로잡힌 사람들이 CIA 분석국에서 북한 담당으로 일하고 거기서 나온 것들이 백악관과 국무부에 전달된다고 생각해봐요. 잘못된 정보가 들어가면 잘못된 결론이 나오는 거죠. CIA는 1991년부터 북한 붕괴론을 주장했습니다. 1994년 김일성 사망 당시에는 아주 단정적으로 북한 붕괴를 예측했죠. 그다음 고난의 행군 기간 동안에도 줄곧 북한 붕괴론을 주장했어요. 최근까지도 북한 붕괴론에 방점을 두고 있었습니다. 그러니까 CIA 분석국은 언제가 되었든 북한이 붕괴되어 줘야만 자기들 분석의 정당성을 찾는 꼴이 된 거죠. 마치 종말론 예언하는 사람들 같아요. 종말론자들이 예정일이 되어도 종말이 안 오면, '아 우리 틀렸습니다' 인정하던가요? 다시 날짜를 바꿔서 더 열렬히 종말을 설파하죠.

홍익표　　그들은 북한이 붕괴되지 않는 핑계를 자꾸 다른 데서 찾습니다. 예를 들면 중국의 보호나 한국의 대북 경제 교류, 또 개성공단 등등이 미국의 북한에 대한 압박과 제재 효과를 반감시켜서 북한이 체제를 유지하고 있다는 시각입니다.

그런데 미국만 그러냐? 한국도 마찬가지입니다. 특히 이명박 정부 때 집중적으로 나타났는데, 전임 노무현, 김대중 정부의 통일 정책을 공격하고 북한 전문가들에게 화살을 돌렸습니다. 통일부를 약화시키고 외교부로 통합시키려고 했던 것도 같은 차원입니다. 그러면서 북한 전문가들이 아닌 제너럴리스트, 일반 국제정치학자들이 대북 정책을 주도하게 하죠. 결국 한국의 보수 정부나 미국이나 똑같은 방식으로 북한 전문가가 아닌 제너럴리스트를 내세워 대북 정책에 임한 셈입니다.

문정인　　한마디로 두 나라 간에 초국가적인 보수주의 공동체가 형성되었어요. 이쪽 의견을 저쪽에서 받아주고, 미국에서 이렇게 이야기한다고 인용하면서 한국은 다시 더 강경하게 보수화되고, 이런 악순환이 보수 정부에서 반복되었습니다.

홍익표　　또 한 가지 미국 대북 정책의 큰 취약점은 정권 바뀔 때마다 정책의 연속성이 없다는 겁니다. 대개 미국 정부가 이례적인 경우를 제외하고는 1970년대 이후에 민주당, 공화당이 대통령 임기 두 번씩을 집권하고 정권이 바뀌었잖습니까. 그러다 보니 어떤 현상이 벌어지냐면, 8년 중에 1기 4년을 북한에 대한 압박 공세로 일관해요. 그러다가 통하지 않으니 2기에 들어가서 뭔가 대화 국면을 모색하고 가시적인 결과를 만들려고 생각은 해보는데, 시간이 다 가고 임기가 끝나죠. 이게 한 패턴입니다. 그 다음 두 번째 패턴은 많은 사람들이 북한이 약속을 안 지켰다고 생각을 하는데, 미국을 비롯한 다른 주변 국가들도 북한과의 약속을 지키지 않은 게 상당히 많았어요. 꼭 약속을 안 지키려 했다기보다, 정권이 바뀌면서 자연히 무산되기 때문이죠. 선거를 통해 정권이 바뀌기 때문에, 지난 정부의 합의 사항이나 약속을 사실상 이행하지 않게 되는 겁니다. 클린턴 정부 때 했던 1994년 제네바합의, 2000년 10월 북미 공동 성명도 부시 정부가 들어서면서 2002년에 파기되었죠. 그냥 끝났습니다. 그 다음에 부시 정부하고 만든 합의도 오바마 정부 때 제대로 이행하지 않았습니다. 이런 여러 경험이 겹치면서, 북한도 미국을 신뢰하지 않아요. 미국이 북한을 신뢰하지 않는 만큼이나.

트럼프 재임 기간은 절호의 기회

김치관 두 분 설명을 들어보면, 미국의 전통적 대북 적대 또는 무관심 정책 기조가 있고, 의회가 핵 문제 이외에도 북한에 대해 인권 등 여러 가지를 문제 삼고, 대북 정보와 정책 담당자들이 주로 보수적이거나 매파 위주로 이루어진 상황에서 그간 북미 관계가 별다른 진전이 없었던 것은 어쩌면 당연한 일이기도 합니다.

이런 환경에서 변화가 있다면, 하나는 북한 핵이 미국에 대한 실질적 위협 수준에 도달했다는 점이고 다른 하나는 그간의 미국 대통령과 상당히 결이 다른 트럼프라는 인물이 대통령에 재임중이라는 점입니다. 아까 문정인 교수님이 말씀하신 상대를 못살게 굴지만 판은 깨지 않고 이익을 취하려 하는 트럼프 대통령의 특성에서 어떤 변화의 계기가 만들어질까요?

문정인　트럼프 대통령의 재임 기간은 북핵 문제나 한반도 상황을 타개하는 데서, 새로운 모멘텀으로 작용할 가능성이 상당히 높습니다. 미국 정계의 기존 가치관에서 상대적으로 자유롭다는 점 때문에 오히려 의외의 변화를 낳을 수 있다는 것이지요.

홍익표　지금 상황에서 변화가 있다면 나쁜 쪽보다는 좋은 쪽일 가능성이 더 높습니다. 왜 사람 사이에도 그렇잖아요. 가장 변화가 어려운 건 서로 무관심할 때입니다. 그간의 북미 관계는, 적어도 미국 쪽에서 보면 무관심하게 방치해둔 측면이 강합니다. 북한의 핵 개발은 이 무관심한 상대에게 '나를 좀 봐, 나 이런 사람이야' 하고 자신을 어필하는 것이기도 합니다.

문정인　그래서 우리는 트럼프 대통령의 등장을 북핵 문제, 한반도 문제와 북미 관계를 푸는 데서 좋은 기회로 삼아야 합니다. 트럼프 대통령은 분명한 요구가 있습니다. 국익 확보, 안보 부담을 줄이거나 동맹에게 이전한다는 원칙, 미국 경제에 도움이 되는 일이라면 적극 추진하겠다는 관점, 이런 사항들은 한편으로는 한국에게는 분명 부담이지만, 한반도 문제를 푸는 데 좋은 활용 카드이기도 합니다.

열쇠는 트럼프 대통령에게 북핵 문제를 평화적으로 해결할 때

올 이익에 대해 얼마나 신뢰감 있게 설득하는가에 달렸겠죠. 이를 위해서는 한미 외교 라인의 신뢰감, 정상 간의 신뢰감이 매우 중요합니다. 문재인 대통령이 결국 이 역할을 맡은 것이지요.

홍익표   대개 취임 초기에 지지율이 높은데, 트럼프 대통령은 최악으로 출발한 상황입니다. 취임 1주년 조사에서 37% 지지율이 나왔지요. 역대 미국 대통령 중 집권 초반 지지율이 가장 낮았던 레이건, 카터 대통령조차 40%대 후반이었던 것과 비교하면 국내적으로 트럼프 대통령도 어려움이 많다는 뜻입니다. 이런 상황에서 북핵 문제가 자꾸 불거지고 한반도 위기가 증폭되는 것이 트럼프 대통령에게 하등 도움이 될 일이 없어요. 거꾸로 이 문제를 잘 해결한다면, 국내의 낮은 지지도를 개선하는 데도 도움이 되고 군비 부담을 줄이는 면에서도 나쁠 게 없습니다. 동맹 외교 측면에서도 좋고요. 협상가인 트럼프 대통령이 이런 점들을 파악하는 것은 어렵지 않을 겁니다. 특히 지난 6월 2일 미국의 한 여론 조사에 따르면 미 국민의 80%가 트럼프 대통령의 북미 정상회담에 찬성 의견을 보이고 있어요. 이는 아주 고무적인 현상이지요.

문정인   동감입니다. 현 정부가 해야 할 일들이 많고 여러 소명이 있겠지만, 가장 중요한 미션 중 하나가 한반도에 평화를 정착시키고 비핵지대화의 주춧돌을 놓는 일일 것입니다. 그리고 여기에는 반드시 미국의 이해와 동참이 필요하죠. 트럼프 대통령이 상대하기 쉽지는 않을지라도 한국 입장에서 함께 변화를 도모할 수 있는 여지는 얼마든지 있습니다.

홍익표　　한국과 미국의 대통령이 모두 정부 출범 초 북한 핵 문제로 큰 위기와 도전을 맞았지만, 위기는 곧 기회입니다. 특히 좋은 점은 두 나라 대통령이 모두 임기 초반이라는 것입니다. 미국 역대 대통령들이 취임 초반 북한 문제를 풀 시간을 날리고 정권이 교체되곤 하는 패턴이 있다고 말씀 드렸잖아요. 지금 북핵 문제로 인한 최악의 위기가 해결 방향으로 가닥을 잡으면, 임기가 충분히 남았기 때문에 문재인 대통령, 트럼프 대통령 집권 중 북한과의 관계를 상당 정도 풀 수 있습니다.

김치관　　트럼프 대통령의 개인적 특성에서부터 출발해 미국의 대북 정책과 변화의 가능성을 진단해 보았습니다. 트럼프 대통령의 기질, 집권 환경 등 여러 측면에서 한국이 외교 역량을 펼쳐 북핵 문제나 북미 관계를 풀어갈 수 있는 가능성은 어느 때보다 높습니다. 한미 FTA 재협상, 방위비 부담 등 미국의 이익을 앞세운 요구도 거세겠지만, 이런 사안들도 트럼프 대통령을 설득하거나 협상하여 한반도 평화를 조성하는 카드로 활용하는 관점을 가져보자는 의견이 매우 신선합니다.

무엇보다 양국 정부 모두 출범 초기인 만큼, 트럼프 대통령과 문재인 대통령 재임 기간 동안에 반드시 북핵 문제를 풀고 이 지역에 평화의 초석을 놓기를 희망해 봅니다.

3장·중국, 기회인가 위협인가

김치관　한국에 대한 중국의 영향력이 점차 증대되고 있습니다. 우리의 최대 교역국이고 최근엔 사드 배치로 인해 심각한 마찰도 빚었습니다. 한반도를 보는 중국의 시각은 무엇일까요.

홍익표　1980년대 덩샤오핑(鄧小平)의 개혁 이후 동아시아 질서의 가장 큰 변수는 중국이었습니다. 1980년대 후반 냉전 질서의 해체, 한중 국교 정상화 같은 변수들이 한반도에 큰 영향을 미쳤는데 특히 미국의 힘이 한반도 남쪽에 제한된 반면, 중국은 남북 양쪽에 영향력을 행사할 수 있는 위치라는 점이 매우 중요합니다.

그런데 우리 사회에는 중국에 대한 상반된 감정이 공존합니다. 한편에는 과도한 기대가, 다른 한편으로는 미국 중심 국제 질서를 대체할 수 있는 새로운 힘으로 인정하지 않는 관점, 이 두 가지가 혼재하는 것 같아요.

'화평'에 힘 기울이는 시진핑

문정인 지나친 기대나 폄하는 모두 현실을 직시하지 않은 데서 나오죠. 객관적으로 중국의 힘을 세분해서 볼 필요가 있어요. 첫째는 중국의 통상적인 국력이 어느 수준이냐, 두 번째는 중국이 어떤 전략 목표와 의도를 갖고 있느냐를 나눠서 봅시다. 국력도 세분해 봐야 하는데, 하버드 대학 석좌 교수인 조지프 나이(Joseph S. Nye Jr.)에 따르면 한 국가의 국력은 경성 국력인 하드 파워(hard power), 연성 국력인 소프트 파워(soft power), 그리고 정책 운영 능력인 스마트 파워(smart power)로 구성된다고 해요. 하드 파워에는 경제력과 군사력이 있어요. 경제력은 미국 경제도 한동안의 정체 국면을 탈피해 상당히 호조를 보이고는 있지만, 인구 규모나 경제의 전반적인 구조로 봐서는 중국이 미국을 곧 제칠 거라고 많은 전문가들이 전망합니다. 군사력은 중국이 미국을 넘어서기는 쉽지 않아요. 미국이 여전히 최강 패권 국가인 건, 세계 오대양 육대주에 투사할 수 있는 군사력에서 따라올 나라가 없기 때문이죠. 특히 핵심은 해군력인데 중국이 비교가 안 된단 말이에요.

소프트 파워를 봅시다. 민주주의, 인권, 국제적인 선호도, 국제 사회에서의 정통성 등을 말하는데, 당분간 중국이 미국을 따라가기는 상당히 힘들 거예요. 그 다음으로 못지않게 중요한 것이 스마트 파워입니다. 외부 환경 변화에 대응하여 정책을 얼마나 유연하면서도 일관되게 그리고 효과적으로 수립하고 집행해 나갈 능력이 있는지를 말하는 거죠. 이건 중국이 미국보다 훨씬 앞서 있어요. 리더십이 안정되고 공산당의 지배력이 엄연하니까요.

이상을 종합해 보면, 중국이 경제력에서는 곧 미국을 앞선다 하더라도 아직 국력 전반에서 미국을 능가하기는 어렵고, 특히 군사력의 열세는 상당 기간 지속된다는 거죠. 이 상황을 잘 알고 있는 중국의 전략적 의도가 그래서 중요합니다.

지금까지 중국의 저변 기조는 소위 '화평발전 화평굴기(和平發展 和平崛起)'였어요. 2021년 중국 공산당 창당 100주년까지 소강사회를 건설하고, 2049년 건국 100주년 때까지는 선진국으로 발돋움 하겠다는 것이 중국 공산당의 목표죠. 시진핑(習近平) 주석이 얘기하는 '중국몽(中國夢)'이기도 하고요. 사람들이 '중국몽'이라는 말을 어떤 패권적 가치를 추구하는 것 아니냐고 오해를 많이 해요. 중국몽은 국가 부강, 인민 행복, 민족 중흥이에요. 패권적 개념과는 거리가 멀어요. '대외적 평화, 대내적으로는 조화사회'를 중국몽을 실현하기 위한 필요 조건으로 꼽는 것만 봐도 알 수 있지요.

그런데, 시진핑 주석 1기에서 '화평발전, 화평굴기'를 노선으로 하던 것이 2기로 들어오면서 중국의 국제 사회에서의 공헌도를 높이겠다는 의도가 점점 늘어나죠. 예전보다는 좀 더 적극적으로 나가보겠다는 의지를 내비치는 대표적인 정책이 '일대일로'

입니다. 아시아와 유럽을 잇는 새로운 실크로드를 만들겠다는 거죠.

홍익표　일대일로는 미국의 아시아 정책과 정면 대결을 피하자는 의도도 있는 거 아니겠습니까.

문정인　네 맞아요. 중국의 역할을 높이되, 아시아 중시 정책으로 자꾸 태평양을 건너 조여오는 미국과의 충돌은 피하겠다는 전략이죠. 어쨌든 '화평발전'에서 조금 더 팽창적인 '일대일로'로 온 건데, 여기서 한발 더 나아가면 그게 바로 '대국굴기' 시각이지요. '중국이 이제 컸다. 경제력이 커졌으니 그에 걸맞는 군사력을 가져야 한다. 그리고 국제 사회에서 할 말은 하고 미국에 따질 건 따져야 한다' 이런 주장이 내부적으로 여기저기서 나오고 있습니다.

결국 중국은 언젠가는 대국굴기로 나갑니다. 그러나 당분간은 절대 주변 국가에 군사적 게임, 정치적 게임은 안 할 거예요. 중국은 땅으로 연결된 이웃나라만 14개, 그 다음에 '인근국가'라고 부르는 지근거리의 국가가 23개가 있어요. 당분간은 여기서 분쟁이나 위협 요소를 만들고 싶지 않은 게 중국의 속내죠.

홍익표　세계에서 국경을 접한 나라가 가장 많은 게 아마 중국일 겁니다.

문정인　결국 언젠가는 대국굴기로 나가겠지만, 당분간은 중국이 인근 국가에 내정 간섭을 하거나 패권적 모습을 보일 이유가 별로 없다고 할 때, 중국의 부상은 가까이에서 경제 교류가 활발한 우리에게 엄청난 기회죠. 위기 요소는 크지 않습니다. 그런데 우리가 중국을 적대시하고, 한미 동맹에만 역점을 두고, 한미일 삼국 공조에 치중하다 보면, 중국은 우리에게 진짜 위협이 될 수 있어요.

왜 우리가 그런 일을 해야 돼요? 주변 국가들하고 다 좋은 관계 유지하면서 우리의 이익을 극대화 해야지, 무엇 때문에 중국을 위협 요소로 만들어요. 한미 동맹을 위해서?

김치관　사드 사태가 대표적 사례 아니겠습니까. 예전에는 중국이 우리에게 직접적으로 압박을 줄 존재라고는 여기지 않았는데, 사드 보복으로 경우에 따라 그런 일도 벌어질 수 있다는 걸 국민들이 처음 느낀 거죠.

홍익표　처음은 아니고 '마늘 파동'이라고 해서, 비슷한 경험이 한번 있었어요. 2000년도에 정부에서 우리 마늘 농가를 보호하기 위해 중국산 수입 마늘 관세를 대폭 올리는 세이프 가드를 발동했었죠. 이에 반발한 중국은 즉각적으로 보복 조치를 취해 한국산 휴대폰과 폴리에틸렌 수입을 중단했습니다. 마늘 수입액은 몇백만 달러 규모에 불과한데, 대중국 폴리에틸렌 수출은 4억 달러가 넘었습니다. 우리가 얼마 못 버티고 상당히 굴욕적으로 타협을 했었죠.

이처럼 중국은 필요할 경우 정치군사적인 수단을 쓰지 않더라도 얼마든지 무역과 경제적인 수단으로 상대방에게 압박을 가해요. 일본과 댜오위다오(釣魚島), 센카쿠 열도(尖閣列島)를 둘러싼 마찰을 빚을 때에도 중국은 자신들이 가지고 있는 통상 위력을 무기로 일본을 몰아세웠어요. 또 유럽 국가들이 티베트의 달라이 라마(Dalai Lama) 문제를 거론할 때라든가, 또는 대만과 문제가 있을 때마다 중국은 경제적 카드를 활용해 효과를 거뒀습니다.

문정인 그렇죠. 마늘 파동 사례를 잘 분석했었다면, 사드 경제 보복 조치는 충분히 예상할 수 있었는데, 너무 안이하게 판단했던 거죠.

홍익표 재미있는 건 중국은, 좀처럼 물리력이나 군사력을 가지고 상대방을 굴복시키려고 하지 않는다는 거예요. 키신저는 『온 차이나』라는 책에서 '미국이 체스를 둔다면 중국은 바둑을 둔다'고 얘기합니다. 체스는 킹을 잡으면 끝나는 게임이잖아요. 상대를 압박할 때 뚜렷한 목표가 있고, 관철시키겠다는 의지가 강한 게 체스를 두는 스타일이라면, 중국은 적당히 힘을 보여줘서 상대의 도전과 위협을 제압하는 방식이란 겁니다. 바둑은 기본적으로 자신의 세를 두텁게 하고 상대 세력이 센 곳에서 싸우는 걸 피하잖아요. 두터운 세력을 과시해서 상대가 스스로 손을 빼게 만드는 게 중국의 외교 스타일이란 키신저의 비유는 일리가 있습니다.

중국은 물론, 대국굴기 성향도 조금씩 나타나는 것 같아요. 2013년 시진핑 주석이 '태평양은 미국 혼자 쓰기엔 넓다'고 발언해서 미국의 큰 반발을 불러일으켰었죠. 그러나 아직까지는 국내적으로도 조화롭고 국제 관계에서도 미국과 협력 관계를 유지하며 발전을 지속하려는 성향이 기본적입니다.

미국의 중국 견제와 시진핑의 일대일로

김치관　중국이 꽤 많은 나라들과 국경을 인접하고 있다고 했는데, 국경 분쟁 등 갈등도 상당하지 않나요?

문정인　상당히 잘 관리하는 편이죠. 중러 관계는 여전히 불편함은 있지만 1969년 중국과 당시 소련 간에 대규모 군사 충돌까지 벌어지던 상황과 비교하면 많이 좋아졌죠. 1991년 중소 국경협정을 체결하고, 2004년 중러 국경협정을 체결하면서 계속 좋아지는 추세예요. 몽고와 관계도 요즘 상당히 좋아졌고 그 밑으로 내려와서 카자흐스탄, 우즈베키스탄, 타지키스탄과도 좋습니다. 아프가니스탄은 미국이 흔들리고 있으니까 그 자리를 지금 중국이 엄청나게 파고들고 있어요. 파키스탄 하고는 거의 동맹 수준의 관계지요. 부탄하고 관계도 그렇게 나쁠 거 없고 그 다음 방글라데시, 미얀마와도 우호적입니다. 라오스 하고는 최고의 관계이고 캄보디아와도 가깝게 지내요. 베트남하고만 큰 문제가 있죠. 불편한 나라는 베트남하고 인도, 그 다음 네팔 정도예요. 네팔은 인도의 영향을 많이 받으니까. 나머지 나라들과는 다 좋은 관계죠. 북한하고는 사이가 좋은 편이었으나 핵 문제로 인해서 조금 불편해졌다가 남북 정상회담 이후 다시 급속도로 가까워지고 있죠.

홍익표 　인도나 베트남과의 국경 분쟁도 국경을 서로 더 먹으려 하고 뺏고 이런 차원의 문제는 아니에요. 중국은 오히려 힘의 공백 지대로 만들어서 서로의 충돌을 줄이자는 생각입니다. 그런데 최근 들어와서 인도나 베트남이 문제가 되는 것은, 미국의 세계 전략과 관련이 있어요.

중국은 기본적으로 미국이 '아시아 리밸런싱' 차원에서 한반도뿐만 아니라 동남아시아나 서남아시아 지역을 포괄해서 사실상 1949년 중화인민공화국 수립 당시와 같은 봉쇄적 체계의 연장 선상에서 뭔가 중국을 포위하거나 반 중국 전선을 만들려고 하는 것 아닌가 경계하고 있습니다. 인접한 국가 중에서 중국에 군사적 위협이 될 만한 나라는 베트남과 인도밖에 없거든요. 때문에 그 지역에 실제로 군사력을 많이 배치하고 있고 거기서 오는 긴장과 갈등이 존재합니다.

문정인　큰 그림에서 보면 기본적으로 미국은 중국과 태평양을 사이에 두고 일본 중심의 동북아, 그 다음 동남아, 오스트레일리아 거기에 인도를 집어넣어 견제 구조를 만들고 있죠. 일본에서는 이걸 '다이아몬드 모델'이라고 해요. 인도, 오스트레일리아, 일본, 미국 이렇게 민주주의 국가들끼리 다이아몬드를 형성해서, 중국이 남중국해에서 중동 지역까지 바닷길 거점을 확보해가는 '진주 목걸이 전략'에 대응하는 것이라고 주장하죠.
그런데 이건 미국과 일본의 일방적인 시각에 가깝습니다. 이런 생각을 가장 부추긴 사람이 『지리의 복수』라는 책을 쓴 로버트 카플란(Robert David Kaplan)이에요. 카플란은 중국의 부상과 더불어서 인도 태평양 지역을 지정학적 대결 지역으로 간주하고 있어요. 마치 새뮤얼 헌팅턴이 『문명의 충돌』에서 서방 세계와 이슬람 문명 간의 충돌을 지구상에 현존하는 가장 큰 위협 요소인 양 부각시킨 것처럼 말이죠.
지금 중국은 가급적 미국과의 충돌을 피하려 해요. 요즘 중국이 추진하는 일대일로 전략은 서쪽으로 가자는 전략이에요. 태평양에 대한 미국의 견제가 심하니까 '우리는 세가 좀 약한 데로 간다'는 발상이죠. 중국 입장에서는 유럽에 오가는 교역량의 80%가 인도양을 통해서 이루어진단 말이에요. 이걸 보호하기 위해서 파키스탄에도 항구 하나 조차하고 스리랑카에서 조차하고 이렇게 미국과의 충돌을 피하면서 결국에 자기들 대외 관계 루트를 만들겠다는 거예요. 중국은 세계 최대 무역국가입니다. 그런 나라가 국제 해로 안전을 해칠 이유가 없지요. 이런 걸 가지고 '진주목걸이'니 '다이아몬드'니 하면서 지정학적 대결 개념을 부각시키고, 그런 이론을 내세워 자기 이름값을 높이려는 학자들이 꼭 있어요.

북중 관계, 한미 관계와 레벨이 다르다

김치관　　중국의 전반적인 외교 상황과 전략적 의도에 대해 다루는 중인데, 우리에게 가장 중요한 북중 관계를 자세히 들여다봐야겠죠. 그런데 일반적인 통념과 달리 북중 관계는 상당히 데면데면합니다.

홍익표　　한국의 많은 전문가들이 북중 관계를 한미 관계와 동일시하는 착각을 범하고 있습니다. 우리가 한미 관계를 기본으로 미국의 세계 전략에 상당히 의존적으로 따라가듯이, 북한과 중국과의 관계도 그렇지 않겠냐고 보는 것인데 실상은 전혀 다릅니다. 특히 북핵 문제가 불거진 이후 전개된 양상을 살펴보면 평양에 대한 베이징의 영향력은 생각보다 약합니다. 제가 만난 많은 중국 전문가들도 이 사실을 인정해요. 무엇보다 중국 스스로 북한 정치에 지나치게 개입해서 뭔가를 자기의 이해관계에 맞게 조정하려는 의도가 별로 없어요. '패권 정치 배제, 내정 불간섭'을 원칙으로 한 마오쩌둥 이후 중국 외교의 기본적인 관점에서 벗어나지 않습니다.

중국의 대북 외교는 기본적으로는 평양의 의견을 존중해주는 입장이에요. 다만 북중 관계가 자신들의 이해를 첨예하게 침해할 경우, 최근처럼 북한 핵 문제로 인해서 미중 관계가 불편해지고, 또 미국이 중국에 대해 여러 가지 압박을 해오는 조건에서는 중국도 북한에 대해 일정한 압력을 행사하는 정도지요. '북중은 혈맹 관계다' 이런 시각은 매우 엷어졌어요. 중국이나 북한 양쪽 모두 말이죠.

문정인 상식적으로, 북중 관계와 한미 관계는 레벨 자체가 다르죠. 한국과 미국 사이에는 상호 방위조약이 있어요. 한 나라가 외부로부터 군사적 침략을 받으면 헌법적 절차를 통해 군사 및 기타 지원을 해주는 것이지요. 하지만 북중 간에는 상호 방위조약이 없고 우호조약만 있을 뿐이에요. 북중 우호조약은 무력 침공의 결과로 '전쟁 상태'에 처하면 지체 없이 군사 및 기타 원조를 제공한다는 내용입니다. 반면 한미 상호 방위조약은 '외부로부터의 무력 공격에 의하여 위협을 받고 있다고 어느 당사국이든 인정할 때에는' 서로 협의하여 적절한 수단을 발동시킬 수 있어 훨씬 포괄 범위가 넓습니다.

또 하나 큰 차이는 주한미군이죠. 남한에는 미군이 주둔하지만 북한에는 중국군이 없어요. 게다가 한미 간에는 연합 지휘 체계를 가지고 있어요. 연합사령부가 있는 거죠. 이에 소요되는 방위비도 서로 분담합니다. 북중 간에는 그런 관계도 전혀 없습니다.

홍익표　하나 더, 연합 군사 훈련도 없지요.

문정인　그렇죠. 연합 훈련도 없죠. 그러니까 쉽게 말하자면 우리가 북중을 혈맹이라고 생각하지만, 그건 한국전쟁 때 이야기고 지금은 상당히 느슨한 동맹입니다. 엄밀하게는 동맹도 아니에요. 그냥 중국 입장에서 북한은 일반적인 주변국 가운데 하나일 뿐이에요. 이에 비해 한미 관계는 전 세계에서 가장 구조화되고 제도적으로 밀착된 동맹입니다. 그 둘을 비교하는 자체가 넌센스죠.

이렇게 느슨한 관계이기 때문에 북한에 대한 중국의 영향력은 한계가 있을 수밖에 없어요. 간섭하고 정책적으로 영향을 미칠 수단 자체가 별로 없습니다. 북한이 대외적으로 워낙 고립되어 있기 때문에 경제적 영향이 상당히 있다는 정도죠. 그런데 그걸 모르고, 한미 동맹에 준해서 북중 관계를 보기 때문에 '중국이 북한에 얼마든지 영향을 미칠 수 있는데 왜 안 하느냐'는 엉뚱한 소리가 자꾸 나오는 겁니다.

홍익표   '순망치한'이라는 말처럼 어쨌든 중국은 북한이 붕괴되는 것은 원하지 않습니다. 중국까지 북한을 완전히 고립하거나 봉쇄하면 한반도에서 전쟁은 불가피한 선택이 될 것이고 그런 상황은 중국의 국익에 부합하지 않는다고 여기는 거죠. 그러니까 적절한 수준의 제재. 더 이상 북한이 추가 도발을 하지 못하도록 경고하는 수단으로 일정하게 영향력을 행사하는 정도의 제재 조치는 중국도 수용하지만, 실제로 북한을 완전히 고립시켜서 옴짝달싹 못하게 만드는 건 바라지 않습니다.

문정인   더 자세히 나누자면 북한 문제에 관한 중국 내부의 견해는 세 가지 갈래가 있을 거예요. 하나는 관성적 견해예요. 한국전쟁 당시 23만 명이나 되는 중국 인민 지원군●이 한국 땅에서 죽었고 마오쩌둥의 아들도 전사했어요. 양국이 그렇게 맺어진 관계라는 정서는 아직도 상당히 남아 있어서, 특히 중국 인민해방군하고 북한 인민군 사이는 끈끈해요.

그 다음은 명분론, 이른바 양비론이죠. 유엔 안보리에서 제재 결의하고, 중국이 그렇게 경고함에도 불구하고 북한이 순응하지 않고 계속해서 핵과 미사일 도발을 지속하는 건 분명히 잘못이라고 생각합니다. 그러나 한편으로는 미국도 잘한 건 없다는 생각이에요. '얼마든지 대화와 협상을 통해서 풀 수 있는데도

● 한국전쟁에서 중국은 미국에 선전포고를 하고 전면전을 벌이는 상황을 피하기 위해 참전 군대의 명칭을 '인민 지원군'이라고 하였다.

미국은 상황을 악화시킨다. 이건 미국이 이 지역에서의 전략적 이익을 위해서 일부러 저러는 것 아니냐' 하는 의심을 깔고 있는 거죠.

세 번째 견해는 실리론이라 할 수 있습니다. 유엔 안보리 제재 결의안을 따르지 않으면 국제적인 명분이 약화되고, 또 미국으로부터 무역 보복을 당할 수도 있다는 계산을 합니다. 그러면서도 만약 북한 체제가 망해서 시리아처럼 완전히 무주공산이 되어 엄청난 난민이 중국으로 쏟아져 들어오고, 한반도에 정치적 불안정이 생긴다면, 어느 쪽이 더 타격이 큰가를 따지는 겁니다. 중국 입장에서는 후자가 전자보다 훨씬 자기들에게 비용이 크다고 보는 거예요.

이처럼 관성과 명분과 실리라고 하는 세 관점이 혼재된 게 중국 내부의 시각입니다. 미국이 아무리 압력을 주더라도 중국이 그렇게 미국 뜻대로 움직이지는 않는 데는 이런 이유가 있는 거죠.

시진핑 주석은 한반도 문제에 대해 세 가지 원칙을 천명한 바 있어요. 첫째 한반도의 평화와 안정. 둘째, 한반도의 비핵화. 여기서 중요한 건, '북한의 비핵화'가 아니고 '한반도 전체의 비핵화'라는 점입니다. 셋째, 대화와 협상의 원칙입니다. 모든 현안 문제를 대화를 통해서 풀자는 거죠. 아직까지 중국은 이 원칙에서 단 1밀리미터도 벗어난 적이 없어요. 지난 3월 25~28일, 그리고 5월 7~8일 두 차례에 걸쳐 시진핑 주석이 김정은 위원장을 만났을 때도 같은 입장을 견지한 것으로 압니다.

홍익표　한반도에서 어떤 형태든 무력 충돌이 발생하거나 불안정이 높아질수록 중국의 이익에 좋지 않다는 생각이 기본입니다. 그러한 관점에서 한반도의 평화와 안정을 바라는데, 한편으로는 북한 체제가 가능하면 조금 더 연성 국가로 가면서 안정되었으면 좋겠다는 생각을 가지고 있습니다. 중국처럼 완전히 시장 개방까지는 아니라 하더라도 말이죠.

그런데 지난 이명박, 박근혜 정부 때는 청와대나 외교부, 통일부 할 것 없이 모두 어떻게 북중 관계를 분리시키느냐에 초점이 가 있었어요. 미국과 한국이 제재를 해도 별 효력이 없으니까, 중국이 키를 쥐고 있다고 생각하고 북한에 대한 경제 제재나 외교적 고립에 중국을 적극적으로 동참시키려고 한 거죠. 이것은 북한에 대한 중국의 이해관계가 무엇인지 전혀 고려하지 못한 외교적 실책입니다. 예를 들어, 미국이 중동 정책을 펴면서 이스라엘을 포기할 수 있겠어요? 중동 지역의 평화와 안정, 그리고 이슬람권 테러리즘의 근원적 해결을 위해서는 미국이 이스라엘 중시 정책을 포기하고 아랍 정책을 바꿔야 하는데, 어지간해서 이게 가능할지 한번 생각해보세요. 그건 불가능할 거예요. 중국의 대북 정책도 마찬가지라는 겁니다.

문정인　이런 경우를 두고 중국 사람들은 '환통부야오(換桶不藥)'라고 해요. 약통은 바꿀지언정 약은 바꾸지 않는다는 뜻이죠.

홍익표　북쪽 사람들을 만나 봐도 중국에 대한 인식이 굉장히 독립, 자주적이죠. '때국놈'이라는 말도 자주 쓰는데, 부정적이거나 경계하는 관점도 상당하고요. 중국 입장에서는 북한이 참 호락호락한 나라가 아니죠.

문정인　그렇죠. 북한은 중국과 협력이 절실하기는 하지만 그렇다고 중국에 무조건 따라가거나 일방적으로 의지할 생각은 거의 없습니다.

중국 세력권 내에 파고든 실질적 위협, 사드

김치관　한반도 주변 정세를 살피면서 중국을 들여다보는 중인데, 맥락상 사드 배치 문제도 함께 이야기하는 게 좋지 않을까요. 북핵 문제의 일부로 다룰 수도 있지만, 사드 배치 관련해서 우리와 가장 갈등이 컸던 나라가 중국이니까요.

홍익표　아까 중국 외교를 바둑에 비유했는데, 그 연장선에서 이야기한다면, 중국 입장에서 사드 기지 배치는 서로 멀찍이 세력을 구축하는 차원이 아니고 자기 안마당에 바짝 들어와 싸움을 걸었다고 보는 겁니다.

우선 실질적인 군사적 위협을 논하기 이전에 사드의 한반도 배치는 중국 국내 정치 측면에서도 시진핑 주석이나 중국 지도부가 용인하기 어려운 부분이 분명히 존재합니다. 사드 배치로 한중 관계가 좋지 않을 때 제가 문정인 교수님, 여야 의원들과 같이 중국을 방문한 적이 있어요. 중국 사람들과 대화를 나누는데 당시 여당이었던 새누리당 의원 한 분이 '우리 안보와 관련된 일이고 우리 국민 여론이 있는 사안이기 때문에 사드는 중국의 보복 조치로 경제적 손해를 보더라도 진행할 수밖에 없다'는 취지의 발언을 했어요. 그랬더니 중국 전직 대사 한 분이 '중국도 인민의 여론이 있고 안보에 관련된 문제이므로 절대로 양보하지 않는다'라고 받아치더군요. 우리는 북한 핵을 방어하려는 사드를 놓고 왜 중국이 저렇게 민감한가 생각하지만, 중국 입장에서 보면, 자신들을 위협하는 문제이고 인민들이 주시하고 있는데 지도부가 대응을 제대로 못하는 건 말도 안 된다고 생각하는 겁니다.

김치관 사드가 실질적으로 북핵 방어에 효과가 없는데도 배치를 강행하는 것을 보면서 중국 사람들은 결국 자신들을 겨냥한다고 받아들일 수 있겠군요.

홍익표 중국의 입장을 알기 쉽게 설명하기 위해 제가 영화 이야기를 하나 해야겠군요. 〈북경의 55일〉이라는 고전 영화가 있어요. 열강의 중국 침탈이 한창이던 청나라 말기 의화단 운동이 일어나자 중국에 거주하던 서양인들이 위기를 느끼고 피신해서 북경으로 모여들죠. 이들을 구한다는 명분으로 영국, 프랑스, 일본, 미국 등 8개국 연합군이 북경에 진입하고 결국 자금성을 점령하는 과정을 다룬 영화입니다. 이 사건을 계기로 청나라는 열강의 반식민지로 전락하죠. 영화는 서양인들 시각에서 전개되지만, 중국인들은 실제로 겪은 뼈저린 역사 경험입니다. 중국인들은 외국 열강이 중국 동남해안 쪽으로 밀고들어와 북경을 점령하는 상황을 봤거든요. 중국의 안보에 매우 취약한 곳을 동남연해라 생각해요.

김치관   동남쪽이요?

홍익표   그렇죠. 우리 기준으로 보면 서쪽, 황해 쪽이지만 중국인들에게는 동남쪽 방향이죠. 실제로 중국의 여러 군구를 보면 동남연해를 둘러싸고 배치되어 있습니다. 중국군이 7대 군구로 편제되는데 동북 지역의 심양군구에서부터 대만 쪽의 남경군구, 남해와 베트남 접경 지역을 관할하는 광주군구 등등 동남연해를 따라서 주력군이 편성되어 있습니다.

한국에서 천안함 사건 나고 연평도 포격 벌어지고 하면서 미국의 항공모함이 최초로 서해에 들어왔잖아요? 그 이전까지 미국의 항공모함이 서해에 들어온 적이 없었습니다. 우리나라 동해 쪽 그것도 저 멀리 동남해 쪽 외곽에 핵항공모함이 머물면서 한미 연합훈련을 했거든요. 그런데 미국 핵 항모가 들어오니까 중국은 과거 의화단 사건 때, 즉 영화 〈북경 55일〉의 악몽을 떠올렸던 거죠. 남북 관계가 나빠지면서 미국의 강력한 군사력이 서해로 점점 북상해서 올라오고, 그 와중에 사드까지 들어온 과정 전체를 중국은 주시하고 있어요.

때문에, 사드는 단순한 무기 체계가 아니라 국제 정치 차원에서 봐야 하는 문제입니다. 실제로 사드가 얼마만큼의 군사적 효용성이 있느냐는 부수적인 문제이고 이것이 명백하게 이 지역의 국제 질서, 군사적 안정의 축을 흔드는 변수로 작용했다는 점이 중요합니다. 중국 사람들도 한미 동맹을 흔들려는 생각을 하지는 않아요. 한미 동맹을 인정하지만, 최소한 중국에게 적대적인 위협으로 작동하지 않는 정도의 선을 요구하고 있는데, 사드 배치는 명백히 그 선을 넘어간 거죠. 북한이 아니라 중국을 겨냥했다는 베이징 당국의 인식에는 이런 배경이 있습니다.

문정인　한국에서는 '사드 아무것도 아닌 걸 가지고 중국이 왜 그렇게 반응하느냐' 하고 우리 편한 시각에서만 자꾸 얘기하는데, 중국은 그게 아닙니다. 국제 관계에서는 역지사지가 꼭 필요하죠.

우선 사드 기지의 X밴드 레이더가 남경군구 사령부 포함해서 산동에 있는 제남군구 사령부, 심양군구 사령부, 그 다음 북경군구 사령부 등 주요 군사 시설과 군 배치 탐지가 가능하고 자기들의 보복 타격(second strike) 능력에 위협을 가할 수 있다고 보죠. 주한미군의 사드 부대 소개 책자에서는 X밴드 레이더의 탐지 거리가 최대 1천km라고 얘기하는데, 이 정도만으로도 사드 기지가 있는 성주에서 북한 전역과 동북 3성에 대한 탐지가 가능하죠. 중국에서는 이 거리가 2천km까지도 조정 가능하고 그러면, 중국 대륙 깊숙한 중서부 지역까지 탐지 대상이 된다고 보는 거예요.

결국 사드를 가져다 놓는 것은 미국의 동북아 미사일 방어(MD) 시스템을 구축하는 전초전이라고 보는 거죠. '한국이 미국 중심의 소위 미사일 방어 체제에 들어가면 이 지역의 신 냉전 구도가 생길 것 아니냐. 미국, 일본, 한국이라는 남방 삼국하고 중국, 러시아, 북한 이런 새로운 냉전 구도가 나오는 것을 우리는 원치 않는다' 이런 입장입니다.

더 나아가서 중국 최고 지도부 쪽에서는 이것을 한국과의 신뢰의 문제라고 보는 거예요. 황교안 총리가 시진핑 주석을 찾아와서 '사드 배치 없다'라고 해놓고 다음해 1월에 상의도 없이 일방적으로 배치를 발표해버렸습니다. 그리고 문재인 대통령도 환경 영향 평가를 거치면서 사드를 유보시킬 것처럼 하다가 북한이 추가 미사일 발사를 하니까 무조건 배치를 결정해 버렸단 말이에요.

강한 방어 무기는 최강의 공격 무기

김치관　이 대목에서 진짜 궁금한데 그게 왜 그렇게 급하게 결정된 겁니까? 사드를 배치한다고 북한이 압박을 느낄 것도 아닌데….

홍익표　북한 미사일 발사로 미국의 압박이 상당히 세진 거죠. 한미 공조를 해나가야 하는데, 사드 배치를 미루면서 양국 간에 불신과 갈등을 더 키워서는 안 되겠다고 판단한 거죠.

문정인　결국 지난 보수 정권 9년 동안 외교가 지나치게 미국 일변도로 편향되고 중국 외교를 잘 관리하지 못하면서 커뮤니케이션에 큰 균열이 생겼고, 이런 것들이 한중 사드 갈등을 더 키운 측면이 강합니다.

또 하나 생각할 건 중국 민심의 악화예요. 한국에서 사드 경제 보복 때문에 중국을 부정적으로 얘기하면, 그게 중국에 있는 위챗(we chat), 웨이보(微博) 이런 에스엔에스(SNS)를 통해서 퍼지고, 중국 인민의 한국에 대한 감정이 자꾸 부정적으로 기울어요. 과거처럼 외교관만 외교를 하는 게 아닙니다. 소셜 네트워크 서비스가 세계를 잇고 있는 오늘날에는 민심이 바로바로 외교 관계에 영향을 줘요. 중국 롯데마트가 사드 보복 조치로 영업 정지를 당했는데, 사드 문제가 외교적으로 풀린 뒤에도 중국

인민들이 안 가요. 그만큼 한국에 대한 인식이 나빠진 거라 회복하는 데 시간이 걸리죠.

외교를 자꾸 선악 대결로 생각하면 안됩니다. 우리만 맞는 것처럼 생각하고, 상대방 입장을 고려하지 않으니까 종종 불필요한 갈등이 일어나는 거죠. 외교는 상호 원원하기 위한 과정이고 여기에 반드시 필요한 것이 상대의 입장을 이해하고 헤아리는 지혜입니다.

홍익표　사드만 봐도 그렇습니다. 우리는 방어 무기라는 주장만 자꾸 합니다. 그런데 모순(矛盾), 창과 방패 이야기처럼 무엇이든 막는 방패 즉, 가장 완벽한 방어 무기 만큼 공격적인 게 또 어디 있겠습니까. 국내 정치학자들이 좋아하는 세력 균형론에 입각해서 보더라도, 현재 동북아의 세력 균형 상태에서 새로운 무기 체계가 들어오는 것은 그 자체로 균형을 깨는 일이죠. 그러니까 어떤 나라 입장에서의 강력한 방어 무기는 상대에겐 무시무시한 공격적 무기가 되는 거죠. 북한도 핵무기를 방어적 무기라고, 자위 수단이라고 입장을 내세우지만, 우린 그것을 방어 무기라고 생각 안 하죠. 우리와 국제 사회에 대한 위협이라고 생각하잖습니까.

사드는 결국은 MD 체제 편입이거든요 미국은 이미 그렇게 얘기를 했고 관련 논의는 이명박 정부 시절부터 지속적으로 나왔어요. 사드를 가져다 놓으면서 사실상 그냥 모든 연결 고리가 완성되는 겁니다.

문정인　부연하자면, 미사일 방어, MD 시스템이라고 하는 것은 네 가지 구성 요소로 돼 있어요. 첫째가 '적극적 방어'예요. 적이 쏜 미사일을 요격하는 시스템이죠. 두 번째, 그게 실패했으면 '수세적 방어'라고 해서 대피하고 방공호로 들어가는 거예요. 세 번째로는 적이 우리에게 공격해올 징후가 보일 때 선제타격을 가하는 '공세적 방어'가 있어요. 마지막으로 적극적 방어와 공세적 방어를 총괄해서 관리하기 위한 지휘, 통제, 정보, 정찰, 감시 기능이 있는데 이걸 '전장 관리'(battle management)라고 해요.

그러니까 미사일 방어 시스템에는 공격과 방어 개념이 모두 들어가 있는 겁니다. 적이 우리에게 쏘려고 하는 의도가 확실한데 가만히 앉아 당할 나라가 어디 있어요. 선제타격할 수밖에 없단 말이에요. 중국과 러시아가 MD 체제를 그렇게 반대하는 것은, 말은 방어지만 실질적으로 그 안에 공격적 요소가 있기 때문입니다. 그리고 그런 것들이 군비 경쟁을 촉발하기 때문입니다. 국가 간 외교안보 문제는 상대방 입장을 역지사지해서 살피지 않으면 갈등을 피할 수 없습니다. 우리가 평화를 원한다면 꼭 명심해야 할 사항입니다.

4장·일본의 재무장과 한반도 전략

김치관　　주변 나라들 중에서도 특히 애증이 엇갈리는 나라, 일본입니다. '가깝지만 먼 나라' 일본이 요즘에는 특히 더 멀어진 것 같습니다. 일본의 우경화에 대한 우려도 많고, 한국에 대한 혐한 분위기, 위안부 합의 문제 등 현안도 많습니다. 역시 한반도 정책 중심으로 접근해 보겠습니다.

홍익표　　일본의 한반도 정책의 핵심은 기본적으로 한국에 있지 않다고 봅니다. 첫째는 일본 국내의 변화, 두 번째는 미국이 한반도를 어떻게 보느냐에 따라서 일본의 한반도 정책이 바뀌어 왔습니다.

일본은 1990년대 들어와서 대북 관계 물꼬를 트려고 하다가 일본인 납치자 문제로 역풍을 맞았죠. 그 후로 일본의 한반도 정책, 특히 대북 정책에서 가장 큰 걸림돌은 여전히 일본 여론입니다. 국민 여론에서는 일본인 납치자 문제가 여전히 미완의 과제로 남아 있고 우익 세력들이 이를 계속 활용하고 있습니다.

일본 정치가 1990년대 중후반부터 우경화의 길로 가면서 북한과 대화보다는 한반도에 냉전 구도가 존속하는 편이 일본 보수 정당에게 유리한 환경이라고 보는 것 같습니다. 중간에 잠시 김대중 대통령과 일본 오부치 게이조(小渕惠三) 총리가 1998년 '김대중-오부치 공동선언*'을 통해 새로운 변화를 만들려고 했지만 오부치 총리가 갑자기 사망하면서 흔들렸죠. 그 뒤 과거사 문제로 계속 걸리면서 한일 관계는 지금까지 삐걱대고 있습니다.

미국을 지렛대로 한국을 움직이려는 일본

문정인   일본의 과거사 미해결은 한일 관계만이 아니라 동북아 전체의 문제죠. 북일, 중일 관계도 이 문제에 걸려 있습니다.

홍익표   지난 대통령 선거 기간에 문재인 정부가 들어서면 미국이 한국 정부를 건너뛰는 '코리아 패싱'(Korea passing)이 발생할 거라고 보수 야당에서 공세를 취한 바 있습니다만, 이 말의 기원은 사실 '재팬 패싱'입니다. 1990년대 중반 일본 국제정치학계의 화두 중 하나가 바로 이것이었습니다. 클린턴 정부

● 공식 명칭은 '21세기 새로운 한일 파트너십 공동선언'으로, 1998년 10월 일본을 방문한 한국의 김대중 대통령과 일본의 오부치 총리가 서명한 공동선언. 선언은 특히 7항에서 '양국 정상은 한반도의 평화와 안정을 위해서는 북한이 개혁과 개방을 지향하는 동시에, 대화를 통한 보다 건설적인 자세를 취하는 것이 매우 중요하다는 인식을 공유하였다. 오부치 총리대신은 확고한 안보체제를 유지하면서 화해와 협력을 적극적으로 추진한다는 김대중 대통령의 대북한정책에 대한 지지를 표명하였다'라고 밝혀 한반도 평화 및 남북 사이의 화해와 협력에 일본도 기본적으로 동의하는 관점을 취하였다.

(1993~2001)가 동아시아 질서를 전통적인 미일 동맹이 아니라 새로운 미중 관계 속에서 풀어가려는 모습을 보이자 일본이 소외되고 영향력이 상실될 것을 걱정하면서 학계에서 만들어 낸 말이죠.

그런데 이 우려를 일거에 불식시킨 게 부시(George W. Bush) 정부(2001~2009)였습니다. 부시 정부가 출범하면서 2000년대 초반부터는 일본의 보수 정치 세력과 보수적인 부시 정부의 대결적 한반도 정책이 맞물리면서 신보수 동맹이 만들어지고 한반도에는 위기와 대결 국면이 조성되었습니다.

일본은 한반도를 보는 자신들의 독자적 관점보다는 미국의 전략과 정책에 편승만 해도 이익을 누릴 수 있는 상황이 조성되었습니다. 이후 일본은 이해관계를 관철할 때에도 한일 관계에서 직접적으로 풀기보다는 미국의 개입과 영향력 아래에서 우회적으로 한국과의 현안을 푸는 방식을 선호해왔습니다.

문정인　일본이 '55년 체제', 자민당 일당 지배 체제로 보수의 이념적 기반 하에서 안정적인 정치 체제를 유지하고 경제도 발전시키면서 1980년까지 오지 않았어요. 그러다 1980년대 말부터 급등했던 부동산과 주식 시장이 급락하는 버블 붕괴가 발생하면서 헤이세이(平成) 불황이 시작되어 20년을 갔죠.

흔히 잃어버린 20년이라고 하는 이 불황 동안, 우선 자민당의 보수 기반이 무너졌고 사회적인 일탈 현상, 무관심 현상이 생겼어요. 사린가스 사건, 옴진리교 사건 같은 게 다 이 시기에 발생한 겁니다. 사회적으로 침체되고 젊은이들의 기개도 많이 사라져버리죠. 그러자 일본 사회는 '일본은 어디로 가야 되느냐'를 놓고 엄청난 고뇌를 하기 시작한 거예요. 그 해법을 결국 민족주의에서 찾죠. 주요하게 세 가지 정도 방향이 나와요.

하나는, 자학적 민족 사관을 극복해야 한다는 시각입니다. 일본의 침체를 극복하려면 맥아더 군정청이 와서 만들어 놓은 역사관, 일본 스스로 자신의 역사를 비하하고 왜곡하는 관점부터 극복해야 한다는 생각이지요.

다른 하나는, 소위 기생(寄生) 민족주의라는 것인데 단기적으로는 미일 동맹에 의존하면서 중장기적으로는 일본의 군사력을 키우자는 거죠. '요시다(吉田茂) 독트린'에 의해서 안보는 미국에 맡기고 일본 경제가 부흥했듯이, 안보는 계속 미국에 맡기면서 미국의 안보 우산 아래에서 일본의 군사력을 증강시키자는 주장입니다.

세 번째는 이시하라 신타로(石原慎太郎) 같은 사람들의 제노포비아(xenophobia) 내셔널리즘이 있죠. 외국인에 대해 특히 배타적인 민족주의 성향입니다.

홍익표　그 세 경향의 종합판이 아베 신조(安倍晋三) 총리 아니겠습니까.

일본의 재무장은 이미 상황 종료

문정인 그렇습니다. 아베 신조 총리는 일본 정치권의 이러한 우파 민족주의 흐름 속에서 탄생한 정치인이에요. 아베는 기본적으로 과거 역사관이 잘못되었다는 생각을 갖고 있어요. 그러니까 위안부 강제 연행 같은 것도 믿지 않는 사람입니다. 자학적 역사관을 극복해야 제대로 된 일본을 키울 수 있다는 생각이 깔려 있기 때문에 역사 왜곡 교과서 파동 같은 게 계속 생기는 거죠.

아베와 같은 계열의 정치인들이 다른 한편에서 계속 추진해온 게 바로 국가로서 일본 '정상화'입니다. '정상화'라고 하면 우리는 뭔가 비정상을 바로잡는 좋은 뜻으로 해석하겠지만, 지금 일본에서의 논의는 한마디로 자위대를 정규군으로 바꾸자는 거예요. 일본은 태평양전쟁 패전 후 1946년 11월 기존 헌법을 개정하면서 제9조 1항에서 '전쟁과 무력에 의한 위협 또는 무력 행사를 영구히 포기한다'고 못박았고 이를 위해 9조 2항에서 '육해공군 그 밖의 전력을 보유하지 않는다. 국가 교전권은 인정하지 아니한다'라고 명기했어요. 그러니까 이 평화헌법을 개정해서, 군대도 보유하고 전쟁도 가능한 '보통 국가', '정상 국가'가 되자는 거죠.

홍익표 아베 신조 총리를 비롯해서 일본 정치인들이 과거사에 대한 반성이 없이 군사적 재무장을 하려고 하니, 주변 나라들은 당연히 일본이 다시 1930년대처럼 군국주의로 가는 것 아닌지 경계할 수밖에 없습니다.

문정인　일본의 재무장, 사실 이미 이루어졌어요. 일본 군사력은 현재 세계 7~8위 수준이에요. 명칭만 군대라고 안 하고 자위대라고 할 뿐이죠. 이걸 정규군으로 바꿔주고, 그 다음에 전수방위(專守防衛)●를 넘어서 밖으로 나갈 수 있게 하자는 건데, 이미 그런 능력 다 갖추고서 겉으로만 아닌 척 하는, 위선적인 상황입니다.

정작 바꿔야 할 문제는 그들의 인식이죠. 위안부 강제 연행 믿지도 않고, 독도를 계속 자기네 땅이라고 주장하고, 센카쿠 문제도 마찬가지죠. 지금 일본이 이 섬에 대해 행정적 관할권만 갖고 있지 영토 주권이 미치는 것은 아니란 말이에요. 그런데도 중국에 대해 고압적으로 나오고 있어요. 미국의 힘을 빌려서 미일 동맹이 중심이 되는 아시아 태평양 반중국 전선을 구축한다는 속셈이죠. 여기에 자꾸 한국을 끌어들이려 하는데 이건 우리가 수용하기 어려운 거예요.

만약에 아베 총리가 '독도 문제, 역사적 쟁점은 있지만 한국이

● 상대방으로부터 무력 공격을 받았을 때만 방위력을 행사한다는 개념. 즉 공격 위협을 사전에 감지하더라도 선제 공격을 하지 않으며 방위력 행사시에도 자위에 필요한 최소한의 수준에 국한한다는 뜻. 영어로는 'an exclusively defensive security policy'라고 번역됨.

관할권 가지고 있으니, 한국 주권을 인정하겠다. 위안부 강제 연행도 인정한다' 하면서 한국에 와서 위안부 할머니들 돌아가시기 전에 무릎 꿇고 사과를 해봐요. 빌리 브란트(Willy Brandt) 전 독일 총리가 아우슈비츠에서 한 식으로. 그럼 한국이나 다른 아시아 국가들도 일본을 보는 시각이 달라지거든요. 일본의 큰 문제점은 이처럼 모든 게 모순과 역설의 구조 속에 있다는 것이죠.

김치관　평화헌법을 개정하면, 일본의 군국주의화는 걱정거리가 아닐 수 없지 않습니까?

문정인　여기서 군국주의(militarism)와 재무장(remilitarization)은 구분되어야 할 것 같아요. 일본의 재무장 자체를 걱정할 단계는 이미 지났다고 봐요. 현실이 그렇다면, 과거를 제대로 반성하고 청산하여 주변국들의 우려를 불식시켜 주는 게 순리이고 상식인데, 일본이 그걸 안 하고 있다는 거죠.

그러나 저는 일본이 다시 군국주의로 가기는 쉽지 않다고 봐요. 일본은 상당히 성숙한 민주주의 국가입니다. 전쟁의 참화를 겪었고, 지구상 유일하게 핵폭탄을 맞은 나라이기 때문에 평화를 사랑하는 일본인들의 마음은 우리나라 국민 못지않게 강해요. 일본 지도부가 국내 정치적 셈법으로 자꾸 역사 문제를 정치 쟁점으로 만드니까 상황이 어려워지는 것이지요.

한일 보수 세력의 강한 근친성

홍익표　　저는 일본의 군국주의화에 대해 교수님보다 훨씬 더 우려가 큽니다. 일본 사람들을 만나보면 태평양 전쟁을 경험했던 사람들은 평화헌법을 유지해야 한다는 생각, 일본이 다시 전쟁을 해서는 안 된다는 생각이 매우 강합니다. 그런데 사십대 이하 헤이세이 불황의 직격탄을 맞은 세대나 20대 신세대로 오면 상대적으로 일본이 정규군을 가져야 하고, 이른바 정상 국가로 나가야 한다는 생각이 늘어납니다. 이 사람들에게는 전쟁의 역사는 희미한 반면 보수적 역사관이나 정치권에서 부추기는 민족주의 성향의 영향력이 큽니다. 1990년대 이후 일본에서 새역모(새로운 역사를 쓰는 모임) 같은 게 부상하는 근원이 이거죠. 우리나라에도 뉴라이트 역사관이 있는데, 로직이나 일하는 방식이 일본 새역모와 판박이에요. 우리 보수가 일본의 극우 세력으로부터 방식이나 형태, 논리를 상당히 차입해온 겁니다.

김치관　　두 나라 보수 세력의 근친성이 상당히 강합니다.

홍익표　　지금 한일 양국의 보수는 과거의 보수 세력보다 훨씬 더 보수성의 농도가 강해진 겁니다. 지금 자유한국당은, 과거 1980년대 민정당보다도 훨씬 더 보수적이에요. 전두환 시절의 민정당이나, 노태우 시절 3당 합당으로 만들어진 민자당조차도 대북관이나 역사 의식, 경제관이 이 정도로 보수적이지는 않았어요. 사실 그때는 보수가 먼저 나서서 남북 대화도 하고 북방 정책 추진하고 그랬잖아요.

문정인　당시 민정당이나 민자당은 집권 정당성이 없다 보니까 국민의 환심을 사기 위해 남북 관계를 이용한 측면도 있었죠.

홍익표　네 그렇다 하더라도, 상당히 열린 태도였거든요. 노태우 정부 때인 1990년 처음으로 남북 고위급 회담이 열리고 남북 기본합의서가 만들어진 것도 그 시절이구요. 그런데 자유한국당 같은 경우 북을 거의 악마로 상정하고 만나는 것도 반대하잖습니까. 마찬가지로 일본도 자민당이 1990년대 초반에 깨졌다가 다시 만들어졌는데, 그 과정에서 한층 보수성이 세졌어요. 보수라기보다는 극우적 색채가 강한 정당으로 변한 거죠.

저는 일본의 군대 보유보다 헌법 개정시 전수방위 개념이 바뀌는 게 더 중요한 문제라고 생각합니다. 평화헌법에 의하면 일본의 자위대는 방어를 위해서만 무력을 사용할 수 있는데, 이 방어의 개념을 확장해서 공격적 방어까지 포함하면 사실상 선제 공격이 가능해집니다. 일본이 공격당할 상황만이 아니라 일본의 우방, 예를 들면 한일 동맹이 맺어진다고 했을 때 중국이나 북한이 한국을 침공하거나 그런 의도가 확인될 때 일본 군대가 참전

할 수 있다는 거죠. 한미일 삼각 동맹이 추진되고 일본은 전수방위 개념을 포기하면, 동맹인 미국이 전쟁을 하면 언제든지 참전이 가능해지고 한국도 여기에 엮이는 구조가 만들어지죠.

문정인 현행 헌법 하에서도 자기들이 외부의 군사적 위협을 받으면 미국의 도움 없이 실질적으로 군사적 행동을 취할 수 있어요. 이미 한반도 유사시에는 자위대를 한국으로 파견해 일본 국민들을 데리고 가겠다는 이야기도 나왔잖아요? 헌법이 중요하긴 한데, 국가 안위가 위협받는 상황이 되면 헌법을 넘어서는 행위가 발생하기도 하고, 또 위헌이라 해도 국민들이 그걸 추인하기도 해요.

일본이 혼네(本音), 속마음과 다테마에(建前) 겉으로 보이는 태도가 일치하지 않는다는 지적은 항상 많았는데, 헌법 개정 논의도 그런 거예요. 다테마에는 그냥 둔 상태에서 가끔가다 혼네를 툭툭 내비치니까 저런 파행적 현상이 나오는 거죠.

전수방위 포기 노리는 평화헌법 개정

홍익표 그래서 저는 일본의 헌법 개정이 군대 보유 차원을 넘어서서 미일 방위조약을 통해서 사실상 한반도, 동북아 지역, 더 나아가 동남아까지 미국과 함께 군사 행동을 할 수 있는 길을 열어놓지 않을까 걱정스럽습니다.

지금 아베 신조 총리는 자기 외할아버지인 기시 노부스케●(岸信介)의 마지막 유업을 이행하고 있습니다.

이런 기조 하에서 나타난 한반도 정책은 두 가지라고 생각해요. 하나는 미일 동맹의 하부구조로 한일 동맹을 요구하는 것이죠. 형태적으로는 한미일 삼각동맹이 되면 제일 좋겠지만 당장 실현이 어려우면 중층적 구조라도 갖추길 원하는 겁니다.

두 번째는 부시 대통령 때 화두가 됐던 가치 동맹을 추구하는 겁니다. 시장경제와 자유민주주의를 공유하는 국가들 간의 동맹을 말하는데 이것이 부각될수록 중국과의 대결 구도로 갈 가능성이 높아지는 거죠.

문정인　　아베 총리의 궁극적인 관심은 중국의 부상이지요. 중국의 부상을 자기들에게 실질적인 위협이라고 봅니다. 그래서 그에 대한 체계적 대응책을 만들려고 부심해 왔지요. 일본, 미국, 호주, 인도를 연계하여 중국을 견제하겠다는 다이아몬드 구

●　히로히토 천황 재위 기간(1926~1989)에 주로 활약한 일본 관료이자 정치인. 만주국 정부에서 산업계를 지배하다가 도조 히데키 내각의 상공대신을 역임했고 일본 패전 후 A급 전범으로 재판을 받았다. 정치를 재개한 뒤 1955년 자민당을 결성하여 초대 간사장을 맡았고 1957년 총리에 임명되는 등 전후 일본 정치 구도를 짜고 일본 경제의 부흥을 이끈 중심 인물이기도 하다. 미일 동맹 위주의 외교 정책을 펼치고 1960년 미일 안보조약 개정안에 조인하여 일본 재무장의 길을 열었다. 현재 일본 총리인 아베 신조는 외조부인 기시 노부스케를 계승한다고 공공연히 선언하면서 헌법 개정과 군사력 증강, 미일 동맹 강화 등 기시 정권과 놀라울 정도로 유사한 행보를 보이고 있다. 한국과의 관계에서는 만주국 경력의 공통분모를 지닌 박정희 정권을 적극 지원했고, 박정희는 그를 정치적 롤 모델로 삼았다.

상도 이런 맥락에서 나왔지요. 작년 11월 트럼프 대통령이 제시했던 '인도·태평양 전략'도 일본의 영향을 많이 받았을 거예요. 원래는 이 개념을 아소 다로(麻生太郎)가 외무부 장관할 때 '자유와 번영의 호'(Arc of Freedom and Prosperity)라고 해서 내놓은 걸 아베 쪽에서 받아서 미국에 제시한 것 아닌가 해요. 오바마가 했던 건 다 싫어하는 트럼프 대통령은 전임 대통령이 쓴 '아시아 회귀'(Pivot to Asia)라는 용어는 쓰고 싶지 않던 차에 일본 쪽에서 나온 그런 아이디어에 솔깃했던 거지요.

결국 일본은 중국을 견제하기 위해 이런 전략 구상을 했던 것인데 그게 트럼프 대통령의 이해와 맞아떨어진 거고, 이 과정에서 북한의 위협은 더없이 좋은 호재로 작용한 셈이거든요. 북한 위협을 이용해서 한편으로는 국내 정치적인 보수 기반을 단단히 다져나가면서 평화헌법 개정 구실을 찾는 것이죠.

일본은 북한 위협을 대중 견제의 수단으로 삼고 있습니다. 표면적으로는 북한을 대상으로 한 한미일 3국 공조를 내세우고 있으나, 궁극적 속셈은 대중 견제에 전용하려는 것이지요. 일본은 사실 한미일 3국 군사 동맹 체제에 관심이 있어요. 그러나 이에 대해 한국은 부정적이지요.

사실 한미일 군사 동맹이 가능해지려면 한일 동맹이 선행되어야 합니다. 그러나 그건 현실적으로 평화헌법이 있는 한 불가능합니다. 두 가지 이유 때문이죠. 하나는 심리적인 이유인데, 일본은 정규군이 없고 해외 파병을 할 수 없는데, 우리는 파병할 수 있죠. 그러면 한국은 일본이 위협을 당했을 때와 꼭 같은 혜택을 받지 못하기 때문에 국익의 비대칭 관계 때문에라도 한일 동맹을 할 수가 없죠.

두 번째는, 어느 대한민국 지도자가 한일 동맹을 승인할 수 있겠어요? 승인해 주면 그건 바로 일본 평화헌법 개정을 한국 대통령이 나서서 도와준다는 이야기가 되는데 누가 정치적으로 감당할 수 있나요. 그러니까 제가 볼 때는 현실적으로 불가능합니다. 그렇기 때문에 한국과 일본 사이는 계속 불편한 관계로 갈 겁니다.

일본은 계속 북한 위협을 빌미로 미국을 내세워 우리에게 압박을 해 올 것으로 봅니다. 그러니까 우리는 남북 관계를 어떻든 개선해서 그 덫에 빠지면 안 되겠지요.

일본 내 혐한 분위기는 어느 정도인가

김치관   일본이 북한을 하나의 명분으로 삼고 미국과의 동맹을 통해서 한국을 압박하여 자신들의 이해를 관철하려고 하는 속내에 대해 분석해 주셨습니다. 그런데 최근 몇 년간은 일본에서 혐한(嫌韓) 분위기도 커진 것 같습니다. 일본의 우경화나 혐한 분위기는 우리와의 외교나 남북 관계에는 어떤 영향을 미칠까요?

홍익표 일본의 혐한 분위기는 제 느낌으로는 조금 과장이 있습니다. 기본적으로 일본은 시민 사회가 상당히 성숙되어 있어서 혐한론이 그대로 먹히는 분위기는 아니에요. 다만 아직은 소수이고 일부에서 나타나는 현상이지만 특정 정치 세력이나 언론이 증폭하고 적극적으로 활용하니까 마치 혐한 분위기가 일본 내에 광범위하게 퍼지는 것처럼 인식되는 듯해요.

일본 현재 주류 정치 세력의 입장에서 한국이란 나라는 계륵 같은 거예요. 버리자니 아시아 지역에서 자기들의 전략적 가치가 반감되고, 한일 관계를 가깝게 하려고 할 때는 자기의 중요한 자산을 뭔가 한국에 내줘야 하고요.

그래서 주로 과거사 문제에 대해 한국이 납득할 만큼 해주지 않으면 해결하기 어렵다고 판단해 지난번에 박근혜 정부 때 2015년 12월 29일 '위안부' 합의가 나온 거죠. 한국의 보수 세력이 미국에 취약한 입장이니까 미국을 활용해서 역사 문제를 우회한 거죠. 역사 이슈를 두루뭉술하게 넘어가면서 한일 관계를 새로운 준동맹 관계로 전환시켜 나가려는 끊임없는 시도 중에 벌어진 일입니다.

현재로는 한일 군사정보보호협정 같은 경우는 안 되니까 일본 방위청과 우리 국방부 간의 양해각서(MOU) 형태로 해서 국회 동의는 그냥 무시해버리는 거죠. 그 다음에 군수지원협정 같은 경우도 아직 협정이 안 된다면 가능한 쪽으로 우회로를 찾기 위해서 미국과의 관계 속에서 풀어가려고 하는 걸로 보입니다.

김치관　북한을 대하는 태도에서도 뭔가 이중적인 느낌이 있어요. 아베 총리나 과거 고이즈미 총리 시절을 되돌아보면 평양을 두 번이나 갔다 왔지 않습니까. 우리가 이해하기 쉽지 않은 뭐랄까 일종의 불안감이나 양면성이 있습니다.

홍익표　네, 양면성이죠. 납치 문제로 형성된 북한에 대한 강한 거부감, 적대감을 국내 정치에 충분히 활용하고 있음에도 불구하고 동북아 질서가 남북 관계 해빙, 북미 관계 정상화로 간다면 일본은 또 선제적으로 움직여야 한다는 강박관념도 같이 가지고 있어요. 그게 일본의 묘한 구조인데, 2000년에 남북 관계가 개선되고 북미 간에 공동 코뮈니케 나오고 하니까 고이즈미 총리가 선제적으로 움직이지 않았습니까.

이런 것들이 일본이 가지고 있는 동북아 지역에서의 이중적이고 위선적인, 어떤 의미에서는 굉장히 취약한 국제 정치 위상이라고 생각해요. 경제력에 비해서 정치력이나 군사력이 불균형을 이루는 속에서 끊임없이 자기들이 선제적으로 움직이지 않으면 이 동북아 질서의 재편 과정에서 일본이 도태될 수 있다는 불안감이 상존하죠.

문정인　일본이 꼭 우경화한다고만 볼 필요는 없어요. 우경화의 상징이 아베 신조 총리인데, 지지율이 70% 가까이 올라갔다가 30%대로 내려갔거든요. 평화헌법을 개헌하는 문제만 하더라도 찬성보다 반대가 많아요. 아직까지는 평화를 애호하는 양심적 시민 세력이 일본에서 주류를 이루고 있죠.

그런데 혐한 문제의 이면에는 한반도에 대한 경계감이 있다고 봐야 해요. 2012년에 후나바시 요이치(船橋洋一) 아사히 신문 전 주필과 인터뷰를 했는데 그때 충격이 아직도 기억나요. 제가 '일본에 가장 큰 위협이 되는 나라가 어디라고 생각하느냐' 물었더니 '나는 중국이 아니고 통일 한반도라고 본다'라고 대답하더군요. 통일된 한반도가 민족주의로 무장하고 핵무기를 가지면, 일본에 진짜 위협이라고 생각한다는 거죠. 오히려 중국은 내부 분열 때문에 그렇게 큰 위협이 안 될 거라고 보더군요. 그렇기 때문에 일본은 결국 미일 동맹을 계속 유지하는 수밖에 없다는 결론이었어요. 영국과 포르투갈 동맹은 6백 년이 됐고, 영미 동맹은 백 년이 넘었는데, 미일 동맹도 백 년은 가야 한다는 거죠. 일본에 적대적인 통일 한반도의 출현이 충분히 가능하다고 생각하더군요.

상당히 리버럴한 성향이고 국제적으로도 명성이 있는 후나바시 요이치의 입에서 이런 말이 나올 정도면, 일본 정치인들 가운데 꽤 많은 사람들이 비슷한 생각을 할 수도 있겠다 싶더군요.

이명박, 박근혜에 크게 실망한 일본 보수 정치권

홍익표　　잘 드러내지는 않지만 일본 정치인들 가운데는 그런 속마음을 언뜻언뜻 비치는 사람들도 꽤 있습니다. 그들이 은근히 대중의 혐한을 부추기기도 하고요.

문정인　　주요한 일본 문화 중 하나가 일본말로 '후끼(空氣)'라고 하는 일종의 상황주의예요. 평소 그렇지 않다가도 상황이 조금 바뀌면 분위기가 일순 확 변하는 거죠. 욘사마 현상에서 보듯이 많은 일본 사람들에게 정서적 친한 분위기가 있고 케이팝 문화에 대한 관심도 있는데, 누군가 주도적으로 반한, 혐한 분위기를 자꾸 조장하면 얼마든지 변할 수도 있죠. 가령 일본 정치권은 이명박 당선을 상당히 반겼었죠. 친형 이상득 위원이 '뼛속까지 친일'이라고 얘기할 정도였으니까 일본 쪽에서는 기대감이 많았던 거죠. 그런데 대통령이 되고 나서 천황에 대해 부정적인 발언을 하고 독도를 방문하니까, 순식간에 일본 전체 분위기가 싸해졌어요. 그러고 보면 우리 최근 보수 정권이 다 일본과 불편했네요. 박근혜 정권 때도 아베 신조 총리가 기시 노부스케와 박정희의 관계를 거론하면서 '우리끼리 잘해보자'고 하면서 매우 긍정적으로 접근했었는데, 결국에 박근혜 대통령이 등을 돌려버리잖아요. 박근혜 대통령 때 한일 관계가 제일 어려웠다는 것은 지극히 역설적 현상이었죠. 이렇게 최근에 한국과의 관계에서 배신감과 적대감을 상당히 많이 느끼면서 일본 정치권에서 반한 정서가 늘어나기도 했습니다.

김치관   여담이지만, 갑자기 홍 의원의 '귀태(鬼胎)' 발언이 생각나는군요. 『기시 노부스케와 박정희』라는 책에서 인용해 "만주국의 귀태 박정희와 기시 노부스케의 후손들이 아이러니하게도 한국과 일본의 정상으로 있다"고 말했다가 공격을 많이 받았죠.(웃음)

홍익표   아 예 제가 원내 대변인 시절에 있었던 일이죠. 한일 관계의 상징적 단면이긴 한데, 그 이야기를 지금 할 상황은 아닌 것 같고, 북일 관계 문제로 넘어가시죠.(웃음)

문정인   아베 신조 같은 지도자가 있는 한은 정말 북일 관계가 쉽지는 않을 거예요. 아베 신조가 어떻게 지금의 자리까지 왔어요. 2002년 9월 자민당 부간사장 할 때 고이즈미 총리를 따라서 평양을 갔던 사람이에요. 거기 가서 납치 일본인 문제를 부각키면서 정치적 주목을 받았어요. 아베의 정치적 행보하고 납치 일본인 문제는 불가분의 관계에 있습니다. 그렇기 때문에 북한 핵무기 문제 못지않게 중요한 것이 납치 일본인 문제예요. 4년 전에 스톡홀름에서 만나서 협의를 하면서 북한이 상당히 많은 양보를 했거든요. 그런데도 불구하고 또 일본이 판을 깼습니다.

일본의 북한 '이지메', 북한의 일본 패싱

홍익표　가네마루 신● 같은 지도자가 나와도 바로 보복당하지 않겠어요? 현재 일본 정치 구조에서는.

문정인　가네마루 신 포함해서 일본 내 친북 인사들은재일 조총련을 통해 북한에 파이프 라인을 대왔지요. 그리고 파친코 하는 조총련 인사들이 자민당 인사들에게 정치 자금을 대기도 하면서 북한과의 관계를 유지해 왔어요. 그런데 지금 자민당의 보수성이 강화되면서 재일 조총련을 고사시키고 있어요.

저는 일본 분들에게 이런 이야기를 합니다. "아베 총리가 트럼프 대통령하고 가깝다. 그러면 아베 총리가 북한과 트럼프 사이에 정직한 중재자 역할을 하라. 이제 일본도 판을 깨는 외교가 아니라 일이 되게끔 하는 건설적 외교를 하라." 그러면서 리비아 핵 문제 해결할 때 영국의 토니 블레어 총리했던 역할을 거론하곤 했지요. 사실 부시와 카다피 사이에 다리를 놓은 인물이 토니 블레어였거든요. 블레어 총리가 무아마르 카다피의 세 번째 아들 이슬람 카다피를 통해서 외교 통로를 만들고 당시 부시

● 부총리(1986년 7월~1987년 11월)를 비롯해 방위청 장관, 국토청 장관, 건설상 등의 관직과 자민당 부총재를 역임한 정치인. 일본 정계내의 대표적인 친북파로서 1990년 9월 일본 자민당과 사회당 대표단을 이끌고 방북해 북일 수교와 식민 지배에 대한 배상금 지급 등에 대해 예비적 합의를 이끌어내고, 북한 노동당과 북일 국교 정상화를 위한 3당 공동선언 발표를 주도했다. 그러나 미국 및 자민당 반대파의 비토로 대북 화해 정책이 무산되면서 이후 일본의 대북 관계는 적대 정책 일변도로 흐른다.

대통령과 연결해 주었던 것입니다. 부시가 블레어를 100퍼센트 신뢰하고 있었기 때문에 가능한 일이지요. 저는 사실 아베 총리도 그런 진정한 외교 지도자로서의 모습을 보였으면 합니다. 지금처럼 북한 문제를 가지고 계속 한미 관계를 이간질시키는 건 정도가 아니라고 생각해요.

김치관　　남북미 간의 정상회담 이후 아베 총리가 상당히 다급해졌죠?

홍익표　　남북미 정상회담을 보면서 아베 총리가 갈팡질팡 하고 있죠. 트럼프를 만나서 압박과 납치자 문제를 거론해 달라고 하다가 퇴짜맞기도 하고, 북에 만나자는 신호를 여러 차례 보냈지만 아직까지 북한의 반응은 싸늘합니다. 북한 입장은 분명합니다. 그간에 일본이 보인 태도, 북일 합의 사항에 대한 일방적 파기 등 이런 일본의 자세가 완전히 바뀌지 않는 한 일본과 호의적으로 대화를 나눌 의사가 없습니다.

문정인　　그렇기 한데, 시간이 지나면 결국 함께 대화하지 않을 수 없을 겁니다. 궁극적으로 이 지역의 평화를 위해서는 일본도 참여시켜야 하니까요. 일본의 배상 문제도 있습니다. 200억 ~300억 달러 규모로 추산하기도 하는데, 북한 경제 개발에 긴요한 자금이지요

홍익표　절대 북한이 서두르지 않을 겁니다. 일본 자금 외에도 자본을 끌어들일 방법은 얼마든지 있습니다. 또 하나 현실적인 문제는 북의 준비 정도나 외교 역량이 아직 여러 나라를 상대로 동시에 총력 외교를 벌일 수준이 아닙니다. 우선은 한국·미국·중국과 일을 진행하는 데 집중할 겁니다.

문정인　그런데 북한 문제가 해결 된다고 하더라도 대중 견제론 때문에 한일 관계 개선이 그렇게 쉽진 않을 거예요. 한국을 잘 안다는 사람들도 '한국이 결국 중국 쪽으로 선회하고 있다'고 관측하거든요. 사드 타결도 그렇게 보는 거예요. 그러니까 계속 미국한테 '서울은 지금 북경으로 가고 있다, 한국을 잘 설득하고 압박을 줘서 우리랑 같이 가도록 해달라'고 요청하는 게 일본의 기본 전략이에요. 어찌 보면 참 답답하죠.

동북아 공동체가 형성되려면 기본적으로 한중일 3국이 같이 협력하고, 남북 관계가 개선되면서 북한이 참여하고, 러시아와 몽고도 동참해야 이 지역의 미래가 밝을 텐데, 일본의 움직임이 영 아쉽습니다.

5장·러시아의 동진 정책

김치관   구소련 붕괴 이후 영향력은 많이 줄어들기는 했지만, 여전히 한반도 주변 4강 가운데 하나가 러시아입니다. 푸틴 정부의 대한반도 정책 목표와 방향에 대해 살펴보겠습니다. 러시아의 대외 정책의 전통적인 주력 방향은 유럽과 중앙아시아 쪽이었고 사실상 동북아는 현상 유지 차원 아니었습니까?

홍익표   그러나 푸틴 정부 들어서면서 과거 역대 소련이나 러시아의 지도자에 비해서 이 지역에 공을 들이는 건 사실이에요. 그것이 소위 '동방정책'이라고 극동과 시베리아 지역을 개발해 경제적 부흥을 이룬다는 계획이죠. 푸틴 대통령은 극동 지역에 2024년까지 약 17조원에 달하는 대대적 투자를 계획하고 있습니다.

러시아의 전략적 목표를 정리해 보면, 첫 번째로는 잃어버린 영향력을 회복한다는 관점이 하나 있습니다. 동북아의 전략적 가치가 높아가고 중국의 영향력이 커지는 데에 대한 대응 차원이죠. 두 번째로 과거에는 이 지역에 대해 군사적 관점이 컸다면, 최근에는 경제적 이해관계가 훨씬 더 높아지고 있어요. 북핵 문제 때문에 이 지역의 군사적 위험이 증폭된 상황에서도 러시아가 여기에 추가적으로 군사력을 배치하거나 위협성을 높일 만한 조치를 한 사례는 없는 것 같습니다. 러시아는 극동과 시베리아를 잇는 장거리 가스관과 송유관을 건설해서 에너지 자원을 개발하고 안정적으로 공급하는 데 관심이 상당히 쏠려 있지요. 이런 경제적 사업에서 중국의 자본이나 영향력이 확대되는 것은 그다지 달가워하지 않기 때문에 한국과의 파트너십에 대한 관심이 높은 편입니다.

국제 무대에서 캐스팅 보트 행사하는 러시아

문정인　　　냉전 시절에 비하면 많이 퇴색되었지만 그럼에도 불구하고 이 지역에서 러시아를 간과할 수 없죠.

홍익표　　　특히 미국과 함께 글로벌 질서를 놓고 경쟁했던 경험, 여기서 나오는 외교적 역량을 작게 볼 수는 없습니다. 그 경험은 아직 중국도 갖고 있지 못한 거죠. 국제적으로 어떤 이슈가 불거졌을 때, 러시아의 선택이 줄기를 바꿀 때가 종종 있습니다. 미국이 주도한 유엔 안보리 결의안을 중국보다는 러시아가 개입해서 방향을 틀어버리곤 했거든요.

김치관　　지난 2017년 북한 ICBM 발사 실험 이후 유엔 안전 보장이사회에서 북한 규탄 성명을 채택하려고 했으나, 중국은 찬성했지만 러시아의 반대로 무산된 일이 있었죠. 이명박 정부가 천안함 사건을 유엔 안보리에 회부했을 때도 러시아는 '천안함 침몰 원인이 1번 어뢰에 의한 것이라고 생각하지 않는다'며 반대해서 결국 의장 성명을 채택하는 데 그쳤죠. 러시아는 여전히 안보리의 상임 이사국이어서 거부권을 행사하면 안보리의 결정을 무산시킬 수 있는 힘을 지니고 있습니다.

문정인　　저도 홍 의원 생각하고 비슷한데 러시아는 과거 누렸던 패권적 지위까지는 아니라 해도 자신들의 위상을 회복하는 데 관심이 꽤 크죠. 미국에 반대되는 국제적 위상을 확보하려는 게 분명히 있어요. 그런데 독자적으로 나서기에는 좀 힘이 달리니까 중국이 주도한 브릭스(BRICS)나 상하이 협력기구 같은 데 참여도 하면서 어떻게 보면 중국에 편승하면서 영향력 확보를 도모하는 측면이 있습니다. 특히 우크라이나 사태 이후 미국과 EU가 제재를 가하니까 결국 중국하고 협력해야 했고요. 결국 러시아가 아시아 태평양 지역에 대한 관심을 가질 수밖에 없는 지정학적 변수들이 있습니다.

다른 한편으로는 역사문화적인 점이 작용합니다. 푸틴은 역대 어느 지도자보다도 러시아 민족주의를 강조하는 사람이죠. 러시아 민족주의의 핵심은 구소련보다는 오히려 짜르 시대와 동질성이 큽니다. 짜르 때가 러시아 역사에서는 의욕적인 영토 확장의 시기였단 말이에요. 19세기 말부터 20세기 초반 러일전쟁에서 패배할 때까지 러시아가 엄청나게 팽창하던 시기잖아요. 푸틴의 동방정책이라고 하는 것도 지정학적, 전략적, 경제적 이익 추구라는 면도 있지만, 결국 러시아 과거 영광의 재현이라고 하는 역사적 배경도 크게 작용했다고 봅니다.

홍익표　　푸틴 대통령이 지난 2012년, 2018년 대선에서 계속 70%가 넘는 압도적인 지지로 당선했지 않습니까. 이렇게 거의 전폭적인 지지를 받는 데는, 구소련에 비해 한참 쪼그라든 러시아 국민들이 푸틴의 민족주의 성향에 환호하면서, 옛 영광을 재현해 주었으면 하는 기대 심리가 있는 거죠.

문정인　　그러나 뭐니뭐니 해도 푸틴이 극동 지역에 관심을 기울이는 이유는 결국 경제적인 거예요. 러시아에서 우랄산맥은 유럽과 아시아를 나누는 경계인데, 과거 러시아 경제의 주축은 우랄 서쪽 지역이었죠. 그러나 이제 이 지역의 경제적 성장은 어떻게 보면 한계에 도달했고, 새로운 성장 모멘텀을 찾으려면 결국 우랄산맥 동쪽을 주시할 수밖에 없죠. 즉 시베리아, 극동 개발이 중요한 시점입니다. 특히 푸틴은 통합 가스 파이프라인 이 사업에 의욕이 크죠. 철도, 전력, 광섬유, 석유, 가스 이런 것들을 전부 하나로 묶어서 모스크바에서부터 극동의 항구인 나호트카(Nakhodka)까지 연결하는 사업을 하려는 거죠.

2004년 9월 노무현 대통령 러시아 국빈 방문 때 저도 특별수행으로 갔었는데, 그때 이미 푸틴이 통합 가스 파이프라인 사업을 설명하면서 한국의 참여를 요청했어요. 푸틴은 한반도가 극동 러시아의 경제적 활로를 여는 데 핵심 변수라는 생각을 가지고 있습니다. 또 한국을 이 지역 개발에 가장 중요한 경제 협력 파트너로 생각해요. 시베리아 개발 문제를 일본하고도 협의하기는 하는데 북방 4개섬 영토 문제로 껄끄러운 점이 있죠.

한국은 극동 지역 개발의 주요 파트너

김치관　경제적 관심 외에도 중국을 견제하려는 의도도 있지 않을까요?

문정인　중국이 자꾸 힘이 세지니까 극동 러시아에 대해서 경제적 영향을 주는 것을 제어하자는 의도가 분명히 있습니다. 이 모든 걸 종합적으로 보면, 푸틴 대통령은 극동 지역에 대한 의욕이 상당히 높고 동방정책을 적극적으로 펼칠 수밖에 없다고 판단됩니다. 그래서 그 견인차 역할을 하기 위해서 블라디보스토크 동방경제포럼 같은 걸 개최하는 거죠.

김치관　　중국은 시진핑 주석 2기에 들어서면 동북3성 개발을 국가급 프로젝트로 추진하려는 계획이 있는 듯합니다. 이렇게 되면 중국과 러시아가 동북아 지역에서 충돌이 좀 일어나지 않을까요?

홍익표　　러시아 입장에서는 증가하는 중국의 영향력이 경계되고 견제의 필요성도 느끼긴 하지만, 아직은 중국하고는 경쟁보다는 협력하는 게 자기들의 국익에 부합하다고 보는 것 같습니다.

상하이 협력기구나 중러 양국 관계 등을 종합적으로 관찰해보면 결국은 중앙아시아 국가들 포함해 대륙 세력의 힘으로 해양 세력을 견제하고자 하는 큰 기조가 있죠. 또 러시아는 중국과 미국 간의 미묘한 협력과 갈등 속에서 자신들의 입지가 있다고 생각하는 것 같아요. 힘의 역학관계가 바뀌면서 과거에는 미소가 대항할 때 중국이 제 3의 길을 걸으면서 때로는 구소련도 견제하고 미국도 견제했다면 지금은 러시아가 미중 관계 속에서 특히 동북아 지역에서는 묘한 줄타기를 하는 거죠.

동북아 지역에서의 힘의 우위는 중국이 있고. 유럽이나 중앙아시아 지역에서는 아직 러시아가 힘을 갖고 있는데 미국을 견제하는 과정에서 서로의 협력이 필요한 거죠. 미국을 딱 떼고 극동 문제만 본다면 러시아는 이 지역에서 팽창하는 중국의 힘이 부담스러워요. 이 지역이 중국화되고 있다는 측면에서. 그러나 전체적으로 극동 러시아 지역을 제외한 동북아 지역이라는 조금 더 큰 그림을 보면 중국과 러시아는 훨씬 더 협력 관계가 많은 거죠.

문정인　아직까지는 러시아가 이 지역에서 군사력 확장을 하고 있지 않지만, 만일 일본과 중국 사이에 군비 경쟁이 가속화되면 푸틴은 극동 군사력을 증강할 가능성이 상당히 커요. 그럴 능력도 있고. 그런 점에서 사드 문제 같은 데에 러시아도 상당히 민감한 반응을 보이고 있어요. 그러나 가급적 한반도 정세가 완화되고 경제 협력을 활발히 할 수 있기를 원하죠.

홍익표　문 교수님 말씀처럼 푸틴 대통령이 언제든 필요하다면 동북 지역에서 러시아의 군사력을 강화할 의지는 있어요. 하지만 지금 단계에서는 그런 상황을 원치 않는 거죠. 경제적 이슈가 훨씬 더 중요하기 때문에 가급적 분쟁 없이 관리하면서 극동 지역에 새로운 경제적 활력과 기회를 만들고 싶은 것입니다. 또 이런 구상에서 정치적으로 부담이 없는 한국이 파트너가 되었으면 하는 의사가 큽니다. 필요하면 일본과도 협력을 강화해서 중국을 견제하고는 싶으나, 일본이 워낙 미국이랑 한 배를 타고 있으니까 현재로서는 좀 그렇죠.

김치관　미국을 견제할 의도로, 러시아가 북한의 핵 무장을 인정할 가능성이 있을까요?

문정인   러시아 역시 북한의 비핵화에 대해서는 확고한 입장을 갖고 있기 때문에 결코 인정하지는 않을 거라고 봅니다. NPT 체제를 형성한 국가들은 다른 나라가 핵 보유하는 게 절대 자신들의 지위에 도움이 되지 않아요. 그러나 러시아도 북한이 핵을 보유한 상태는 원하지 않지만, 그렇다고 해서 북한에 큰 체제 변화가 생기거나 정치적 불안정성이 발생하는 것도 바라지 않습니다. 이 문제를 어떻게 풀 것인가에 대한 고민은 많이 할 겁니다. 중국처럼.

홍익표   그런 점에서 푸틴 대통령은 한러 정상회담 때마다 여러 차례 남북 관계 개선을 요구해 왔어요. 그것이 한반도의 평화와 안정은 물론이고 경제적으로도 러시아 이익에 부합한다고 보는 겁니다. 그래서 북핵 문제 해법에서도 평화적, 외교적 방법과 남북 대화를 적극 지지하고, 제재 일변도의 대북 압박 정책에 대해서 문제를 제기하는 측면이 있습니다.

미국의 아시아 회귀와 중국의 서진

문정인   이 시점에서 우리가 동북아를 둘러싼 큰 역학관계를 살펴보면 이렇게 되는 거죠. 먼저 미국은 중국을 경계하고 포위하는 아시아 중시 정책 이른바 피벗 투 아시아(Pivot to Asia)를 강화하고 있습니다. 태평양 동쪽에서 서쪽으로 다가오는 거란 말이에요.

그러자 아직 미국하고 정면으로 붙고 싶지 않은 중국은 피봇 투 더 웨스트, 서쪽으로 방향을 틀겠다는 생각입니다. 그게 바로 신 실크로드 전략이라고도 하는 일대일로죠. '일대'는 육상으로 나가는 건데 시작점이 중국 시안(西安)입니다. 중국 동쪽에서 시작해 서쪽으로 중앙아시아와 서남아시아를 거쳐 러시아, 페르시아만 그리고 유럽 쪽으로 가는 길이죠. 그 다음에 '일로'는 주로 해상 루트인데, 시작점이 역시 중국 남동해안 후저우(湖州)에서 시작해 남중국해를 거쳐 유럽과 남태평양 쪽으로 나가는 거죠.

김치관　　중국은 미국을 피해 서진하는 거고, 러시아는 동방정책을 가지고 아직 중국이 크게 힘을 싣고 있지 않은 동북 지역으로 동진하는 거네요.

문정인　　그렇죠. 미·중·러 삼국의 세 개의 큰 구상이 지금 동북아 지역에 얽혀 있는 건데, 중국의 일대일로 구상에서 동북3성과 한반도는 완전히 빠져 있어요. 그런데 우리는 서울-신의주-북경으로 이어지는 중국 횡단철도(TCR:Trans China Railway)

나 러시아 극동항인 나호트카에서 모스크바까지 이어져 유럽 전역으로 이어지는 시베리아 횡단철도(TSR : Trans Siberrian Railway), 만주 횡단철도(TMR : Trans-Manchurian Railway), 몽골 횡단철도(TMGR : Trans-Mongolian Railway) 등과 다 연결하여 한반도 북방으로 진출하고 유럽을 이으면서 우리 활동 무대와 경제 교류 지평을 넓혀야 합니다.

그런 점에서 한국과 러시아가 협력하고 동북3성과 협력해서 중국의 일대일로까지 연결되도록 확대 시켜야 하는 게 우리의 북방정책, 경제적 활로에 아주 중요한 일이죠.

김치관　　네, 러시아에 대해서는 극동 전략 위주로 짧게 살펴보았습니다만, 러시아 역시 한반도 비핵화에 큰 이해관계를 가지고 있다는 점이 확인됩니다. 또 이 지역에서 일대일로 전략으로 서쪽으로 가는 중국과 새로운 경제 성장 모멘텀을 찾아 동쪽으로 나오는 러시아 그리고 그 사이에 공백으로 남은 동북3성*, 이런 역학 관계를 우리가 잘 파악하고 한반도 평화를 통해 경제 협력을 확대하면서 주요한 역할을 할 여지가 많다는 점도 확인

● 동북3성은 중국의 일대일로 전략에서 빠져 있었으나, 최근 변화가 일부 감지된다. 〈통일뉴스〉는 2018년 5월 15일자 기사에서 북한 소식통을 인용, 중국 일대일로 팀이 동북3성과 북한에도 눈을 돌려, 올해 들어서만 네 번째로 북한을 방문한다고 보도했다. 이 기사에 따르면 중국의 일대일로 팀이 추진중인 대북 주요 사업은 △단둥-신의주-개성 고속철도.도로 건설, △훈춘-청진 고속철도.도로 건설 및 청진항 개발, △광역두만강개발계획(GTI)인 것으로 파악된다.

했습니다. 그런데 이런 일들이 이루어지려면 남북 관계가 진전되어 한국이 실질적으로 섬으로 고립되어 있는 상황을 탈피해야 하는데, 여기에 가장 결정적인 장애가 북핵 문제입니다. 한반도 주변 4강을 모두 살펴봤으니 이제 대담의 초점을 북핵 문제와 북한 사회에 맞춰보겠습니다.

3부

북한 사회를
어떻게 이해할 것인가

1장·북핵, 최고의 위기에서 최대의 기회로

김치관　　북한은 2017년 11월 29일 대륙간 탄도 미사일 화성 15형 발사 시험을 하고 국가 핵 무력 완성을 선포했습니다. 실제로 북한의 핵과 미사일 기술이 일차 완성된 것으로 평가할 수 있는지, 또 미국 본토에까지 다다를 수 있는 수준인지, 본격적인 논의에 앞서 이런 객관 사실부터 점검해 보았으면 합니다.

홍익표　　북한의 핵 무력 수준을 평가할 때 여러 가지 기준이 있습니다. 첫째는 우라늄이나 플루토늄을 생산해내는 능력, 그것을 고농축해서 무기화하는 능력, 그 다음 실제로 탄두에 탑재할 만큼 소형화하고 폭발력을 조절하는 기술, 그리고 궤도에 진입하고 대기권 밖으로 올라갔다가 다시 내려오는 재진입 능력과 사거리 등등을 종합해야 하는 거죠. 그런데 한미 정보 당국이 약간 의문부호를 다는 건 재진입 능력 정도인 것 같아요. 나머지 실제 사거리라든지 기폭장치 능력이나 핵탄두 탑재 능력 이런 것은 상당부분 미국 본토의 서부 지역까지는 위협할 수준으로 평가하고 있습니다. 북한은 다 완결됐다고 주장하고 있는데, 한미 양국 정보당국에서는 아직 약간 미완으로 보는 부분이 조금 있지요.

'인지' 하되 '인정'할 수 없는 북핵

문정인   핵무기가 완성 단계냐 아니냐를 평가할 때는 보통 네 가지 단계를 봐요. 첫째는 연료주기라고 하는데, 플루토늄하고 고농축 우라늄 생산 시설들이 있고 거기에서 핵 물질을 생산해 내느냐가 제일 중요한 단계죠. 두 번째 단계는 핵 물질을 이용해 핵탄두를 만들었느냐, 만든 핵탄두를 가지고 핵 실험을 성공적으로 했느냐, 이와 관련된 고폭실험을 했느냐 등을 따져보는 무기화 단계가 있습니다. 이 단계에서는 탄두를 소형화, 경량화시켰느냐 원자탄, 증폭탄, 그 다음 수소폭탄 이런 식으로 고도화까지 나갔느냐를 함께 살펴봐야 해요. 세 번째는 실어 나르는 능력이죠. 핵을 실어서 투하하는 방법은 세 가지인데 대륙간 탄도 미사일을 포함한 미사일, 그 다음 잠수함, 마지막으로 전략폭격기예요. 이 셋을 합쳐 '핵 삼중 운반 체계'라고 하죠. 네 번째는 확산의 문제예요. 핵무기와 관련된 기술들을 대외에 수출하느냐, 또 미사일 관련 기술이나 소재들은 어떻게 수입하느냐 등의 문제죠.

결국 연료주기, 무기화, 운반수단, 확산 이 네 가지를 다 볼 때 북한이 핵무기를 가졌다고 현실적으로 인지할 수밖에 없어요.

우리가 '인정'하는 것과 '인지'하는 건 다른 거죠. 인정한다면, 북한의 핵 보유 지위를 인정해준다는 뜻이 되는 거라 우리가 거기에 동의할 수는 없습니다. 인지라고 하는 건 그런 능력을 비축해 있음을 사실적으로 파악한다는 것이죠.

김치관 객관적 평가를 했을 때, 북한의 핵 능력 완성이 '인지' 된다는 말씀이죠?

문정인 영변에 원자로가 있고, 핵 물질을 추출하면 그걸 재처리하는 시설이 전부 다 가동 중이고, 플루토늄을 40~60kg 정도, 핵탄두도 많게는 40개 적게는 20개 정도 가지고 있는 것으로 보입니다. 지난 2010년 영변을 방문해 북한의 우라늄 농축 시설을 확인했던 미국 핵 과학자 지크프리드 해커 박사 같은 경우는 수소탄 성공은 인정하지 않고 원자탄을 증폭시킨 증폭탄까지 가졌다고 보고 있어요. 원자탄과 증폭탄을 갖고 있으면 안정적 수소탄 확보도 그렇게 오래 안 걸릴 거예요.

운반 체계로는 미사일은 단거리 스커드, 중거리 '노동' 보유중이고, 중장거리로는 '화성' 10호부터 12호까지가 괌과 하와이, 알래스카까지 타격할 수 있습니다. 미국 본토까지 다다를 수 있는 대륙간 탄도 미사일이 화성 15호죠. 잠수함에서 발진하는 SLBM(잠수함 발사 탄도 미사일 submarine-launched ballistic missile)은 두 번 정도 성공했다고 북한은 주장하고 있어요. 우리가 보기에 아직 확신할 수준은 아니지만 잠수함 발진이라는 건 위치 확인이 어려우니까 매우 위험한 것이지요. ICBM(대륙간 탄도 미사일 InterContinental Ballistic Missile)에 대해서는 회의적인 부분이 조금 있긴 해요. 대기권 재진입 때 저항 능력이 있느냐, 목표 지점에 가서 제대로 폭탄이 터졌느냐, 파괴력은 얼마나 되느냐 하는 부분들이죠. 미국은 ICBM 시험 발사를 15번 정도 하는데 북한은 딱 한 번 한 겁니다. 그런 점에서 아직은 시간이 있고 협상의 여지가 있어요.

핵 실험은 6차까지 성공했는데 아까 말한 소형화와 경량화, 두 번째로 고도화, 세 번째 대량 생산을 봐야 합니다. ICBM처럼 1만km 이상 가려고 하면 탄도 무게가 5백kg 이하가 되어야 적정한데, 그런 소형 탄두 가지고 큰 파괴력을 낼 수 있느냐가 상당히 관심사죠. 고도화는 단순 원자탄에서 수소폭탄까지 가는 과정이고요.

마지막으로 대량 생산인데, 김정은 위원장은 2018년 신년사에서 '금년부터 대량 생산까지 하겠다'고 밝힌 바 있어요. 대량 생산이 이루어지려면 규격화, 표준화가 선행되어야 해요. 일단 만든 폭탄을 스커드, 노동, 대륙간 탄도 미사일에 다 장착할 수 있으면 그게 표준화죠. 이 부분에 대해서는 전문가들의 논쟁이 상당히 많습니다. 그러나 전반적으로 볼 때는 미국이 선제적 타격을 가했을 때 북한이 기본적으로 한두 발이라도 보복 반격할 수 있는 능력은 가졌다고 봐야겠지요.

선제타격은 가능한 선택지가 아니다

김치관　　이런 상태에서 지난해 미국 쪽에서는 특히 북핵에 대한 선제타격 이야기가 많이 나왔습니다. 선제타격은 실제 가능합니까? 엄포입니까?

홍익표　　저는 세 가지 정도 요인 때문에 불가능하다고 봅니다. 먼저 북한이 액체 연료에서 고체 연료로 바꾸면서 연료 주입 시간이 대폭 단축되었어요. 과거 액체 연료 같은 경우는 주유하는 동안에 감지하고 선제타격을 할 수 있었는데, 지금은 그 과정에 시간이 많이 걸리지 않아 타격이 쉽지 않다는 겁니다.

두 번째로 김정은 위원장 시대 들어와서 중요한 특징 중 하나는 이동 발사대를 이용해서 북한 전역이 발사대가 된 셈이에요. 이전에는 무수단 등 특정 지역에서만 미사일을 발사했기 때문에 그 지역을 집중 타격해버리면 초반에 북한의 핵 반격 능력을 무력화시킬 수 있었지만 지금은 그게 불가능한 상황이 된 거죠.

마지막으로 많은 미국 전문가들이 얘기하는 게 도대체 핵 시설이 어디에 소재해 있는지 모르겠다는 거예요. 도처에 너무 많이 있는 것 같고, 그게 가동되면서 대량 생산 체계로 가고 있기 때문에 미국이 선제타격을 한들 북한의 핵 능력을 무력화시킨다고 자신할 수 없는 상황이라는 겁니다. 이건 제 의견이 아니고 윌리엄 페리(William Perry) 전 미국 국방부장관이 직접 했던 발언입니다.

문정인　선제타격도 두 가지로 볼 수 있어요. 부분 선제타격과 전면 선제타격이지요. 부분 선제타격이라고 하는 것은 미국 사람들이 'bloody nose strategy'라고 해서 코피를 터뜨린다는 건데, 전략적으로 선별적으로 대표적인 시설 몇 개 잡아서 선제타격을 가하면 북한이 겁먹을 것 아니냐 하는 거죠. 그런데 그거 가지고 문제 해결이 안 되고 북한이 블러핑에 안 넘어가면 진짜 문제가 되니까, 아예 북한 핵미사일 시설 전체에 대해 동시다발적으로 최소한 일주일 정도 집중 타격을 가한다는 게 전면 선제타격이에요.

홍익표　트럼프 대통령이 '북한을 아예 없애버린다'고 압박했던 것은 바로 후자의 방식을 의미하는 겁니다. 전략 자산을 총동원해서 북한을 일시에 무력화 한다는 것인데, 그 과정에서 무고한 많은 민간인들이 희생되고 북한이 반격한다면 한국에도 상당한 피해가 발생할 가능성이 높다는 점에서 매우 우려스러운 선택이죠.

문정인　부분이든 전면이든 선제타격은 어쨌든 군사 행동인데, 군사 행동은 두 가지 목표를 분명히 달성할 수 있을 때 하는 거예요. 우선 정치적 목적을 달성할 수 있어야 해요. 현재 북한에 대한 정치적 목표가 뭐겠어요. 핵무기를 없애거나 핵무기를 사용하는 지도부를 궤멸시키는 건데 선제타격을 통해서 이걸 얻을 수 있는가 하는 거죠. 북한의 더 큰 반발을 불러일으킬 게 뻔하니, 정치적 목표 달성이 불가능하죠.

그 다음 북한의 핵을 무력화시키는 게 군사적 목표라 한다면, 이건 홍 의원님이 말했듯이 북한에 미사일 기지가 알려진 것만 스물한 군데가 있고, 지금 어디에 뭘 감춰놓았는지, 어느 게 진짜고 어느 게 가짜인지도 모르는 상황이에요.

군사적 목표 달성이 상당히 어려운 이유는 정보의 한계와 관련이 있어요. 가령 미국이 이라크나 아프가니스탄 같은 곳에서 그나마 작전에 성공할 수 있었던 이유는 상당히 많은 현지의 협조자들이 전술 정보를 제공했기 때문이에요. 이라크에서는 크루드족, 아프가니스탄에서는 정부군이 그 역할을 한 겁니다. 그런데 북한은 인간 정보, 즉 휴민트(humint)가 거의 제로예요. 위성 영상 첩보는 한계가 있어요. 암호 정보 해독도 북한은 아직도 유선을 많이 쓰기 때문에 쉽지 않아요.

홍익표　북한 지형도 선제타격이 어려운 요소예요. 80퍼센트가 산악 지역이죠. 주요 시설을 상당히 깊숙하게 은닉을 시켜놨는데, 미국이 사용하는 지하 침투 폭탄 벙커 버스터가 6m밖에 미치지 않아요. 그 이하로는 효과가 별로 없죠.

문정인　보다 큰 문제는 선제타격이 그걸로 끝나겠냐는 거죠. 선제타격을 했을 때 북한이 절대 가만히 안 있거든요. 남한과 남한에 있는 미군 시설에 대한 보복 타격을 시작하면 전쟁은 확산이 되고 그 피해는 감당이 안 되는 거죠. 이미 1994년 클린턴 정부 때 미 국방부가 핵무기를 배제하고 재래식 무기로만 시뮬레이션해도 한국에서 전쟁 발발시 60일 안에 군인 20만을 포함해 150만 명의 사상자가 발생할 것으로 나왔잖아요. 그래서 결국 영변 핵 시설 공격을 포기하고 제네바 협상으로 간 것 아닙니까.

김치관 네, 경제적 피해가 1천억 달러, 복구 비용이 3천억 달러고, 1994년 당시의 경제 규모에서요, 민간인 피해자가 5백만 명을 넘을 것이라는 충격적 결과였습니다. 그래서 클린턴 정부가 카터 전 대통령을 특사로 평양에 보내고 그해 9월부터 북한과 미국이 스위스 제네바에서 협상을 벌여 10월 21일 제네바 합의문이 나온 거고요. 지금 우리 경제 규모나 세계 경제에서 한국이 맡고 있는 역할을 고려하면 당시보다 전쟁의 파급은 훨씬 더 클 겁니다. 아마 세계경제에도 큰 타격을 줄 것 같은데요. 어쨌든 이처럼 현실적으로 선제타격이든 코피 작전이든 다 어렵다고 하면, 협상이 성공해서 북한이 핵무기를 폐기할 때까지는 상당 기간 북은 실질적인 핵무기 보유국으로 존재하는 것 아닌가요. 문 교수님 말씀대로 '인정'해줄 수는 없고 '인지'하는 차원이라고 해도 말이죠. 인도나 이스라엘도 NPT 5개국이 인정은 안 해주지만 어쨌든 핵무기 보유국으로 분류하잖아요?

문정인　NPT 체제 하에서 국제법적으로 핵을 보유한 국가들이라고 하는 것은 결국에 빅 파이브. 그러니까 미국, 중국, 러시아, 영국, 프랑스 다섯 국가밖에 없고 인도, 파키스탄, 이스라엘이 핵무기를 가지는 건 전부 불법적 보유죠. NPT 멤버들 시각에서는 파행적인 국가지요.

그런데 한반도와 차이점이 있는 게 인도, 파키스탄, 이스라엘의 경우는 다른 나라들이 이들의 비핵화에 크게 노력하고 있지 않아요. 그러나 북한의 경우는 다르죠. NPT 5개국과 한국 그리고 일본까지 모두가 북한의 비핵화를 목표로 삼고 있는 거죠. 이렇게 NPT는 물론이고 주변국들이 북한의 비핵화를 목표로 삼고 있는 한, 북한의 핵 보유는 과도기적일 수밖에 없습니다.

지금 북한의 경우는 굳이 비교하자면 파키스탄 모델에 가까워요. 이스라엘은 NCND, 아직도 자기들이 핵무기를 가졌다 안 가졌다 절대 애기하지 않는 중입니다. 파키스탄은 가졌다고 선언을 하고 그에 따른 국제적 제재를 받고 있는 거예요. 파키스탄 경제가 잘 안 되는 이유도 거기에서 생기죠. 그런데 북한은 고립을 원해서 핵을 개발한 게 아니에요. 제재 받고 경제 봉쇄되고 이게 북한의 목적은 아니거든요. 안전이 보장되고 다른 나라들에게 정상 국가로 인정받고 경제 발전시키자는 게 목적이니까요. 그래서 협상할 여지가 있고, 협상을 통해 잠정적 핵 보유 상태를 궁극적으로 해소해 나가야 한다는 거죠. 그러니 현 상태에서 '핵 보유국', 이런 표현을 쓰는 건 적당하지 않다고 봐요.

핵을 보유한 통일 한반도는 재앙이다

김치관　　지나친 가정일지도 모르겠지만, 예를 들어서 북한이 인정받지는 못하지만 핵을 보유한 상태에서 남북이 연합이든 연방제든, 낮은 단계든 높은 단계든, 어쨌든 현재보다 훨씬 더 정치적 관계가 가까워지는 상황도 가정해 보아야 하지 않을까요?

문정인　　그건 상당히 어려운, 아니 불가능한 가정입니다. 일부 극단적 주장을 펴는 사람들 중에 '북한이 개발한 핵무기도 통일이 되면 어쨌든 한반도의 자산 아니냐, 핵을 지닌 강력한 통일 한국이 되는 거 아니냐' 이런 이야기도 있다고 들었습니다만, 먼저 우리 대한민국 국민들부터 수용하기 힘들죠.

북한이 핵을 보유한 채로 남북 관계가 계속 간다면, 그건 북이 우리보다 강한 입장에 선다는 뜻이죠. 그렇게 되면 평화적인 통일로 가는 게 아니라 통일전선 전략에 의한 통일을 노리게 되는 거죠. 이걸 우리 국민들이 받아들일 수 있겠어요? 우리는 결국 북한이 핵을 갖지 않은 상태에서 공존할 길을 택해야 하는 거죠. 그리고 환상을 깨야 하는 게, 핵을 가진 통일 한반도라는 것은 우리에게 결코 축복이 아니에요. 그건 재앙입니다. 주변국들이 계속 문제삼을 거고, 또 한국이 핵을 보유하면 일본은 가만 있겠어요. 그렇게 되면 한반도 주변의 군비 경쟁은 끝이 없는 거죠. 동북아에 핵 도미노 현상이 벌어지면서 강도 높은 대결과

전쟁 위기만 고조되죠. 이게 바로 냉전 시대의 국제 관계였잖습니까? 평화를 원한다면서 전쟁 준비만 계속하던 구시대의 규칙이죠. 우리는 '평화의 규칙'을 마련해야죠. 평화를 원하면 평화를 준비하자는 겁니다.

홍익표 기본적으로 북한의 핵 보유는 불안감과 전략적 비대칭에서 이뤄졌습니다. 많은 사람들이 북핵으로 인해 한반도의 전략적 균형이 깨졌다고 말하는데, 북한은 '이제야 전략적 균형을 이뤘다'고 생각할 겁니다. 왜 그러냐면 1990년대, 구소련이 붕괴되고 냉전 체제가 해체되면서 사실상 북한은 미국의 핵 공격이나 핵무기로부터 보호해 줄 보호막이 없어진 거였죠. 반면 남한은 미국으로부터 핵우산을 제공 받고 있고요. 즉, 북한 입장에서는 한미 동맹으로 핵이라는 전략적 비대칭 하에 놓여 있는 겁니다.

결국 1990년대 초반 들어와서 사회주의권 국가들의 붕괴와 체제 전환 그리고 냉전 체제의 해체가 북한의 고립과 불안감을 가속시키면서 핵무기 보유 욕구를 강화했다고 볼 수 있죠.

문정인 그렇습니다. 북한의 핵 개발 배경을 자세히 살펴볼 필요가 있습니다. 무엇보다 핵 억지 논리가 먼저 작용했습니다. 한국에 전술핵이 언제부터 배치되기 시작했는지는 비밀이라 우리가 정확히 알 길이 없지만, 본격적으로 급증한 것은 1972년 미국이 오키나와를 일본에 반환하면서부터였어요.

홍익표　오키나와는 그야말로 전략적 요충지죠. 반경 2천km 안에 서울, 도쿄, 블라디보스톡, 베이징이 다 놓여 있는. 그래서 미국은 오키나와를 반환하면서 중국과 소련 견제를 위한 전술핵을 한국에 배치한 것이고요.

문정인　많을 땐 전술핵이 거의 950개 정도 들어왔습니다. 여기에 또 박정희가 핵무기 개발에 집착한 건 분명한 사실이거든요. 북한은 이런 상황에서 전력 불균형을 만회하려 하지 않을 수가 없었겠죠.

또 하나의 요인은, 군사비 문제예요. 남북한 군사력 비교에서 1976년까지만 해도 북한의 군사비 지출은 우리보다 많았습니다. 그런데 1976년 이후 경제가 커지고 GDP의 5%를 국방비에 배정하면서 우리의 절대 군사비 지출은 북한을 능가하게 되거든요. 북한은 1980년대 이후에 외국에서 새 무기 체제를 구입한 적이 거의 없어요. 파키스탄 같은 데서 몰래 구입해 온 게 일부 있는 정도고, 자기들 자체 개발로 대처하는데 남쪽에 비해서 재래식 군비 경쟁에서 엄청나게 뒤지게 된 겁니다. 결국 재래식 군비 경쟁은 경제력으로 감당이 안 되니까 가장 값싼 옵션이 핵무기였습니다.

세 번째는 북한 체제 자체에서 나오는 건데, 북한은 오위일체 국가 체제라고 하죠. '수령, 국가, 당, 인민, 군'이 하나라는 뜻이죠. 이런 수령제 나라이기 때문에 외부에서 '김정은을 없애겠다', '참수하겠다' 말이 나오면 북한은 이를 직접적인 국가 안보 위협으로 생각합니다. 서양 사람들은 잘 이해가 안 되겠죠. 하지만 북한 사람들은 김정은 체제 옹위를 위해 핵무기가 필요하다고 보는 거지요.

네 번째로는 국제적 지위라는 측면을 봐야 해요. 북한은 경제적으로 어렵고 봉쇄된 상태에서 국제 사회로부터 불량 국가, 실패한 국가로 취급되고 있습니다. 이걸 일격에 반전시키는 카드가 바로 핵무기죠. 핵 실험, 탄도 미사일 시험 발사 이런 게 없으면 국제 사회가 북한에 주목할 이유가 없지요. 결국 북한이 왜 핵 개발에 저렇게 매달릴 수밖에 없었는가를 면밀하게 살펴보아야만 이 문제 해결의 실마리를 찾을 수 있습니다.

홍익표　굉장히 중요한 지적이고 저도 동감입니다. 북한의 동기를 우리가 제대로 파악하지 않으면 비핵화가 불가능합니다. 발등에 떨어진 불이라고 북한의 핵 능력 제거에만 집중하기보다는 근본적으로 문제를 풀어야죠. 그런 측면에서 다시 한 번 돌아보면 2000년 10월 북미 공동성명이 매우 중요하고 지금도 여전히 유효한 지침서라고 생각을 해요. 대북 적대 정책 포기와 경제 제재 완화, 경제 협력, 북미 관계 개선 등을 포함하고 그에 대응해서 북한이 핵과 미사일의 유예 및 비핵화 프로세스를 밟아가는 것들이 패키지로 연결되어 있습니다. 이게 맞는 방법입니다. 비핵화 먼저 하고, 그게 풀려야만 교류하고 관계 정상화하겠다는 것은 해법이 안 됩니다. 지금 남북 간 북미 간 정상회담은 어떻게 보면 2000년 북미 공동성명의 약속이 지켜지지 않으면서 꼬이고 커진 문제를 다시 풀어가는 과정이기도 합니다.

북핵 문제 해결의 입구와 출구

김치관　　지금 그 문제는 이른바 입구론, 출구론과 관계되는 것이군요. 한국 사회나 미국이나 여전히 북핵을 먼저 풀어야 대화할 수 있다는 완강한 입장이 여전히 일각에 존재합니다.

홍익표　　입구론이라는 것은 이명박, 박근혜 정부에서 핵 문제 핑계로 남북 관계 사업을 하나도 손대지 않으려 하면서 나온 이야기입니다. 핵 문제를 풀기 위해 협상장으로 들어간다고 합시다. 문을 열고 들어가기도 전에 북핵 탓하며, '이거 해결하기 전엔 다른 문제도 하나도 못한다' 이래가지고는 함께 협상장에 들어가 앉지도 못하죠. 입구에 들어갈 때에는 핵 문제와 다른 문제, 경제라든가 외교, 문화 교류 등은 분리해서 그건 그것대로 이야기를 시작하자는 거죠. 다만 출구를 나올 때는 이들 문제와 핵 문제를 동시다발적으로 병행해서 타결해야 합니다.

문정인　저는 3단계 정도 봅니다. 1단계는 핵 문제에 대해서는 일단 '동결' 정도를 입구에 놓고 시작할 수 있습니다. 핵 동결이 협상의 전제가 되는 셈이지요. 동결이 되면 긴장이 완화되고 어느 정도 미국과 북한 사이에 신뢰가 생기겠죠. 그러나 동결도 간단치는 않습니다. 핵, 미사일 활동을 동결한다는 것은 원자로와 재처리 시설, 그리고 농축 시설을 공개하고 중단한다는 것을 포함합니다.

다음 단계에서 북한이 가진 핵 시설과 미사일에 대해 신고(declaration)하고 이에 대한 국제 사찰(inspection)이 있어야 하겠지요. 특히 2008년과는 달리 5메가와트 원자로와 IRT-2000 연구용 원자로, 트리티움과 리씨움-6 생산 시설, 재처리 시설을 불능화 정도가 아니라 검증 가능하게 폐기해야 하겠지요. 그리고 마지막 단계에서 검증 가능하게 핵무기와 탄도 미사일을 폐기해야 하겠지요. 북한은 협상 전에 이를 명시적으로 밝혀야 할 겁니다. 이렇게 되면 미국을 포함한 국제 사회도 '행동 대 행동' 원칙에 의거 북한에 대한 보상안을 마련해야 하겠지요.

우선 제일 중요한 게 더 이상 안 만드는 거니까 핵 시설과 물질에 대한 검증 가능한 폐기로 들어가고 그와 더불어 미사일 추가 생산도 동결에 들어가야 합니다. 나중에 현재 가지고 있는 핵무기와 미사일을 검증 가능하게 폐기하는 데는 단순히 경제적 보상만으로는 안 될 겁니다. 국제 사회가 북한을 인정해주고, 북한에 대한 군사적 위협과 체제 위협을 가하지 않아야겠죠. 이렇게 보면 비핵화를 출구에 놔야지 입구에 놓으면 진전을 보기 힘들 겁니다.

김치관　동결을 입구에 놓고 비핵화를 출구로 한다면, 충분히 협상 진행이 가능하다는 말씀입니다. 그런데 북이 동결을 입구에 놓는 데 합의한다면 우리도 그에 상응하는 뭔가를 선물로 주면서 대화를 시작해야 하잖아요?

문정인　당장 동결에 대한 가시적 보상은 기대하기 어려울 겁니다. 북미 간 정상 회담이 시작되는 것 자체가 선물입니다.

김치관　북한의 핵무기가 20개에서 40개 정도 있다고 하면, 지금 동결이 유의미한가 하는 지적도 있는데요.

문정인　유효하지요. 핵 시설 가동을 동결하면 더 이상의 핵탄두 생산은 불가능하기 때문입니다. 동결을 가볍게 보아서는 안 됩니다. 북한이 아예 처음부터 핵무기 자체를 검증 가능하게 폐기하겠다고 나오지 않는 한 동결 순서를 먼저 밟아야 하겠지요.

홍익표　어쨌든 빠를수록, 협상이 빨리 진행될수록 우리한테 유리한 거죠.

문정인　하여간 북한이 하나라도 더 만들면 우리가 치러야 할 비용이 늘어나요. 해커 박사도 예전과 입장을 바꿨어요. '우선 중요한 건 노 유즈(no use), 핵무기를 실전 배치 못하게 하는 거다' 북한이 안전 관념이 아직 부족해서 다루다 사고가 날까봐 그게 더 걱정이라는 거예요. 그 다음에 프리즈(Freeze), 동결이지요. 그러고 나면 롤 백(roll back), 과거 상태로 돌리는 거고 최종적으로 협상을 통해서 비핵화를 하자는 거죠. 이게 바람직하고 합리적인 의견입니다.

5 대 1 구도 실패한 6자회담

김치관　북핵 문제 해결을 위해 예전에 구성했었던 6자 회담 틀은 여전히 유효할까요?

홍익표　북핵 문제 해결에는 북미, 미중, 북중, 남북 등등 양자 회담은 물론이고 다양한 형태의 다자 회담이 병행되어야 합니다. 6자 회담에 대해서는 10년째 가동이 안 되면서 다소 회의적인 입장도 존재하는 게 사실이지만, 그나마 구성했던 행위자들 모두가 합의했던 유일한 다자 틀이죠. 그래서 아직도 유효하고, 활용하고자 한다면 충분히 다시 가동할 수 있다고 봅니다.

문정인　100퍼센트 동의해요. 기본적으로 9.19 공동성명은 내 생각에는 2차대전 이후에 이 지역에서 만들어 낸 최고의 외교적 합의예요. 사람들이 9.19 공동성명 내용을 잘 몰라서 그 가치를 제대로 인식하지 못합니다. '첫째, 북한은 핵을 포기한다. 둘째, 미국은 북한을 인정해주고 평화 공존하고 북에 대해 적대적 의도를 갖지 않고 관계 개선을 하겠다. 세 번째, 이 두 가지 조건이 만족되면 북한을 제외한 나머지 다섯 국가들은 북한에 대해서 에너지와 경제적 지원을 하겠다. 네 번째, 별도의 포럼을 만들어서 당사국들이 한반도 평화를 논의해 가겠다. 그리고 잘되면 동북아의 다자 안보 협력 체제를 만들겠다' 총론이 이런 건데 훌륭하죠. 이제 이걸 각론을 만들어 가면 되는 겁니다. 북한 핵 문제는 동북아의 지역적 맥락과 떨어져서 생각할 수 없는 문제이고 그런 점에서 9.19 성명은 여전히 유효하다고 봅니다.

또 이런 문제를 생각해볼 필요가 있어요. 북핵 문제를 풀 때는 북한에 대해서 일정한 인센티브를 줘야 할 것 아니에요. 그럼 결국에 한국은 물론이고 중국, 일본, 러시아가 나서서 도와줘야 하는데 그들이 6자회담에 참여하지 않고 발언권이 없다면 돈을 내겠어요?

마지막으로 궁극적인 문제는 북한의 비핵화를 넘어서 한반도의 평화, 동북아의 전략적 안정이 우리의 최종 목적이라고 하면, 결국 유관 당사국인 6개국이 다 함께 논의하고 합의를 이끌어 내야 해요. 6자회담은 결코 무용한 게 아니죠.

홍익표 　재미있는 사실은 역사적으로 보면 이 6자회담은 누가 주도했는지 아시죠. 이거 미국이 하자고 그랬거든요. 부시 정부 가. 처음에는 북한이 소극적이었습니다.

문정인 　미국이 5 대 1 구도를 만들려고 했던 거죠.

홍익표 　5 대 1을 만들려고 했는데, 그 당시 참여정부 시기라 미국 생각대로 잘 안되고 얼추 3 대 3, 내지는 4 대 2로 도리어 미국과 일본이 고립되는 양상 비슷하게 흘러가니까, 그 때부터 미국이 흥미를 잃었던 겁니다. 그래서 저는 다자 회담이라는 게 어떻게 운영하는지에 따라서 내용과 기조가 바뀐다고 생각해 요. 특히 우리 하기에 따라서.

김치관 　북핵 문제에 대한 얼개는 거의 잡혀간다고 보는데, 마 지막으로 궁극적인 한반도 비핵화, 동북아 비핵화는 가능한가, 그 전망을 살펴보겠습니다.

홍익표 　저는 기본적으로 한반도 비핵화는 가능하다는 입장 입니다. 역사에 대한 낙관주의라고도 할 수 있지만 우리의 미래 는 스스로의 확신이나 신뢰가 있어야만 개척할 수 있습니다. 미국을 비롯한 소위 빅 파이브가 NPT 체제를 유지하기 위해서 라도 한반도 비핵화가 자신들의 이익에도 부합하거든요. 그러니까 우리가 설득을 해간다면 국제 사회의 협력도 이끌어 낼 수 있다고 생각해요.

핵 없는 동북아는 가능한가?

김치관　　홍 의원님은 더 나아가서 동북아 피스 존 구상도 제시했었죠?

홍익표　　피스 존이라고, 한반도 비핵화를 넘어서 동북아 비핵 지대 개념에 가까운 구상입니다. 한반도 지역에서 단계적으로 북한 핵의 동결, 폐기, 그 다음에 완전한 비핵화까지 이루어지는 과정에서 한반도를 포함한 동북아 지역에 단계적으로 모든 핵무기의 배치나 이동, 반입을 금지하는 것은 물론이고 기존 핵무기의 철수까지 6자회담에서 논의할 수 있다고 생각합니다. 한반도는 물론이고 일본, 그 다음에 중국의 일부 지역, 러시아 극동 지역까지 범위를 확대시켜 나갈 수 있겠죠. 이렇게 해서 이 지역에 좀 더 항구적이고 실질적인 평화를 정착시키는 방안을 모색해 가자는 겁니다.

문정인　　한반도 비핵화는 당위의 문제지 선택의 문제가 아니라고 봐요. 비핵화를 가능하게 만드는 게 우리에게 주어진 역사적 책무예요. 한반도에 핵이 존재한다면, 칼로 흥한 자 칼로 망한다고, 우리 모두 핵으로 망할 수 있어요.

그리고 핵확산금지조약, NPT 체제라는 건 엄격하게 보면 실패한 거예요. 핵을 가진 기득권 국가를 옹호해주는 체제로 변질됐기 때문이지요. NPT에 의해서 핵무기가 단 하나라도 감축된 사례가 없거든요. 미국과 소련 사이에 전략 핵무기 감축 협상을 통해서 양자 협의로 감축한 사례가 있을 뿐이지, NPT의 역할이 하나도 없죠. 반면에 NPT 체제가 있는데도 인도, 파키스탄, 이스라엘이 핵무기를 갖지 않았습니까. 핵확산금지조약의 한계를 보여 주는 거죠. 그래서 지난 2017년 오스트리아, 브라질 등 몇몇 나라들이 주도해서 새로운 유엔 핵무기금지조약(Nuclear Ban Treaty)을 채택했습니다. 193개 회원국 가운데 122개국이 찬성했지만 한국을 포함해서 미국의 동맹 국가들은 다 반대를 했어요. 이건 엄청난 넌센스죠. 북핵을 문제 삼으면서 핵무기 금지 조약에 반대하다니.

김치관　　한국이 국제 사회에서 위선적인 행태를 보인 셈이네요. 북한이 핵을 가지고 있기 때문에 불균형이라는 이유로 조약에 가입하지 않았다지만, 사실상 미국 눈치를 본 거겠죠. 한반도에 핵이 있기 때문에 당연히 가입해 놓고서 핵 폐기를 주장해 나가야 하는 건데….

문정인　그러게 말이에요. 그 다음에 동북아 비핵지대화 논의는 동북아 다자 안보 협력 체제하고 같이 풀어야 할 문제예요. 이 지역에 이미 미국, 중국, 러시아는 핵무기를 가지고 있고 다른 나라들은 안 갖고 있는데 어떻게 비핵지대화가 되느냐, 이런 문제가 생기지요. 그래서 동북아 비핵지대화 조약을 채택하게 되면 핵보유국과 비보유국들이 동시에 참가할 거 아닙니까? 미국, 중국, 러시아 등 핵 보유국들은 비보유국들에 대해 결코 핵무기를 사용하지 않겠다는 것을 조약을 통해 담보하고 반면에 남북한과 일본, 몽골은 핵무기를 갖지 않겠다고 약속하는 것이지요. 이는 동북아 다자 안보 협력이라는 큰 틀에 풀어나가야 하는 것이지요. 여기서 더 발전하면 홍 의원님이 얘기한 동북아 평화존으로 나가겠죠.

제 희망은 우리 정부가 이런 정책을 앞서서 제기하고 나가야 해요. 한반도에서 먼저 핵 문제를 모범적으로 해결하면 우리가 도덕적으로 제일 우위에 서게 되는 거니까 명분도 충분합니다.

김치관　그러려면 아까 말했던 유엔 핵무기 금지 조약부터 가입해야겠네요.

홍익표　그렇죠. 기존 핵 보유국들이 참여하지 않아서 부정적으로 얘기하면 하나마나한 조약일 수도 있는데, 그렇지만 선언적 의미라도 NPT보다 진전된 조약이므로 우리도 적극 동참해야 명분이 쌓이고 한국의 외교적 발언권이 높아지는 건데, 미국이 반대하니까 따라간 건 아쉽죠.

문정인 교수님도 자주 말씀하듯이 한국이 이제는 중견국 외교를 해야 합니다. 그동안 지나치게 동맹 외교에만 매달렸습니다. 국제 사회에서 한국이 인권, 민주주의, 평화, 탈핵 이런 가치를 기준으로 국제 문제에 동참하고 풀어가는 그런 중견국 외교를 적극적으로 모색해 갈 시점입니다. 그래야 국제 사회의 존중과 신뢰를 받는 나라가 되지 않겠습니까.

2장·김정은 위원장과 북한의 개혁개방

김치관　　한반도에 드리운 가장 긴급하고 어두운 먹구름이라서 북한 핵문제를 먼저 다루었지만, 크게 보면 군사안보 문제는 남북한이 어떻게 상호 공존하고 협력하며 평화롭고 안전하게 살아갈 것인가 하는 과제의 일부분이겠죠. 남북의 평화 공존을 위해서는 북한 사회에 대한 이해가 필수적입니다. 북한 정권 성립부터 살피자면 너무 먼 이야기가 되겠고 고난의 행군 시기부터 시작해보는 건 어떨까 합니다. 현재의 김정은 위원장 체제의 성격을 설명해줄 수 있는 출발점이기도 하니까요.

북한 역사에서 가장 위기의 시기

문정인　　고난의 행군이 전임 김정일 위원장 시절 1994년부터 1999년 초까지 오년 정도인데, 북한에 수십만 명의 아사자가 생겨나고, 경제 사회적으로 너무나 어려웠지요. 선군정치는 어찌 보면 고난의 행군의 산물입니다. 오늘의 북한을 이해하는 데 가장 중요한 포인트라고 할 수 있지요.

북한은 1994년 고난의 행군을 시작하면서 당·국가 체제가 무너져 버렸어요. 조선노동당이 사실상 무력해지고 전 세계에서 유례를 찾아볼 수 없는 군에 의한 특이한 통치 형태가 들어섰습니다. 김정일 위원장이 내부 통제를 강화하고 변칙적인 통치, 선군 노선으로 갈 수밖에 없었던 것은, 식량난 등 내부 사정도 있지만, 1991년부터 미 CIA를 중심으로 북한 체제 붕괴론이 나오기 시작하고, 1994년 김일성 사망으로 아예 3년 이상 견디지 못할 거라는 관측이 분분하던 외부 상황도 무관하지 않습니다. 그런데, 지금 와서 살펴보면 어쨌든 고난의 행군을 통해서 김정일 위원장은 위기를 나름대로 극복한 셈입니다. 한국전쟁기를 제외하면 북한 역사에서 가장 큰 위기의 시기가 고난의 행군 기간입니다. 안팎의 도전이 상당히 많았는데 이걸 어느 정도 극복하고서 2000년 남북 정상회담을 할 수 있었던 거죠. 그 뒤로도 2011년 사망하기까지 경제적 어려움은 줄곧 있었지만, 김정일 위원장은 정치사회적 안정을 유지했기에 아들 김정은 위원장에게 권력을 물려줄 수 있었습니다.

이렇게 보면 북한 사회에서 김정은 위원장이 최고 통치자로 등장한 건 상당히 큰 변화예요. 가장 큰 변화는 무엇보다 군에 의한 변칙적 통치에서 다시 당 중심 체제로 돌아간 겁니다. 물론 이건 김정일 위원장 대에 이미 주요한 조치를 취해 놓은 덕분이기는 하지만 군 중심 체제에서 당 중심 체제로 바꾸고, 군을 당의 통제하에 두는 일련의 과정이 원만하게 이뤄졌어요. 그 다음

경제 부문도 이전 시기에 비해 체계적으로 발전하기 시작했고, 경제 제재 속에서도 대외 경제 관계, 중국과의 경제 관계를 심화시켜 나갔습니다.

홍익표 고난의 행군 시기는 사실 북한 사람들의 인식에도 큰 변화를 주었습니다. 제가 2007년에 남북경제협력추진위원회 회담 대표단으로 평양을 방문해 고려호텔에 머물 때 객실에서 TV를 켰더니 〈자강도 사람들〉이란 영화를 방영하더군요. 고난의 행군 당시 피해가 제일 컸던 지역이 자강도 일대였는데, 바로 그 시기의 자강도를 배경으로 한 영화였어요. 식량을 구하러 추운 겨울에 나무 밑을 파헤쳐 이탄이라는 걸 캐내더라고요. 죽은 나무뿌리가 탄화되기 직전 상태니까 한마디로 좀 부드러운 석탄 덩어리라고 생각하면 될 겁니다. 당시 주민들이 그걸 옥수수와 섞어 끓여서 식량 대용으로 삼는 모습, 이 작업을 하러 갔던 주민 한 분이 동사하는 장면이 나와요. 예전 같으면 북한은 이런 참혹한 현실을 감추기에 급급했을 거예요. 그런데 고난의 행군을 거치면서, 뭐랄까, 더 이상 이런 일을 은폐하지 않고 솔직히 공개하고 드러내기 시작했다는 거죠. 북한 사회 변화의 상징적 단면입니다.

실제로 북한 주민들은 이전까지 국가가 책임지던 배급 시스템이 정상적으로 작동하지 않자 먹고사는 문제를 어느 정도는 스스로 해결해야 할 수밖에 없는 상황에 부딪쳤습니다. 우리가 흔히 시장화를 이야기하지만 북한에서는 이런 시장 시스템이 어떤 제도적 변화로 온 게 아니라 생존적 충격으로 왔던 것이지요. 그래서 북한 사회의 변화는 동유럽이나 중국의 체제 전환과는 좀 다른 방식을 걷고 있다고 저는 봅니다. 영리 활동 목적보다는 생존을 위해 자연발생적으로 시장이 도입되어서 이념투쟁이 크게 벌어지지 않았던 셈입니다.

김치관　　일부 논쟁이 있었긴 한데, 다른 사회주의 국가들처럼 시장 경제로 가느냐 마냐 하고 대대적으로 사상 투쟁을 했던 건 아니죠. 이미 발생한 현실을 어떻게 수용할 것인지를 당과 국가가 고민하고 관리하는 양상으로 진행되었다고 할 수 있겠죠.

문정인　　내부 진통을 덜 겪었다는 점은 확실한데, 북한 사회 전체의 발전은 더뎌진 측면도 없지 않죠.

탈북자 대부분은 사실상 계절적 이민 노동자

홍익표　　고난의 행군 시기는 일종의 전시경제라고도 볼 수 있겠죠. 보통 전시경제 때는 배급제를 하는 것이 일반적인데, 북한에서는 반대로 배급제가 무너진 거니까 아주 독특한 케이스입니다.

이런 환경에서 북한 변경 지역을 중심으로 중국과의 활발한 경제 교류가 생겼고. 이게 지금까지도 명맥이 이어집니다. 자발적인 생존 차원의 경제 교류라 제재로 막기 어려운 부분이죠. 중국 속담에 '위에 정책이 있으면 아래에는 대책이 있다'는 상유정책 하유대책(上有政策 下有對策)이란 말이 그것이죠.

많은 분들이 왜 중국이 제재에 동참하지 않느냐고 얘기하는데 중국은 사실상 이미 제재에 상당부분 동참하고 있지만, 접경 지역에서 이뤄지는 경제 교류는 우리가 생각하는 법과 제도로 설명하기 어려운 중국 인민들과 북한 주민들의 삶의 현장이라 완전한 금지가 불가능합니다.

김치관　　이런 상황에서 새로운 경제로 자율적인 전환이 이뤄지는 시기에 탈북자들이 많이 생겨난 것이군요.

홍익표　　그래서 탈북자의 상당수는 정치적 탈북이 아니라 생존적 탈북입니다. 돈 벌러 넘어왔다가 이러저러한 상황에 엮여 고향으로 돌아가기 어려워지면서 탈북자가 된 케이스입니다.

문정인　　고난의 행군 시기에 중국 변경 지역에 적게는 오만에서 많게는 이십만 명에 이르렀습니다. 그런데 그 분포를 조사해 보면 대부분 함경도 지역 사람들이고 사십대 이상 여성들이 거의 70% 이상을 차지해요. 이건 완전히 생계형이라는 뜻이죠.

유엔 인권 기구나 국제 사회에서 탈북자 북송 조치에 대해 문제를 들고 나올 때 중국 정부가 강하게 나갔던 이유가 이겁니다. 정치적 망명도 아니고 계절적 이민 노동이라는 입장이었죠.

홍익표 어쨌든 북한이 고난의 행군 시기는 잘 넘겼다고 봅니다. 김정일 전 위원장 최후의 공적이라는 평도 있습니다. 진영 논리가 무너져 국제적으로 고립된 시기였는데 스스로의 생존을 위해 안간힘을 다해 대외적으로는 핵개발, 정치적으로는 선군 노선, 경제에서는 자구적으로 부분적 시장화가 이루어진 셈입니다. 경제의 큰 부분 그러니까 중공업이라든지 철강, 석탄, 운송, 금속 이 4대 선행 부분은 국가적 에너지를 투입하면서 관리하고 나머지는 주민들 스스로 살아갈 여지를 허용한 것입니다. 북한식 표현으로 '큰 것은 잡고 작은 것은 풀어주면서' 생존 시스템이 만들어진 거죠.

문정인 대외 경제는 1990년대 중반까지만 해도 일본과의 경제 협력의 비중이 매우 컸었는데 일본이 납치 문제로 1995년 이후 사실상 문을 닫으면서 그 빈 공간을 남북 경협이 채웠죠. 1990년대 후반부터는 남북 경협과 북중 경협 두 축이 대외 경제의 중심을 이루죠.

김정은 위원장은 제2의 덩샤오핑인가?

홍익표   김정은 위원장에게 아버지 김정일 전 위원장이 물려준 가장 큰 선물은 최소한 불확실성을 상당부분 제거하여 통치 기반을 확고하게 만들어준 거라고 봅니다. 김정일 시대가 위기관리 체제라면 정상화된 국가 발전 단계에 이르러 김정은 위원장 체제가 시작된 겁니다. 제가 만난 평양 주재 외국 대사 몇 분의 견해를 들어봤는데 북한 경제가 매우 빠르게 활성화되면서 과거 어느 때보다 분위기가 좋다고 합니다. 김정은 위원장 체제가 상당히 안정적으로 확고하게 자리 잡았다는 것이 공통 의견이더군요.

김치관   고난의 행군 시기를 극복하면서 북한이 변화하기 시작한 것인데, 더 시각을 넓혀서 김정일 위원장 때부터 현재 김정은 위원장 시대까지 북한의 개혁개방은 어떻게 진행되었고 현재 어디에 도달했는지 짚어보도록 하겠습니다.

문정인   2000년 남북 정상회담 때 특별수행으로 갔었는데, 전경련 회장단 등 우리 쪽 기업인들과 북한의 대남 민간 경제 협력을 맡고 있는 민경련(민족경제협력연합회) 대표들하고 간담회를 갖는 자리였어요. 남쪽 인사들이 '북한도 개혁개방을 해야 하지 않느냐' 이렇게 말하니까 저쪽 답변이 '그거 그런 표현 쓰지 마십쇼. 개혁개방이란 표현 왜 쓰십니까' 하면서 싫어하는 거예요. 현대화라는 말도 있고 다양한 표현이 있는데 왜 굳이 개혁개방이라고 하냐는 거죠.

홍익표   1990년대 초중반에 내부 논쟁을 거치면서 개혁개방이란 말은 북한사회에서 일종의 금기어가 된 것 같습니다. 대신 현대화, 경제관리 개선, 과학화 등 다양한 표현으로 자신들의 변화를 설명하고 있고 실제로 이 내용을 보면 중국이나 여타 사회주의에서 발생한 자본주의적 요소, 시장화 요소를 부분적으로 내재하고 있기도 합니다.

문정인   아무튼 북한 인사들은 싫어하지만, 우리 표현대로 개혁개방 차원에서 살펴보면, 내부 변화는 생각보다 적지 않아요. 2002년 7월 1일 발표한 이른바 7.1조치에 의해서 기업에서는 책임 경영제, 식량 생산에서는 포전제를 제도적으로 도입했고 그에 따라서 북한 경제의 다원화 구조가 생겨납니다.

김치관   포전제는 기존의 집단농장제로 인한 생산성 저하를 극복하기 위한 조치였죠. 기존에 세 가구에서 다섯 가구 단위로 묶은 분조 관리제보다 규모를 더 세분화 해서 3~5명 단위로 경작지를 나눠주고 생산물 중 일부만 국가에 내고 나머지는 자율적으로 처분할 수 있게 만든 거죠.

문정인　　그렇죠. 그래서 북한 경제 내부에 기본으로 인민경제가 있고, 제3경제인 장마당이 생기기 시작하고, 다음에 또 암시장이 생기죠. 국가 비통제 부분의 경제가 활성화 되려면 돈이 돌아야 하는데, 그래서 돈주라고 하는 게 만들어지고 돈주 중심으로 해서 부동산 투기, 다른 고가품에 대한 투기 현상도 생기죠. 이런 것들이 북한식 시장 경제를 점차 활성화시키는 결과를 낳고 있어요. 학자들에 따라 수치가 다르긴 하지만 많이 보는 사람들은 민생 경제의 70%를 이런 국가가 통제하지 않는 부문에서 담당한다고 보거든요.

2년 전 여름에 평양에서는 대동강 맥주 축제가 열렸어요. 거기 와서 맥주 마시고 즐기는 사람들 열에 아홉은 외국인이 아니라 북한 젊은이들이라는 거예요. 구매력이 있는 계층이 생긴 거죠. 그만큼 그 사회도 빈부격차가 발생하고 있는 것입니다.

북한 체제가 개혁개방이라는 표현은 쓰지 않지만 자연스럽게 그쪽으로 가고 있다는 것은 2014년 김정은 위원장의 신년사에서도 확인할 수 있어요. '경제는 내각의 통일적 지도력 하에서' 움직여 나가라는 말이 나옵니다. 이게 뭘 뜻하는가 하면, 전에는 북한 경제가 너무나 정치화되어 있었거든요. 국방위원회, 당 행정부, 내각 대외경제위원회가 서로 경쟁적으로 대외 경제 활동에 관여하고 있었어요. 이런 식으로 지휘 체계 자체가 상당히 혼란스러웠지요. 김정은 위원장이 그걸 내각 중심으로 통일시켜 버린 겁니다.

홍익표　　북한의 변화는 없던 것들이 새롭게 만들어졌다기보다는 기존에 있던 자원들이 적재적소에 순환되지 못하면서 나타난 부작용을 시장을 통해서 해소해 나간 것 같아요. 예를 들면, 양강도나 자강도는 전통적으로 식량이 모자란 지역이죠. 또 반대로 식량이 괜찮은 지역도 있어요. 과거에는 이 지역별 격차도 해소하지 못했던 거죠. 그런 문제점을 부분적으로 시장을 통해서 해소하고 있는 게 하나라면 또 다른 측면에서는 북한 경제의 기초 체력이 생각보다 강하다는 점이 있어요.

기초 체력이란 건 역시 기초 과학기술이나 핵심 기술이라고 할 수 있는데. 그게 핵무기나 로켓에서 나타났듯이 상당한 수준입니다. 그런 저력이 군경제에서 인민경제 부분으로 전환되기 시작하면서 힘을 발휘하는 듯합니다. 예를 들자면 첨단과학 기술을 가지고 군대 물품 제조하던 기업들이 인민경제 쪽으로 참여하면서 성과가 나고 있습니다.

핵 · 경제 병진 노선의 양면성

김치관　　역설적이지만 핵무기와 경제 병진 노선이 어느 정도는 실제로 가능하게 되었단 말이군요. 핵무기 보유에 따라 재래식 무기에 대한 투자가 상대적으로 줄어든 원인도 있겠죠.

홍익표　외국 전문가들은 핵·경제 병진노선이 잘 안 될 거라고 했지만, 내부적으로는 상당히 설득력이 생긴 상황이라고 봅니다. 국제 제재로 인한 타격이 좀 문제가 되긴 하는데, 북한은 사실 제재에 너무 익숙한 체제예요. 한국전쟁 때부터 제재가 시작됐기 때문에 한 번도 제재를 받지 않고 지냈던 적이 없죠. 제재 수준이 강화되고 좀 약화되고 차이가 있을 뿐이죠. 그래서 국제 사회에서의 제재가 북한의 기회를 약화시키는 효과는 있을지 몰라도 근본적으로 북한의 변화나 경제 발전을 가로막을 정도의 위력은 발휘하지 못한다고 생각합니다.

문정인　북한은 개혁개방 하고 싶죠. 그런데 국제 제재가 막고 있는 역설적인 상황입니다. 우리가 원하는 건 북한이 개혁개방을 하고, 시장경제가 돌아가고, 시민 사회가 생기고, 그래서 정상 국가가 되었으면 하는 거 아닙니까. 그런데 유엔과 미국의 경제 제재라는 건 북한의 개혁개방을 차단하고 훼방 놓는 결과를 가져오지요. 그러기 때문에 대북 제재가 능사는 아니고 보다 신중하게 생각할 필요가 있어요.

북한이 개혁개방을 원한다는 가장 중요한 증거가 경제 특구죠. 개성, 신의주, 나진·선봉 등 22개나 되는 경제 특구를 지정하고 활성화 시키려고 진즉부터 노력했는데 국제 제재 때문에 요원한 상황이죠.

김치관　예, 당장은 북한에 고통을 주기는 하지만, 제재 효과는 양면적일 수 있다는 뜻이네요. 이미 제재에 익숙한 체제라 근원적인 효과도 없고, 길게 보면 오히려 북한의 개혁개방과 정상화를 가로막아서 문제를 더 장기화하는 것일 수도 있겠군요. 현재 국제 경제 제재로 북한이 느끼는 고통은 어느 정도인가요?

문정인　재작년까지만 해도 불편함을 느끼는 정도였는데, 2017년부터는 상당히 어려움이 있는 것 같아요. 북쪽 언론 보도에서도 제재 때문에 죽겠다는 얘기가 공식적으로 나오니까요. 그러나 북한 경제의 사활을 좌우할 정도는 아니죠.

국제 제재가 가장 성공을 거둔 건 이란이라고 보통 얘기를 해요. 왜 효과가 컸는지 살펴보면, 이란은 샤(shah) 왕조 시절에 이미 시장경제가 들어와 상인들 중심으로 상당한 정도의 중산층이 형성되어 있었죠. 그런데 미국을 포함한 서방권이 핵 문제 관련해서 제재를 가하니까 중산층이 상당히 어려움을 겪기 시작하면서 국내의 정치적 압력이 나타납니다. 결국 이란 주민들이 리버럴 성향의 하산 로하니(Hassan Rouhani)를 대통령으로 선출합니다. 이란의 경험에 비춰보면 북한도 제재가 효과를 발휘하려면 시장경제의 혜택을 보는 중산층들이 생겨야만 하는데 아직까지 북한에 그런 계층이 존재하지 않는 상태죠.

그 다음 홍 의원 말씀처럼 북한이 1950년 한국 전쟁 발발 이후 계속 제재를 받아왔기 때문에 외부 압박에 대한 내구성이 엄청 난데 거기에는 과학기술의 역할도 큰 거 같아요. 최근 로동신문에는 '제재로 인한 경제적인 어려움을 극복하기 위해 과학 부문에서 해법을 제시하라'는 사설이 자주 등장합니다. 예를 들어 석유 수입을 막으니까, 북이 많이 갖고 있는 게 석탄이잖아요, 석탄을 액화 시키는 기술을 만들어 낸 겁니다. 생필품에서도 북한은 한때 가공식품의 90%를 중국에서 들여왔었는데, 최근 몇 년 사이에 가공식품, 통조림 등을 전부 다 자체로 만들어 수입을 대체하고 있어요. 건물에 들어가는 패널, 건자재 같은 것도 제재 대상 품목이 되니까 거의 다 국산화했지요.

이런 것들이 원래 미국이 생각한 제재의 효과를 상당히 상쇄시키는 거죠. 그러나 제재가 길어지면 북한이 점점 더 어려워지는 건 당연합니다. 문제는 이런 것이 우리에게 꼭 좋으냐, 그렇지 않을 수 있다는 거예요. 북한 내부 변화를 지체시키고, 만일 제재의 결과로 정치적 불안정이 발생하면, 쥐도 몰리면 고양이를 문다는 말처럼 군사적 돌출 행동이 나올 가능성도 배제할 수 없지요.

제재의 목표는 비핵화인가, 북한 붕괴인가

홍익표　제재가 효과가 없다는 건 아니고 하다못해 북한이 뭔가를 시도해 보려는 기회 자체를 차단하는 역할을 합니다. 그래서 북한을 불편하게 할 수는 있지만 그런 불편함이 우리가 생각하는 비핵화라든지 북한 권력의 붕괴나 체제 전환을 도모하기에는 그다지 유효한 수단이 아닙니다.

미국의 한 경제학자가 이라크 제재에 따른 경제적 효과를 분석하면서 시사점을 정리했어요. 제재는 단기적이어야 한다. 장기화 되면 효과가 떨어진다는 거죠. 두 번째로 제재를 할 때에는 목표가 분명해야 한다. 그리고 세 번째는 제재의 효과를 높이려면 일방 피해가 아니라 쌍방에게 피해가 가는 제재여야 한다는 거예요. 그래야만 진짜 효과가 발생한다는 거죠. 문제는 북한과 제대로 경제 협력을 하고 있는 나라가 없어요. 중국 빼놓고는. 그러다보니 제재를 가해도 우리한테 피해가 없다는 건, 북한에게 미치는 영향력도 크지 않다는 뜻이에요.

지금 상황은 한마디로 북한 제재의 목표가 불분명해요. 비핵화가 목표인지 북한 체제의 붕괴가 목표인지, 사람마다 의견이 달라요. 분명한 것은 제재를 통해서 북한을 비핵화하거나 붕괴시킬 수는 없다는 겁니다. 제재는 단기적으로 북한을 대화 테이블로 끌어오는 하나의 수단 정도로만 유효하다고 봐요. 그 다음 단계부터는 비핵화로 가는 로드맵에 따라서 북한에도 인센티브를 주면서 이끌어가야 합니다.

문정인　국제 제재를 주도하는 미국조차 목표가 제대로 서지 않았어요. 최대한의 압박을 통해 비핵화 협상에 나오지 않을 수 없게 만들겠다는 생각과 체제 붕괴 가능성도 엿보자는, 일종의 두 개의 그물을 쳐놓은 거죠. 사실은 이도 저도 아닙니다. 그런 식으로 이중적 계산을 하면 북한 입장에서는 당연히 후자를 경계하죠. 말은 협상하자고 그러면서 기본적으로 체제를 뒤흔들려고 하는 거 아니냐, 경계하면서 제재 그 자체를 적대 행위로 보는 거예요.

홍익표　내부 경제는 제재 시스템에 적응하면서 부분적으로 나아진 측면이 있는 것 같아요. 반면에 경제의 또 하나의 축인 대외 경제 협력 부문은 제재의 직격탄을 맞고 있죠.

일단 제재가 안 먹히는 가장 큰 이유는 북한이 먹고사는 문제는 기본적으로 거의 해소했거든요. 농업 생산량이 고난의 행군 시기처럼 굶어 죽거나 영양실조로 고통 받을 상황이 아니기 때문에, 없는 건 없는 대로 불편하게 살 뿐이죠. 종적으로 이전 시기와 비교해보면 그런데, 반면 횡적인 비교를 해보면 제재가 효과가 있죠. 아까 말씀드린 것처럼 북한이 지금보다 훨씬 더 경제적으로 발전할 여지가 있음에도 불구하고 그런 기회 자체를 차단한다는 측면에서 제재의 효과는 발생합니다. 그러나 이것이 북한이 핵을 포기하고 개혁개방을 하도록 강제할 정도는 아니고 오히려 그 시간을 더 지체시키는 역효과도 낳고 있습니다.

문정인　지난 정권에서 그런 얘기를 많이 했죠. "북한이 고통을 느끼게 만들겠다." 무슨 새디스트, 가학주의자들 같아요. 북한 주민들이 고통을 받아야만 주민과 지도자 사이에 간극이 생기고 이런 것들이 북한에 변화를 가져온다고 생각하는 모양인데, 북한 사회 체제 자체에 대한 이해가 부족한 단견입니다.

홍익표　단기적으로는 당근과 채찍이 다 필요하겠지만, 북한 사회의 근본적 변화는 채찍만으로는 힘들죠. 해외에서 북한 동포 지원 사업을 하는 분의 이야기를 들어보니까, 예전에는 북한을 방문할 때 주로 중국에서 물건을 잔뜩 사서 고아원에 전달했는데 요새는 평양 슈퍼에 가면 얼마든지 살 수 있어서 그렇게 안 한다고 하더군요.

문정인　1979년에 덩샤오핑이 개혁개방으로 갈 때와 베트남에서 도이모이(doimoi)*를 시작할 때는 다 공통점이 있어요. 미국과 수교하거나 관계가 개선된 시점이지요. 미국이라는 안보 위협이 불식될 때 비로소 안심하고 개혁개방을 추진한 겁니다. 결국 북한이 느끼고 있는 안보 및 체제 위협을 해소해야 북한도 개혁개방을 단행할 수 있을 겁니다.

● 1986년 베트남 공산당 제6차 대회에서 제기된 개혁개방 정책 슬로건으로, 도이(바꾼다)와 모이(새롭게)의 합성어.

홍익표 　미국의 수교 협상이 길면 10년 걸려요. 빨리 진행이 안 돼요. 베트남도 그랬어요.

문정인 　미중 양국 관계를 정상화하겠다는 상하이 코뮈니케가 1972년 2월에 발표되었는데, 수교가 이뤄진 건 1979년 1월 1일 이니까 만 7년 걸렸죠.

홍익표 　그렇기 때문에 북미 간에 지금부터 관계 정상화 트랙과 비핵화 트랙이 같이 굴러가야 합니다. 북한이 미국한테 뭘 원하지 않아요. 다른 나라하고 협력해서 잘 살 수 있는 걸 미국이 방해만 하지 않았으면 좋겠다는 거예요. 사실 미국이 북한에게 다른 큰 지원을 할 걸로 보이지는 않습니다. 북한도 기대하지 않고요.

기존 남북 경협 방식의 문제점

김치관 　생각보다 북한 내부 변화가 크고 여기에는 과학기술의 발전도 상당히 기여한 거라면, 향후 남북 경제 협력에서도 이런 점은 우리가 보다 적극적으로 고려해야 하겠습니다.

홍익표 　경제학자나 기업인들이 대한민국의 경험을 가지고 자꾸 북한에게 과거 우리 경제 개발 방식을 권합니다. 경공업부터 시작해서 수출을 늘려가라는 등의 조언을 하는데 북한은 그걸 받아들일 생각이 없어요. 그건 1960~1970년대에나 가능했던 거고, 2000년대는 그런 시기가 아니라는 거죠. 북한의 계획은 김정일 전 위원장 시대부터 나왔던 '단번 도약론'입니다. 과학 기술 분야에 대해서 국가 역량을 적극 투입하여 단계를 훌쩍 뛰어넘겠다는 생각입니다.

김치관　　중단되기 전에 개성 공단을 가보아도 느낌이 예전 우리 구로공단을 깔끔하게 확장해 놓은 정도 아닌가 싶더군요. 일하는 사람들이 납땜하고, 등산화 꿰매고, 본드 바르고 있고 이런 느낌인데, 그런 식의 경제 협력이 요즘 시대에 유효한 건지 의문이 들죠.

문정인　　개성 공단에 대해 남북이 서로 이견이 있는 게, 남한은 북한 경제를 상당히 우습게 본 측면이 있어요. 단순 노동이나 노동 집약적인 산업 같은 건 남쪽 도움이 없어도 된다, 첨단 기술 분야에서 우리하고 협력해야 된다, 우리가 인적자원은 되어 있다, 북한은 이 주장을 하는 거예요.

김치관　　아까 이야기 맥락을 조금 더 이어가보면, 북한은 제재가 풀리고 군사적 위협이 완화되면 개혁개방과 경제 발전을 이루고 싶은 꿈을 가지고 있습니다. 김정은 위원장이 이걸 해내면 북한의 덩샤오핑이 되는 셈인데요, 김정은 위원장이 과연 그 방향으로 나아갈 수 있을까요?

문정인 　김정은 위원장도 덩샤오핑 못지않은 독특한 리더십을 발휘할 수 있는데 그러려면, 결국 외부 여건이 개선되어야 합니다.

김정은 위원장의 현재 노선은 우리 식으로 얘기하면 부국강병이고, 그들 표현으로는 강성대국이거든요. 강성대국에서 강이라고 하는 건 핵무기 보유고, 성이라고 하는 경제를 발전시킨다는 뜻이겠죠. 하지만 문제는 국제 사회 현실에서 미국과 맞서면서 이 둘을 양립한다는 건 불가능하거든요.

김정은 위원장이 덩샤오핑이 될 수도 있으나, 미국으로부터의 군사적 위협이 지금처럼 지속되는 한은 결코 성사되지 않을 거고 그냥 할아버지, 아버지가 걸었던 외길로 갈 수밖에 없습니다. 김정은 위원장은 누구보다 이 사실을 잘 알고 있고 이것이 연초부터 북한이 적극적으로 남한과 미국에 대화 신호를 보낸 이유겠죠.

홍익표 　김정은 위원장에 대해 평가를 할 때 우리 사회에는 여전히 '삼십대 초반의 풋내기'라는 인식이 있는데, 이런 생각을 갖고 있으면 북한과 제대로 된 대화를 할 수 없지요. 아버지 김정일이 와병으로 제대로 통치하기 어려웠던 2009년 무렵부터 사실상 북한 지도자 역할을 했으니, 벌써 10년이 다 되어갑니다. 그 사이 상대한 다른 나라의 지도자를 따져보세요. 한국 대통령은 벌써 세 명째, 미국 대통령도 두 명째, 일본 총리도 두 명째 상대하고 있습니다. 10년 가까이 한 국가를 통치하고 관리하고 있는 지도자란 측면을 절대 과소평가해선 안 됩니다. 평양에 주재했던 많은 외국 대사들은 김정은 위원장의 리더십에 대해서 매우 높은 평가를 주고 있어요. 개인적 호오와는 별개로 인민들에게 비전을 제시하고 한 나라를 일관되게 끌어가는 리더십을 평가한 거죠.

문정인　모든 국가의 지도자는 국가와 국민의 생존을 담보하고, 번영을 촉진하고, 국제적 위상을 고양시키고. 내부적 단결을 추구하겠죠. 외교 전략도 이런 국익에 의해서 결정되는 것입니다. 합리적이라는 것은 김정은 위원장도 이런 점에서 특별히 다르지 않다는 뜻입니다.

3대 세습과 북한 사회 내부의 변화

김치관　그러나 한편으로 북한의 3대 세습, 권력 안정화 과정에서 일어난 장성택 처형, 아직 그 진상은 충분히 밝혀지지 않았지만 김정남 암살 사건 등 일련의 과정을 놓고 보면 여전히 북한 체제에 대해 우리 사회가 이해하기 쉽지 않은 게 사실입니다.

홍익표　우리 기준에서는 충분히 있을 수 있는 비판이죠. 그런데, 북한 사회 내부의 기준은 다른 점도 있습니다. 장성택 처형은 가장 가까운 친인척이라도 부정비리는 용납하지 않겠다는 경고의 의미가 있습니다. 우리가 싱가포르 리콴유(李光耀) 총리나 대만 장제스(蔣介石) 총통의 청렴함을 칭송하죠. 자기 자식이든 며느리든 부정부패가 있으면 엄하게 처벌한 점을 높이 평가했잖아요? 북한 〈노동신문〉이 장성택 재판과 처형 사실을 보도할 때, 평양시 건설 사업, 지하자원 수출, 나진선봉 지구 토지의 외국인 임대 등에서 막대한 부정부패를 저질렀다고 적시하면서 그의 군사재판 결과에 환호하는 북한 주민들의 반응을 실었단 말이죠. 이런 면은 우리 사회에 제대로 알려지지 않았어요.● 김정남 문제는 아직 객관적 사실이 전혀 밝혀지지 않았기 때문에 논평할 만한 사안은 아닙니다.

우리나라 사람들 정서에서 가장 이해하기 어려운 건 무엇보다 3대 세습이겠죠. 그러나 이 또한 우리의 관점입니다. 수령 국가 체제인 북한 시스템을 우리가 이해하기는 어렵지만, "너희가 틀

● 2018년 4월 13일 세종연구소에서 개최한 포럼에서 정성장 세종연구소 통일연구전략실장은 '김정은 시대의 숙청은 김정일 전 위원장 시대의 7%에 그치고, 김정은 위원장이 세습 권력을 공고히 하기 위해 고위 간부들을 숙청했다는 평가는 사실과 다르다'고 주장했다.

렸어"라고 할 문제만은 아니에요. 북한의 수령제와 후계 체제를 완전 부정하고 비판하는 방식이 남한 사회의 주류적 접근이라면, 현실적으로 북한의 정치 시스템을 인정하면서 그 과정에서의 문제점을 내재적으로 접근하는 방법도 함께 병행해야 합니다. 그런 관점에서 보면 북한의 수령제나 후계 체제 방식은 국가 존립의 위기 상황에서 사실상 전시 체제를 유지해온 북한의 입장에서는 불가피한 면도 있다는 것이지요. 그러나 가장 중요한 것은 현실적으로 이미 최고 지도자로 자리잡은 김정은 위원장을 우리가 대화 파트너로 인정할 수밖에 없다는 점입니다.

김치관 김정은 위원장이 적극적으로 개혁개방을 추진하려면 확고한 리더십이 필요한데, 과거 중국의 덩샤오핑의 공산당 장악력, 혁명 1세대로서의 오랜 경험 등과 비교한다면 리더십에 의문이 있을 수도 있지 않을까요?

홍익표 마오쩌둥 사망과 화궈펑의 실각 이후 중국의 실질적 지도자로 부상한 덩샤오핑은 개혁개방 초기에만 해도 절대적 권력자는 아니었습니다. 따라서 당시 덩샤오핑, 첸윈 등을 포함한 8대 원로들의 집단 권력 체제로 중요한 정책 방향을 결정했지요. 이에 비해 김정은 위원장의 경우 북한 특유의 수령제와 유일지도체제를 바탕으로 절대적 권력 체계를 구성했으며, 집권 초반에 장성택을 비롯한 당과 군부 내 여러 인사들을 숙청하여 권력 기반을 조기에 공고히 하였습니다. 덩샤오핑이 오랜 당 경력으로 당내 지지 기반을 형성한 반면, 북한의 경우 백두혈통 이라는 것이 최고 지도자의 권위 유지에 가장 든든한 배경이 된 다는 점을 감안하면, 김정은 위원장이 확보한 리더십이 결코 덩 샤오핑에 못 미친다고 생각하지는 않습니다.

사실상 포기된 통일전선 전략

김치관　　또 한가지 우리로서 경계를 늦출 수 없는 부분이 있는 데요. 김정은 위원장 시대에 와서 북한의 대남 전략에도 변화가 있는지 특히 통일전선 전략 같은 경우 여전히 유효한 상태인지 의문이 듭니다.

문정인　　형식적으로는 북한이 조선 노동당 규약 전문에 명시 하고 있는 통일전선 전략이 여전히 존재합니다. 아직 이 전략이 남아 있고 남한에 대한 군사적 우위에 서게 되면 다시 강화시 켜 나갈 가능성이 없지는 않죠. 바로 그런 점 때문에 최근 주한 미대사로 지명된 해리 해리스(Harry Harris)가 태평양 사령부 사 령관으로 재직하던 시절 미 하원에서 증언하면서 '북한이 핵무 기를 가진 이유는 결국 남한을 적화 통일하기 위한 것이다'라고 발언한 거죠.

하지만 이는 북한의 언술 구조를 너무 문자 그대로 해석한 것입니다. 1980년대 이후 북한의 패턴을 보면 상당히 방어적으로 변했어요. 통일전선 전략보다는 남한에 흡수 통일 당하지 않으려고 노력하는 흔적이 도처에서 엿보이지요.

통일전선을 중심으로 한 대남 전략은 냉전이 끝나면서 사실상 와해되었습니다. 통일전선 전략을 효과적으로 전개하기 위해서는 3대 혁명 역량* 강화라는 조건이 만족되어야 하잖아요. 그런데 지금 남한 혁명 역량, 국제 혁명 역량이 어딨어요. 북한의 통일 전선 전략에서 중요한 것은 지하당 조직 구축 등을 통해 남조선 혁명 역량을 강화하는 것인데 이러한 노력은 현재 제로인 상태지요.

김치관　　있긴 있는데 무의미한 수준이죠.

문정인　　쉽게 얘기해서 '간첩단 일망타진'이란 뉴스가 사라졌잖아요. 그리고 잡힌 간첩들 보면 대부분 국가보위부에서 파견한 한두 명, 그것도 탈북자들 동향 감시나 하는 수준이거든요. 과거에는 엄청난 예산을 쓰면서 공세적으로 남조선 혁명 역량 강화를 위해서 지하당 구축해보려는 노력이 있었거든요.

● 북의 혁명 역량, 남한 내의 혁명 역량, 국제 혁명 역량을 말한다.

홍익표　그건 확실한 것 같아요. 남북한 유엔 동시 가입 이후 우리는 중국, 구소련과 관계를 맺었는데 일본하고 미국은 북한과 그렇게 하지 않음으로 인해서 북한은 외교적으로 확실히 고립되고, 남북한 경제 격차도 크게 벌어졌죠. 남북 관계에서 수세기로 접어들 수밖에 없었습니다. 핵 개발의 도화선이 된 게 교차승인이 안 되면서라는 점은 제가 이미 말씀드렸고, 이때부터 사실상 북한은 생존과 방어적인 입장에 처한 겁니다. 핵이 방어적이라고 하는 북한의 주장은 이런 상황에 입각한 거죠.

통일전선 전략은 북한의 기존 사상이론 체계에서 뺄 수 없는 것이기 때문에 남아 있는, 이제는 뭐랄까 형해화된 상징적인 구호라고 할까요. 이걸 현실화하고 3대 혁명노선으로 한반도 혁명을 어떻게 해보겠다는 생각은 이제 현실성도 떨어지고 북한도 여기에 자원과, 물적 인적 에너지를 더 이상 투입하지 않는 듯합니다. 남북 관계가 풀리고 북한의 체제 안전이 보장될 때, 조선노동당 규약에 남아 있는 명목상의 통일전선 전략도 결국 사라지지 않을까요.

북한 경제의 실패 이유

김치관　주제를 다시 좀 바꿔서, 그런데 남북한 경제력에서 1970년대 초반까지는 앞섰던 북한이 이후 왜 그렇게 낙후될까요? 고난의 행군 이전에 이미 남한에 추월당했는데 말이죠.

문정인 2차대전 후 사회주의 국가의 발전 모델이라는 게 크게 생산력 발전을 중시하는 스탈린 모델 그리고 중앙과 지방, 경공업과 중공업, 공업과 농업의 균형발전을 중시하는 마오주의 모델로 나눠볼 수 있어요. 북한에서도 이 논쟁이 있었지만 결국 스탈린 모델이 승리하고 한국전쟁 이후 오십 년대 말부터 시작해서 중공업에 엄청난 투자를 하죠. 거기에는 방위산업에 대한 고려도 있었겠죠. 정부가 자원을 집중하면 단기적으로는 생산성이 증대될 수밖에 없습니다. 남한은 그 때 농업 기반에 경공업 쪽으로 갔으니까 1970년대 초까지 남북한 경제력 비교에서 북한이 우리보다 앞섰던 겁니다. 그러나 총요소생산성이라고 하는 게 자원을 집어넣는 대로 증가하는 건 아니고 특정 수준이 되면 정체가 발생합니다. 여기에 사회주의 체제의 자원의 비능률적인 배분이 더해지면 하향곡선을 그리기 시작해요. 그러니까 북한 경제는 한편으로는 스탈린 모델의 한계에 봉착한 거죠.

두 번째로는 고립 경제의 문제라고 할 수 있겠죠. 남한은 개방 경제 체제와 수출 주도 성장 전략을 채택하여 성장했어요. 결국 세계 경제하고 연계됐기 때문에 경제 성공이 가능했던 건데, 북한은 사회주의 폐쇄 경제, 내부 지향적인 경제, 중공업 지향 경제, 수입 대체 경제로 운영되다 보니 위기가 닥쳤을 때 외부에서 기회를 찾을 수 없었던 거예요.

홍익표　한 가지만 보충하면 사회주의 경제가 갖고 있는 구조적 한계는 분명한 거고. 1970년대 국제경제 흐름이 북한에게 매우 불리했고, 우리에게는 유리한 환경이 만들어졌어요. 1970년대 초반 남북한이 동시에 중화학 공업에 대한 투자를 강화했거든요. 북한은 기존의 중화학 공업 기반에다가 더 대규모 투자를 했던 거고, 지금 북한이 가지고 있는 외채 대부분이 1970년대에 발생한 빚입니다.

그런데 차관을 빌려 투자를 한 것이, 오일쇼크가 나고 고유가 체제가 되면서 상황이 굉장히 어려워졌어요. 남한도 경제 위기를 겪었는데 박정희 정권이 무너진 경제적 원인은 바로 이 1970년대의 경제 위기 탓이라 할 수 있어요. 중화학 공업에 대규모 투자를 하고 채무가 늘어나면서 1980년대 초반에 국가 외채가 세계 4위권이라고 해서 외채 망국론이 나왔잖아요. 많은 사람들이 그걸 잊어버리고 마치 박정희 모델이 성공한 것처럼 얘기하는데, 그 당시 이미 실패했던 겁니다.

다만 한국은 운이 좋게 1980년대에 3저 호황으로 살아난 겁니다. 일단 금리가 낮아지면서 외채 부담이 상당히 줄어들었죠. 다음에 유가가 배럴 당 14달러 선까지 떨어지면서 국제 원자재 가격은 낮아지고, 달러 환율이 낮아져서 수출 경쟁력이 강화되면서 연평균 10%대의 성장을 하거든요. 반면에 북한은 80년대 초에 견디지 못하고 디폴트(default) 선언을 해버린 겁니다. 그러면서 국제 사회에서 신용도가 급격히 떨어지죠. 결국 그 당시 남북한의 선택과 국제 경제 흐름이 1980년대 이후 경제의 명암을 바꾼 겁니다.

문정인 사회주의 국가 중에서도 북한은 예외적으로 군사 부문에 대한 투자가 너무 과도하게 많았어요. 기본적으로 모든 경제가 군수 경제를 중심으로 이루어지다 보니 자원 배분이 왜곡되고 이게 축적되면서 북한 경제의 구조적 모순을 가져온 거죠. 일반적인 나라들의 발전 모델은 기본적으로 부국강병 모델이죠. 나라를 부유하게 만들고 부유해지면 자연히 결과로서 강한 나라를 만든다는 거죠. 일본이 메이지 시대 때부터 밟아왔고 박정희 모델도 그랬고 덩샤오핑 모델도 마찬가지입니다. 그런데 북한은 강성대국 모델로 간 거죠. 강한 나라를 만들어 국가의 안위를 보장하고 그 안에서 부유함을 키운다는 생각이죠. 이것은 자본주의에 포위된 사회주의 국가의 현실이기도 해요. 그러나 강한 나라를 먼저 만들려다 보니 필히 자원 배분은 왜곡되고 경제의 풍성함이 잘 안 따라오죠. 이 함정에 빠진 게 북한 경제예요

© 최배문

덩샤오핑이 개혁개방으로 갈 때와
베트남에서 도이모이를
시작할 때는 공통점이 있어요.
미국과 관계가 개선된 시점이지요.

김정은 위원장 체제의 내구성과 전망

김치관　조금 나아졌다 해도 이렇게 경제적으로 근원적인 문제점을 지닌 북한 사회가 내구성은 있는 것일까요. 사실 여기에 대한 회의감이 북한 붕괴론으로 나오기도 하는 건데요.

홍익표　북한 체제가 상당 기간 붕괴할 거라고 보진 않아요. 내부적으로 여러 가지 변화의 가능성은 항상 상존해 있겠지만, 단기적으로 아까 제가 말씀드린 것처럼 김정은 위원장 체제가 꽤 안정적으로 자리잡았기 때문에 북한 붕괴론은 희망사항에 불과하다고 봅니다.

문정인　북한이 전체주의적이고 독재적인 성격이 있는 건 분명하지만, 그렇다고 막무가내로 억압적 권위 체제만 작동하는 것은 아니에요. 김정은 위원장의 패턴을 보면 일반 정치 권력의 기본 원칙은 그냥 다 적용하고 있어요. 기본 원칙은 다른 게 아니에요. 지지층에는 떡 하나 더 주고, 중도적인 계층은 자기 편으로 포섭하고, 저항할 기미가 보이는 세력은 가차 없이 처벌하는 거죠. 김정은 위원장이 권력을 강화하는 과정에서 그게 가시적으로 다 드러납니다. 그렇게 하다 보면 자기 지지층은 많고, 적대적인 세력은 자연히 줄어들 수밖에 없죠. 정치에 무관심하고 중립적인 친구들은 김정은 위원장이 놀이동산 만들어주고 마식령 스키장 만들고 이렇게 포섭하는 것이지요. 일방적인 억압, 통제, 감시 기제로만 움직인다면, 내부의 조그만 틈새로도 붕괴할 수 있지만 실질적으로는 상당한 정치공학적 노력을 병행해 주민들의 동의를 형성하면서 가는 상황이거든요. 내구성이 있는 겁니다.

다만, 하나 고려해 볼 사항은, 이런 정치공학적인 통치를 하려면 자원에 얼마간 여유가 있어야 해요. 그래야 지지계층을 견인할 수 있으니까. 그런데 지금처럼 제재가 계속되면 정치적으로 활용 가능한 자원에 한계가 있겠죠. 하지만 아직은 그 임계점과는 거리가 있어서 당분간 가까운 시간 내에 북한 정권의 내구성에 문제가 생길 거라고는 보진 않아요.

홍익표 북한의 내구성이 강하다고 보는 제일 중요한 이유 중의 하나는 역시 리더십인 것 같아요. 국가 시스템이 민주적이지 않지만 최고 지도자를 중심으로 매우 효율적인 위기 관리 시스템이 형성되어 있는 거죠. 말씀 드린 것처럼 북한은 한국 전쟁 이래로 한번도 위기 아닌 적이 없었고 제재를 받지 않은 적이 없기 때문에 국가 운영 시스템 자체가 대단한 위기 관리 시스템입니다. 또 하나 중요한 것은 현재 북한에서는 최고 지도자를 위협할 만한 정치적 경제적 자산을 가지고 있는 사람이 없다는 거예요.

다른 나라 같으면, 어떤 야당 인사가 핍박을 받다가 정치적 망명을 해서 해외에 나가 있다 해도 국내에는 여전히 그 사람의 정치적 자산이나 지지 기반이 있어요. 그래서 적절한 기회가 오면 다시 돌아와 재기를 노리고 정권에 도전하는 거죠. 그런데 북한 사람들은 현재 자신이 누리고 있는 물적 토대나 정치적 자산이 전부 당과 최고 지도자에 의해서 부여된 것입니다. 그러니까 최고 지도자 눈 밖에 나거나 자리에서 물러나는 순간 지배 세력에 도전할 아무런 기반도 없는 거죠.

전형적인 인물이 황장엽 씨죠. 노동당 비서, 최고인민회의 의장을 지낸 북한 최고위층 인사이고, 북한 주체사상의 이론적 정립자로 알려져 있지만 1997년 한국으로 망명을 때 가지고 온 건 뭐겠어요. 그냥 맨손으로 오는 거죠. 그 정도 인물조차도.

문정인　실질적으로 지금 북한에 조직화된 정치 세력이 얼마나 되는지 살펴보죠. 당은 기본적으로 김정은 위원장과 불가분의 관계이고 내각도 사실상 그렇습니다. 그럼 여기에서 조직화된 사회 세력은 학생도 노동자도 아니고 결국은 군인데, 김 위원장은 군 지도부의 아주 사소한 일탈 현상도 가차없이 대처하고 있지요. 결국 유일지도 체계가 공고히 작동하고 있다고 봐야죠. 물론 북한 체제에도 소소한 변화는 있어요. 김정은 위원장의 리더십이 강고하지만 이전에 비해 제도화된 정책 결정 모습을 자꾸 보이려고 그래요. 정치국 상무위원회를 소집하고 당중앙위원회를 통해서 형식적으로라도 토론을 거쳐서 결론을 내려고 하는 거죠. 지난 4월 21일 핵·경제 병진 노선 변경에 대한 결정만 하더라도 노동당 중앙위 전원회의를 개최하고 거기서 결정을 내렸잖아요. 과거와 사뭇 다른 양상이지요.

그리고 또 하나는 당이나 내각에서 일하는 사람들을 젊은 사람으로 세대 교체 중입니다. 젊은 사람들에 대해서 김정은 위원장이 자꾸 힘을 실어주는 거죠. 결국 김정은 위원장 입장에서는 지금 본인이 삼십대이니 앞으로 지도자로 계속 존재하기 위해 자기와 더불어 갈 사회 세력을 포섭하는 거예요.

김치관　　북한 정권의 성격을 유격대 국가, 수령제 국가 등 여러 명칭으로 부르곤 하는데 현 시점의 북한 사회주의를 우리가 어떻게 봐야 할까요.

문정인　　북한은 기본적으로 수령제 국가고 여기서 나오는 게 사회유기체론이잖아요. 수령은 곧 당이요, 당은 국가요, 국가는 바로 인민이요, 인민은 또 군이다. 그래서 수령과 당과 국가와 인민과 군이 오위일체를 이루는 사회유기체죠. 그러니까 이건 일종의 조합 국가론(state corporatism)입니다. 일제시대에 일본이 천황을 중심으로 한 국체론을 내세운 것도 그 일종이고요.

내재적 접근에서 보면 북한이 지금과 같은 체제를 꾸린 건 그럴 수밖에 없었던 사정이 있지만, 객관적 시각에서 보면 이러한 조합 국가, 유기체적 국가는 전체주의적 성격을 피하기 어렵고,

독재적 성격이 강하죠. 체제 자체가 다원주의를 용인하지 않습니다.

결국 조선노동당이 모든 시민 사회를 끌어안는 기형적 형태가 나오는 거예요. 보통은 국가와 시민 사회의 다리 놓는 게 소위 정치 사회 즉 정당의 역할인데 이 관계를 다 없애버리고 국가와 시민 사회가 모두 조선노동당에 내포된 겁니다.

홍익표　　한국전쟁 이후 북한은 전후 복구 건설 방식을 둘러싼 사상 논쟁이 벌어졌다가 1956년 8월에 소위 종파책동이 마무리 되면서 유일지도 체계로 쭉 나갑니다. 북한이 당면한 위기 때문이었죠. 중소 분쟁이 발생하고 중국과 소련이 수정 사회주의로 나오고 한편에서는 미국의 계속되는 북한에 대한 봉쇄와 압박이 위기감을 부추긴 상황에서 국내외적인 위기 요소들을 다원적 정치가 아닌, 수령 유일 지도 체제, 노동당 유일 지도 체제로 극복하려 한 거죠. 3대 세습도 결국 지나치게 권력이 수령 한 사람에게 집중된 구조에서 발생한 것이지요. 그래서 북한이 민주적 사회, 다원주의적 사회로 바꾸려면 북한이 느끼는 이런 위기감을 해소해주는 것이 최우선입니다.

김치관　　이제부터 북한 사회가 어떻게 변화해 나갈지가 결국 우리에게는 가장 중요할텐데 내구성은 의심의 여지가 별로 없고, 김정은 체제 자체도 점차 제도화, 정상화를 밟아가는 과정이란 시각이군요.

홍익표　　그렇습니다. 지금보다 더 북한이 정상화되고 일상적인 시스템으로 갈 거라고 봅니다. 선군정치 시기의 군 중심 정치 시스템이 다소 비정상적이고 위기관리 차원이었다면 김정은 위원장 체제에서는 점차 당 중심의 국가 체계를 복원해 나가고 내각과 국가 기구의 결정력이 높아질 전망입니다.

김치관　　북미 정상회담으로 체제 안전이 보장되면 북한 사회의 내구성이 더 높아질 것인지 또는 개혁개방과 함께 다원화와 사회적 갈등이 발생할 것인지가 큰 관심입니다. 어쨌든 여기까지 북한 사회에 대한 검토를 마치고 이제 마지막으로 우리 사회 내부를 돌아볼까 합니다.

4부

미래를 향한
첫걸음

1장·한반도 운전자론과 문재인 정부의 외교

김치관 지금부터는 모처럼 찾아온 한반도의 봄, 우리에게 열린 새로운 미래를 어떻게 맞이할 것인지에 관한 논의를 할 차례입니다. 먼저 '한반도 운전자론'에 대해 이야기를 나눠볼까 합니다. 야당은 물론이고 문재인 정부 지지자들 사이에서도 과연이것이 가능할까 회의가 상당히 있었습니다. 그런데 최근 남북, 북미 관계가 급진전되면서 분위기가 많이 달라졌죠. 지금까지 오는 과정에서 정부의 역할을 먼저 평가해볼까요?

한반도 운전자론이 성공했던 이유

홍익표 평창 올림픽에서 북미 정상회담까지의 과정은 한반도가 어떻게 스스로의 앞날을 열어가는 운전자가 될 수 있는지를 잘 보여주었습니다. 이번 남북 정상회담 그 다음 북미 정상회담은 저는 일종의 이란성 쌍둥이라는 말을 잘 쓰는데요, 이둘은 연결되어 있는 측면이 많습니다. 남북 정상회담만 있었다면 국내 보수층의 저항이 컸을 것인데 북미 정상회담이 함께 진행되니까 사실 일부 야당이나 보수 언론이 뭐라고 하기 어려운 상황이 만들어졌습니다.

앞으로 문재인 정부는 중국, 일본, 러시아 또 더 확대해서 EU를 포함한 국제 사회와 공감대를 형성하면서 북한 문제를 설명하고 협조를 구하는 외교적 수순을 밟을 겁니다. 이런 진행 모습은 우리 정부가 한반도 외교의 과정 관리를 매우 잘하고 있음을 보여줍니다.

김치관 2017년 11월 트럼프 대통령 방한 때까지를 한미 동맹을 공고히 하는 기간, 이후 평창을 계기로 남북 관계의 획기적 개선을 도모하는 기간, 이런 식으로 로드맵을 짰다는 설이 있던데요.

홍익표 정권 초기부터 어느 정도 '우리에게 주어진 기회는 평창'이라는 생각은 분명했습니다. 대화 국면으로 전환하는 터닝 포인트에서는 명분이 중요합니다. 외교나 정치의 핵심은 실리를 좇는 것이기는 한데, 마냥 실리만 따라간다고 되는 게 아니라 실리가 있는 곳에 명분을 만드는 거죠.

올림픽이라는 평화의 메시지, 세계인의 축제라는 좋은 명분을 남북 관계 긴장 해소에 잘 활용하고 특히 그 과정에서 북한도 자기들의 체면을 손상하지 않으면서 대화 국면으로 틀 수 있는 명분을 찾은 거죠. 미국이나 한국도 올림픽을 통해서 북한과 대화할 수 있는 명분을 만들어낸 겁니다. 그런 측면에서 저는 좁혀서 얘기하면 우리 외교의 승리이고 좀 더 크게는 한반도의 모든 행위자가 함께 점수를 얻는 파지티브 게임(positive game)을 했다고 봅니다.

문정인　임마누엘 칸트가 '자본주의 무역을 하는 국가들끼리는 싸우지 않는다'는 자본주의 평화론, 또 '민주주의 국가들끼리는 전쟁하지 않는다'는 민주주의 평화론을 이야기했었죠. 이걸 빌어서 이야기하면, 우린 올림픽 평화론을 만든 겁니다. 평창 올림픽을 좋은 모멘텀으로 삼자는 문재인 대통령의 희망은 성공한 거죠.

현란한 용어를 쓰지만 진심이 없어 보이는 사람이 있고, 말은 어눌하게 하더라도 진정성이 보여서 '아 이 사람은 뒤통수치지는 않겠구나'라고 믿음을 주는 사람이 있는데, 평창 올림픽 전후 국면에서는 문재인 대통령의 조용하지만 신뢰감 있는 리더십이 잘 드러났다고 생각해요. 외교적인 능력은 단순한 기술이나 언어에서 오는 게 아닙니다. 진정성과 성실성에서 오는 거죠. 바로 그 이유 때문에 문 대통령은 트럼프 대통령과 김정은 위원장의 마음을 얻었다고 생각해요.

김치관　문재인 대통령에 대한 트럼프 대통령의 신뢰가 상당한 걸로 보이는데, 그게 무슨 특별한 계기가 있는 겁니까?

문정인   워싱턴에 가서 들은 에피소드로는 트럼프 대통령이 우리 대통령에 대해서 상당한 호감을 갖게 된 계기는 2017년 11월 방한이 결정적이었다고 합니다. 당시 트럼프 대통령이 평택 캠프 험프리스에서 오찬을 할 때 우리 대통령이 초청받지도 않았는데 찾아가서 분위기를 살려줬죠. 그날 밤 국빈 만찬 자리에서 트럼프 대통령이 우리 대통령한테 '내일 DMZ 방문할 수 있냐' 물었어요. 우리 대통령이 '아 좋다, 그러자' 하고 즉석에서 화답했습니다. 이런 여러 모습에서 트럼프 대통령이 우리 대통령의 진심을 느끼고 상당한 호감을 가졌다는 말을 들었어요.

그런데 이건 그야말로 에피소드일 뿐이고 국가 정상 간의 신뢰는, 서로 믿을 수 있는 소통이 충분하고 한번 약속한 건 지켜나가는 모습이 쌓일 때 생기는 겁니다. 정책 집행을 두고 한국하고 미국 사이에 간극이 컸다면 그게 불가능해요. 지난 3월에 우리가 대북 특사단을 보낼 때도 보세요. 떠나기 전에 정의용 실장, 서훈 원장 통해서 미국 쪽에 전부 다 브리핑을 해줬거든요. 다녀와서도 바로 두 사람을 워싱턴 보내서 트럼프 대통령한테 결과를 들려줬고, 그러자 트럼프 대통령은 참모들의 반대에도 불구하고 45분 만에 북미 정상회담 결정을 내려버렸어요. 그리고 그 발표를 한국 특사단이 하도록 만드는 파격까지 보였죠.

홍익표   백악관 뜰에서 우리 특사단이 북미 정상회담 소식을 발표하는 모습은 한국 정부의 위상과 주도력을 드러내는 매우 상징적인 장면이었던 것 같습니다.

문정인　　결국 문 대통령이 북미 간에 중재자(mediator)이자 한반도 비핵화와 평화를 만들어 가는데 안내자(navigator) 역할을 했다고 볼 수 있어요. 여기에서부터 비로소 많은 사람들이 회의적이었던 '한반도 운전자론'이 현실 가능해지기 시작한 것입니다. 또 한 번의 질적 전환이 저는 5월 26일 있었던 2차 남북 정상회담이었다고 생각합니다. 북미 회담이 파행 위기에 놓인 상태에서 남북 정상이 긴급히 만나 한반도 평화와 대화 의지를 재확인하고 트럼프 대통령에게 회담 재개에 관한 강력한 신호를 보냈거든요. 이 무렵부터는 국내 만이 아니라 해외에서도 한반도 문제의 운전자가 누구인지를 명확히 인식할 수밖에 없었던 겁니다.

남북 관계 발목을 잡는 국내 정치 현실

김치관　　그런데 국내 현실은 여전히 답답한 게 많습니다. 단적인 장면이 남북 정상회담이 결정되고 난 뒤, 2018년 3월 7일에 이루어진 문재인 대통령과 5당 여야 대표들의 회동이었습니다. 역사적인 남북 정상회담을 지지, 격려하는 모습은 거의 찾아볼 수 없었고 야당은 상당히 이례적으로 대통령 통일외교안보 특보에 대한 불만을 나타냈습니다. 현 정부의 통일외교안보 정책 자체에 대한 야당들의 불만이 그런 식으로 우회적으로 표출된 게 아닌가 생각이 듭니다.

홍익표 그날 대화는 문재인 정부 출범 이후로 처음으로 여야 당대표가 다 모인 자리 아니겠습니까? 그렇다면 남북한 통일외교안보 정책의 큰 방향에 집중해서 이야기를 해야 격에 맞죠. 특보란 자리가 예를 들면 장관이나 장관급의 청와대 수석 비서관도 아닌데 여야 대표 회동에서 인사 문제를 꺼내는 것은 많이 실망스러웠습니다. 특보라는 것은 대통령이 외부의 목소리나 전문적인 식견을 듣고 참조하기 위한 자리이고 정책의 최종 취사선택은 대통령이 하는 거죠. 특보의 의견이 반드시 관철되는 것도 아니고, 다양한 목소리를 내주는 게 본연의 임무인데 말이죠. 야당 대표가 정부의 대북 정책에 대해 비판할 수는 있겠지만, 특보를 잘못 쓰고 있다고 비판하는 것은 형식상으로 보아도 좀 민망했습니다.

문정인 공세를 하는 건 좋은데, 사실 관계가 다 틀려요. 하나만 예를 들자면, 이른바 '김정은 참수 부대' 논란이 있죠. 적어도 국제 사회에서 외교적으로 개별 주권 국가의 수장에 대해서 '참수'라는 극단적 용어를 쓰지 않습니다. 과거 미국이 오사마 빈 라덴 같은 테러리스트 수장에 대해서나 썼던 말이지요. 그건 주권 국가가 아니고 테러리스트이기 때문에 가능했던 거죠. 만일 우리가 그런 용어를 쓰면 북한도 우리 지도자에 대해서도 똑같이 나올 건데 이렇게 상호 적개심을 부추기는 게 바람직한가요? 그래서 저는 미국처럼 '특수부대'라고 하면 되는 거지, 참수라는 말을 꼭 써야 하느냐고 문제제기 했던 거예요. 그랬더니 일부 매체에서 제가 '참수 부대를 반대한다'고 보도하고 자유한국당 의원들은 '특보가 김정은 위원장의 심기 경호실장 노릇을 한다'고 비판을 가해 왔어요.

결국 정부가 '참수 부대'라는 용어를 쓰지 않기로 공식 방침을 정하면서 그 문제가 가라앉기는 했지만 참 난감하더군요. 아무리 상대가 마음에 안 들더라도 우리는 외교적 상식과 순리를 갖고 풀어야지요.

뭐, 이게 저에 대한 공격이라기보다는 대통령에 대한 정치 공세를 펴고 흠집을 내기 위해, 저를 고리로 쓰는 거라 생각해요. 거기까지는 이해를 하는데, 국가 안보는 너무 정략적으로 접근하면 안 돼요. 정당과 정파의 차이를 극복하여 서로 협조해야 하는 것이 국가 외교안보 문제 아니겠습니까.

홍익표　　이런 일이 되풀이되는 것은 보수 정당의 철학의 빈곤에서 온다고 봅니다. 최근에 보면 자유한국당이 담론과 이슈를 주도적으로 끌고 가는 게 아니라 보수 언론 특히 조선일보가 어떤 기사를 쓰거나 사설을 쓰면 그걸 그대로 받아서 그 다음날

당의 입장을 내요. 특히 통일외교안보 정책은 더해요. 대부분 조선일보 보도를 가지고 자유한국당 대변인실 성명이나 당 최고위 논의가 이루어지는데 이거 완전히 본말이 뒤바뀐 거죠.

문재인 정부 통일외교안보 라인에 대한 평가

김치관 보수 정부 9년을 겪으면서 공직 사회 어디나 마찬가지겠지만 통일외교안보 분야에도 상당히 적폐가 쌓여 있는 상태에서 문재인 정부가 출범했습니다. 취임 초 통일외교안보 분야 인선 과정이 실망스럽다는 평가도 있었고 대북 정책이 상당히 더디게 나갈 거 같다는 전망들도 많았는데요.

홍익표 통일외교안보에 국한된 게 아니라 지난 보수 정부 9년간 관료 사회 전체가 무너졌어요. 특히 박근혜 정부 말기에 국회나 국정기획 자문위원회에서 공무원들을 만나보면 과거 제가 접했던 매우 적극적으로 안을 내고 열의를 갖고 토론하던 공무원들이 아니에요. 시킨 일 아니면 하지 않으려는 수동적인 상태로 변했어요. 관료들의 전문성이나 독자적 영역이 무너진 거죠. 몇 가지 사례를 볼까요? 개성공단 폐쇄 과정에서 아시는 것처럼 통일부의 의견은 전혀 반영이 되지 않았죠. 또 지난 2015년 이뤄진 한일 일본군 '위안부' 합의와 같은 일은 아마 외교부 관료들이 직접 다뤘다면 그런 식의 어이없는 합의는 나오지 않았을 거예요.

실무 차원에서 꼼꼼하게 단계별로 체크해서 올라가는 게 아니라 위에서 한번 결론을 내려버리면 밑에서는 무조건 맞춰야 하는 상황이 반복되었습니다. 그간 그런 관행에 익숙해진 사람들이 현재 통일외교안보 라인의 주요 부처의 실국장 급에 있는 거죠. 그렇다고 그 사람들 다 내칠 수도 없는 일이고요.

장관급 인사에 대해서는 저는 최근에 남북 관계가 풀려가는 결과를 놓고 볼 때, 통일부장관이나 국정원장 등을 중심으로 해서 남북 관계가 비교적 잘 관리되고 있지 않나 생각합니다.

문정인 초기 인사를 할 때 좀 더 강하게 드라이브를 걸고 싶어도 반대파나 보수적인 의견을 많이 고려해서 신중을 기한 거라고 봐야죠.

홍익표 그렇습니다. 문재인 대통령은 통일외교안보 정책 특히 남북 관계는 본인이 직접 챙기려는 의지가 강해요. 대신 장관급 인사는 안정감과 포용적 성향의 인물을 발탁한 거죠. 조명균 장관이나 서훈 원장 경우에는 보수, 진보를 떠나서, 실무적으로 해당 분야에서 충분히 경험을 쌓은 검증된 인사들입니다. 전문성과 실무 경험이 풍부한 포용적 인물을 인선하고 대통령이 이 분야에 항상 깊게 관심을 가지고 주도적으로 챙기려는 포석이었습니다.

문정인　적폐를 부정부패로만 생각할 건 아니고, 패러다임 (paradigm)과 마인드셋(mindset)의 문제로 넓혀본다면 해결할 과제는 많죠. 통일외교안보 라인은 지금까지 한미 동맹을 중심에 놓고 남북 관계부터 시작해서 모든 다른 외교 관계를 거기에 복속시키는 현상이 있었습니다. 물론 북한 핵문제 해결하는 데 미국이 중요하긴 하겠지만, 외교에서 미국이 절대적 변수는 아니잖아요. 그래서 외교부가 아니고 한미 동맹부라는 자조적인 얘기까지 나오는 거죠.

두 번째는 남북 관계를 한미 관계에 예속시키면서 독자적 사고를 못하는 문제가 또 상존했는데, 이 적폐는 이번에 남북 관계가 파격적으로 진전되면서 많이 해소될 것으로 기대합니다. 한반도 및 동북아의 지정학적 게임에서 우리가 핵심적인 역할을 할 수 있다는 점을 확인한 것이죠.

홍익표　적폐 청산은 인적 청산과 함께 법적·제도적 개선 및 정책 방향의 수정까지 포괄하는 것입니다. 지난 정부에서 잘못된 결정에 주도적으로 참여했거나 불법을 저지른 인사들은 당연히 그 책임을 물어야 하겠죠. 그동안 외교안보 부처의 지나친 비밀주의나 특정 실국 중심의 인사 독점도 개선해 나가야 할 것입니다. 그러나 외교안보 부서의 가장 큰 척폐 청산은 냉전과 반공 그리고 대결주의 노선의 정책 방향을 화해와 협력 그리고 평화주의 노선으로 전환하는 것이죠.

국가안보실의 경우 박근혜 정부 당시 군 출신이 독점하던 것을 외교부 관리들이 대체했다는 일부 비판이 있었던 것도 사실입니다. 그러나 최근 과정을 보면 알 수 있듯이 중요한 정책 결정은 대통령이 직접 챙기고 안보실장과 비서실장 간의 협의도 잘 이루어지는 것으로 알고 있습니다. 미국을 비롯한 주요국들과의 협의는 안보실장이 나선다면 이를 뒷받침하는 정부 내 이견 조정과 정무적 판단에서 비서실장이 중요한 역할을 담당하고 있고, 총괄적으로 대통령이 이를 지휘하는 역할 분담이 잘 이루어지고 있습니다. 결국 몇몇 개별 인사의 문제보다는 통일외교안보의 기조를 변화시켜 관료들의 패러다임을 전환하는 방향으로 나가고 있습니다.

문정인 　남북 관계가 개선되면 한미 관계도 더불어 개선되고 북미 관계, 한중 관계도 더 발전되고 그래서 남북한 북미 한미 한중 북중의 선순환을 가져온다는 게 평소의 지론인데, 이번에 온 변화가 얼마나 갈지는 모르겠어요. 아직까지도 북한은 타도의 대상이고 고립과 봉쇄의 대상이라는 고정관념이 많이 깔려 있어서 말이죠.

그 다음 우리 국방 분야를 보면 지나치게 지상군 중심 체제 아니에요 과거 국방 개혁을 통해서 그걸 바꾸려고 노력을 했지만 계속 한계가 있었던 겁니다. 벌써 일 년이 지났는데 국방 개혁 제가 볼 때 엄격히 보면 시동도 못 건 상태죠. 사실 육군 중심의 기득권은 엄청난 것이고 해공군은 거기에 미칠 수 있는 영향력 이라든가 경험, 상상력이 미흡합니다. 그래서 국방 개혁이 제대 로 추진될지 걱정이 많습니다. 국방 개혁 비서관도 결국 육군에 서 왔고요.

국정원은 다행히 서훈 원장이 들어오면서 많이 바뀌었죠. 사실 지난 정부에서 국정원이 가장 큰 적폐의 희생양이 되었어요. 본 연의 임무에서 벗어나 국내 정치에 개입하고 정권의 심부름이 나 하고 돈 문제도 터지고 얼마나 위상이 추락했어요? 결국 이렇게 통일외교안보 관계 부서 전체를 둘러보면, 패러다 임을 바꾸는 게 가장 중요한 문제라 할 수 있죠. 한미 동맹 우위 론, 남북 관계를 한미 관계에 예속시키는 강대국 결정론, 국방 부의 지상군 중심론 이런 것들이 바뀌어야 하니까, 개혁 과제가 아직도 산적해 있습니다.

남북 관계는 직접 주도하고 챙기는 대통령

홍익표　다행인 것은 문재인 대통령이 남북 관계에 대한 철학 이 분명합니다. 지난 2007년 남북 정상회담 준비위원장을 맡았 잖아요? 남북 정상회담은 집권 초기에 해야 한다, 남북 관계에서는 어쨌든 청와대 특히 대통령 본인이 중심을 잡지 않으면 안 된다는 생각이 확고해 보입니다. 북한과의 협상도 중요하지만 협상 과정 관리를 어떻게 하느냐에 대해서도 대통령의 고민이 많은 것으로 보입니다. 과정 관리란 건 두 가지가 있을 터인데 하나는 한미 관계를 중심으로 한 국제 사회의 동의와 지지를 구해나가는 것이고 또 하나는 우리 내부에 대한 관리죠.

대북 정책 추진에서 부처마다 입장이 있죠. 예를 들면 통일부, 외교부, 국방부 각각의 입장이 있을 텐데 이를 모아나가는 데서 대통령이 중심을 잘 잡아주고 있는 거죠. 다만 정권 후반기로 갈수록 리더십만으로는 어려움이 있습니다. 시스템이 안착되어야죠. 남북 유화 국면을 만들어 가는 과정에서 시스템을 가다듬고 인적 구성을 적절하게 재배치해야겠죠. 공무원들의 관행과 문화를 변화시키는 노력이 병행되지 않으면 집권 후반기에는 관료들의 보신주의 때문에 문정인 교수님 말씀처럼 개혁이 좌초될 가능성이 있습니다.

문정인   어쨌든 현재 우리의 외교 네트워크는 잘 가동되는 상황이에요. 얼마 전까지는 정의용 국가안보실장과 맥매스터(Herbert Mcmaster) 라인이 확실히 작동하고 있었고 그 다음 서훈 국정원장과 폼페이오(Mike Pompeo) 당시 CIA 국장하고 상당히 관계가 좋았어요. 조윤제 대사와 수잔 손튼 동아태 차관보 내정자의 관계도 괜찮고. 최근에는 정의용-존 볼턴, 강경화-폼페이오 라인도 잘 구축된 것 같아요. 그런 점에서 한미 간 네트워크는 지금 어느 때보다 좋은 상황이에요. 이명박, 박근혜 보수 정부일 때 잘 맞을 거 같지만 사실은 그렇지 않다는 거죠.

한중 관계는 박근혜 정부에서 망가진 게 많이 복원되고 있는 중이지요. 2017년 10월에 사드 갈등에 대해 한중 간에 타결을 볼 때 핵심이 남관표 국가안보실 2차장인데 쿵쉬안여우(孔鉉佑) 외교부 부부장하고 호흡이 잘 맞았어요. 러시아는 송영길 북방경제협력위원장을 통해서 푸틴 쪽 고위층하고 네트워크가 괜찮아요.

남북한 관계는 서훈 원장과 북한 김영철 노동당 부위원장 관계가 완전히 복원되고, 김상균 국정원 2차장과 맹경일 통일전선부 부부장 사이에서 남북 정상회담 관련한 협의를 잘 진행했고요. 주변국과의 관계에서는 일본과의 관계가 아직 좀 난항이죠. '위안부' 문제가 사실 너무 꼬였어요.

이렇게 보면 현 정부가 지난 일 년 동안 이뤄놓은 외교 관계는 상당히 대단하다고 평가해야 합니다. 그 이전에 대부분 깨져 있던 대외 관계와 남북 관계를 원만하게 복원하고 주요 인사들 간에 네트워크를 잘 형성해 놓았거든요. 이런 기초가 있기 때문에 우리 대통령과 트럼프 대통령 사이에도 공조가 잘 되는 거고 남북 핫라인이 살아난 겁니다. 일 년 사이에 이만한 라인을 구축하고 긴밀한 소통 체계를 가진다는 건 쉬운 일이 아니에요. 과거 역대 어느 정부도 그렇게 못했어요.

2장 · 남북 평화 공존과 통일의 전망

김치관 한반도가 처한 현실을 여러 각도에서 조망해온 과정이 이제 거의 마지막으로 접어드는 것 같습니다. 이제부터는 현재 조성된 상황에서 조금 먼 미래, 우리가 앞으로 밟아나가야 할 길에 대해 살펴보았으면 합니다.

우선 다소 이른 전망일 수도 있겠지만, 남북 관계가 빠른 속도로 개선되면, 남북 경제 공동체, 또는 남북 평화 공동체 이런 개념을 포함한 장기적인 통일 비전이 현 정부에서 제시될 수 있을까요?

문정인 경제 공동체를 통해 남북이 평화 공존한다는 생각은 김대중, 노무현 전 대통령들의 꿈이기도 했어요. 법적, 제도적 통일은 아니더라도 한반도 교류 협력 강화를 통해서 신뢰를 구축하고 평화 공존하면서 사람과 물자가 자유롭게 오갈 수 있는 상태, 그러니까 오늘날 유럽과 같은 상태를 만드는 게 김대중 대통령의 꿈이었는데, 그 명맥이 문재인 대통령에게 이어지고 있는 거죠.

통일 강박은 잠시 꺼두셔도 좋습니다

김치관 예. 경제 공동체와 평화 공동체가 결국 하나로 간다는 건데요, 이와 관련해서 최근 우리 사회에는 '남북이 각각 별개의 국가로서 평화 공존이 답이다. 이제 더 이상 민족 통일을 이야기하지 말자'라는 이른바 '두 개의 국가론'이 나오고 있습니다. 이에 대해서도 함께 살펴보았으면 합니다.

홍익표 평화적 공존이 꼭 두 개의 국가를 의미하진 않습니다. 굉장히 다양한 형태를 상정할 수 있어요. 중국이 주장하는 1국가 2체제도 그 한 형태입니다. 다만 지금은 통일보다는 평화 의제에 좀더 집중해야 한다는 점에서는 '두 개의 국가론'과 생각을 같이합니다. 역대 정권의 경험을 보면, 아이러니하게도 통일 문제를 앞장세울 때일수록 남북 관계가 아주 안 좋았어요. 특히 어느 정권이든 통일 문제를 국내적 이슈로 활용할 때, 남북 관계는 최악으로 가곤 했습니다. 그래서 저는 통일 문제가 화제로 떠오르면 가끔 '지금은 그냥 통일을 생각하지 마라' 하고 답하곤 합니다. 왜냐면 통일이란 문제가 전면에 나서면 필연적으로 누가 주도하느냐, 결국 누가 누구를 흡수하느냐, 또 어느 체제를 중심으로 통일이 되느냐, 이런 논의가 나오지 않을 수가 없어요. 누군가는 또 물어보고, 답하게 되고.

우리나라 역대 대통령 중에서 재임 기간 동안 통일을 제일 적게

언급한 분이 누군지 아세요? 김대중 대통령입니다.

김치관 의외네요. 가장 남북 문제에 대해 관심이 컸던 분인데요. 통일에 대한 직접적 언급보다는 남북 화해와 협력, 공존에 대해 주로 말씀하셨다는 뜻이로군요.

홍익표 바로 그렇습니다. 일부 언론이나 전문가들이 왜 통일에 대해 발언이 드문지 궁금해 하니까, '남북이 평화적으로 살면서 자유롭게 교류하고 왕래하면 그게 사실상의 통일 아니냐'라고 답을 하셨어요. 저는 그러한 것들이 바로 그분이 강조했던 서생적 인식과 상인적 판단의 조합이라고 생각합니다.

김치관 현재로서는 통일에 대해 너무 강박적으로 생각하지 말고, 평화 공존을 우선으로 관계를 맺어나가자. 그렇다고 해서 그 형태가 꼭 두 개의 국가일 필요는 없다는 생각으로 정리할 수 있겠습니다.

평화 공존, 공동 번영이 우선 과제

문정인 이것은 통일을 어떻게 정의 내리느냐의 문제라고 봐요. 통일은 단일민족 국가, 연방제, 낮은 단계의 연방제, 남북 연합 이렇게 네 가지 길이 있지요. 그런데 하나의 주권을 가진 국가가 되는 것만이 통일이라는 강박에 사로잡히면, 평화와 공존이 침해될 수가 있어요. 그러나 우리가 통일을 주권을 하나로 합하는 것만으로 상정하지 않고 주권 국가 간의 연합으로 규정을 내리면 평화 공존과 통일은 병행 가능한 것입니다. 김대중 전 대통령의 뜻도 이것이죠. 기본적으로 남북 연합은 사실상의 통일이라는 생각입니다.

물론 남북 연합은 거쳐 가는 단계일 수도 있죠. 법적, 제도적으로 하나의 주권을 가진 단일 정부를 꼭 만들고 싶으면 그렇게 하면 되죠. 남과 북의 주민들이 투표를 붙여서 어떤 형태의 통일이 좋은가를 결정하고 헌법에 넣으면 되는 거니까요. 그런데 남북 주민이 다양하게 이런 문제를 의논하고 투표를 하려면, 그 이전에 충분히 상호 교류하고 자유롭게 왕래하면서 신뢰가 만들어지고 경제적으로도 긴밀하게 연관이 되어야 하는 거잖아요. 여기에는 상당히 오랜 시간이 필요할 겁니다. 따라서 지금 우리가 결론을 내릴 사안이 아니고 우리 후대들이 결정할 문제거든요.

1989년 9월에, 노태우 전 대통령 때 발표한 '한민족 공동체 통일 방안'은 지금까지 역대 정부 모두, 이명박, 박근혜 정부까지도 사실상 다 존중하겠다고 했던 방안이거든요. 과도적 단계, 중간 단계로서 남북 연합을 제시한 거잖아요. 이것이 우리가 생각하는 실질적인 통일의 목표라고 보면 평화 공존과 통일은 충분히 병행될 수 있는 거죠. 그렇지 않고 그걸 넘어서 꼭 단일 민족 국가로서의 통일을 해야겠다면 두 가지 방법밖에 없어요. 흡수 통일이거나 무력 통일이죠. 그런데 두 방법 모두 우리 국민이 원하는 방식은 아닐 겁니다.

김치관 과거에 통일 방법으로, 남북한 동시 국민투표에 의한 통일 방식이 한때 제기된 적도 있지만, 지금 단계에서는 불가능해 보이죠?

문정인 아니, 그 방법이 불가능한 게 아니고 사회 문화적 동질감을 형성하고 난 뒤에나 생각해 볼 수 있다는 거죠. 지금 같으면 북한 체제에서 투표라는 건 거의 100퍼센트 같은 방향으로 나올 텐데, 그럼 남한과 대결이지 그게 투표겠어요. 현실적으로 북한도 어느 정도 민주주의가 정착되어 주민들이 각자의 의견을 자유롭게 표명할 수 있는 상태가 와야 남북이 동시에 국민투표를 붙일 수 있는 거죠.

홍익표 사실상 두 개의 정치적 실체가 평화적으로 공존하는 형태가 우리가 흔히 상정하는 남북 연합 단계인데, 어떤 사람은 이를 통일이라고 보기도 하고 또 어떤 사람은 그건 과도기일 뿐, 통일이 아니라고 할 수도 있겠죠. 그러나 핵심은 어느 시점부터 통일이다 아니다를 가르는 게 아니라, '과정으로서의 통일'이 아닐까 합니다. 최종적으로 하나의 정치적 공동체를 만들어 하나의 주권 국가로 단일화하는 통일이라는 게 존재하겠지만, 그 중간 과정도 있습니다. 함께 평화롭게 공존하면서 서로의 간극을 좁혀가는 과정, 충분히 교류하고 경제적으로, 사회문화적으로 협력하는 단계가 있을 텐데 '이건 아직 통일이 아니다'라고 무 자르듯이 딱 잘라낼 수는 없는 거죠.

문정인 그렇게 보면, 두 개의 국가론이 엄격한 의미에서는 대한민국 정부의 공식 노선이죠. 중간 단계로서의 두 개의 국가를 상정하는 거고 그게 남북 연합이니까요. 그러나 아직까지 우리 민족 구성원 대다수의 마음 속에는 궁극적인 목표는 단일민족 국가의 통일로 가겠다는 생각이 강해요. 두 개의 국가론은 그래서 전혀 새로운 게 아니고, 경계할 일도 아니라고 봐요. 언제고 여건이 조성되고 남북 주민 대다수가 원하는 시점에 얼마든지 단일 국가 구성 여부를 결정할 수 있으니까요.

홍익표 두 개의 국가가 문제가 아니라 '평화 공존만 이루어지면 굳이 통일을 위한 노력을 더 기울일 필요가 없다'고 선을 딱 긋고 남북 관계에 대한 관심을 잃어버리면 안 된다는 거죠. 평화 공존이 되기 위해서도, 남북 상호 교류와 협력, 서로의 체제를 이해하기 위한 노력은 계속 진행되어야 합니다.

3장·어떻게 미래를 열어갈 것인가

김치관　　9년간 보수 정권을 겪으면서 우리 사회의 지형이 많이 바뀐 것 같습니다. 특히 통일에 대한 견해가 젊은 세대에서는 좋게 말하면 실용적으로 바뀌었고, 나쁘게 말하면 민족 문제나 통일 문제에 대한 관심이 줄어든 것으로 보입니다. 이 문제에 대한 남남갈등도 매우 크고요. 이런 현실을 우리 사회가 어떻게 극복해야 할까요.

문정인　　남남갈등의 핵심은 남북 문제가 과도하게 정치화되었기 때문에 생기는 현상입니다. 남북 문제를 내세워서 자신의 정치적 입지를 공고히 하려는 사람들 때문에 생기는 문제거든요. 그럼 이걸 어떻게 차단을 하느냐. 결국에 민주주의밖에 없어요. 선거를 통해서 남북 문제를 정치적으로 이용하고 갈등과 대결을 부추기는 세력을 자꾸 걸러내야 되는 거죠. 그런데 지금까지는 그러지 못했던 것은 아직까지 남북 관계에서 국민이 납득할 만한 성공적 경험을 만들어내지 못했기 때문입니다. 실제로 긴장이 완화되고, 전쟁의 공포와 위험성이 사라지고, 신뢰가 구축되고, 경제 공동체라든가 한반도 신경제지도가 눈에 보이는 현실로 드러나면서 국민 경제가 활성화되면 결국 유권자들이 누구를 찍겠어요. 남북한 평화 공존을 추구하는 정치 집단을 찍겠죠. 그렇게 해서 평화 세력이 정부를 이루고 다수당을 차지하면 자연히 법적 제도적 장치까지 확보되는 거예요. 이런 과정이 연속되면 극단적 보수 세력은 움츠러들 수밖에 없죠.

이미 6.13 지방선거 결과가 이 흐름을 보여주고 있습니다. 그래서 현 정부가 남북 관계를 성공적으로 이끌어서 '아, 저런 식으로 하면 한반도에 평화가 올 수 있고, 통일이 올 수 있겠구나' 이런 메시지를 국민들에게 심어주는 게 가장 중요해요.

남남갈등 해결의 열쇠는 정치의 변화

홍익표　지금은 남북 관계에 대해 매우 보수적인 제1야당의 의석수가 여당과 거의 비슷하죠. 그래서 남북 문제를 사사건건 물고 늘어지는 상당히 피곤한 상황이죠. 대북 문제를 둘러싼 의석 비율은 아직 거의 반반이에요. 자유한국당과 바른 미래당의 절반 정도, 그리고 일부 무소속 보수 의원들까지 포함하면 보수적 의석이 거의 130석 정도 나오죠. 남북 관계 개선을 지지하는 80%가 넘는 민심 지형과는 차이가 큰 분포입니다.

저는 남남갈등이 증폭되는 가장 큰 원인이 정치권에 있다는 데 동의하고 두 번째로는 교육과 언론의 문제가 있다고 생각해요.

특히 지난 이명박, 박근혜 정부 기간에 사실상 평화 교육이나 통일 교육이 사라지고 박정희 시대 때의 반공 교육, 체제 대결 위주의 교육이 주를 이뤘거든요. 여론조사를 해보면 각종 사회적 사안에서 20대의 견해가 상당히 보수적으로 나와요. 이들이 성장하는 동안 연평도 포격이나 천안함 사건, 북핵 문제 등이 준 영향도 있겠지만, 학교 교육과 사회적 교육의 영향이 매우 컸다고 봅니다. 한동안 종편에서 북한을 거의 악마 아니면 미치광이 집단으로 몰아갔죠. 사람들이 알게 모르게 그로 인해 부정적 생각이 많이 늘었어요. 김정은 위원장을 지나치게 희화화하거나 '자기 고모부도 총살 시키는 비정하고 잔인한 권력자' 이런 식으로 반복 학습이 이루어진 거죠.

문정인　그 문제도 결국 남북 관계가 활성화 되고, 교류 협력이 이루어짐에 따라 차츰 시정될 거예요. 남북한 대치 국면에서 북한이 계속 도발을 해오고, 그에 대해서 민감하게 대응하는 상황에서 생겨난 하나의 사회 현상이기 때문에 꼭 종편이나 교육 현장을 탓할 수만은 없다고 봐요.

그래서 제일 중요한 것은 현 정부가 남북 관계를 성공적으로 이끌면서 북한이 위협적 존재가 아니라고 하는 걸 실증적으로 보여줘야 하는 거죠. 교류 협력 과정에서 북한도 우리랑 똑같은 사람이고 우리말 사용하고 얼마든지 대화가 가능하다는 것을 알게 되면, 교육의 성격도 바뀔 거고, 종편이나 미디어에서 이런 분위기를 무시하고 일방적으로 방송을 제작할 수는 없는 거죠. 한동안 종편에서 탈북자 가지고 얼마나 방송을 많이 했어요. 다른 정보는 제한되니까 그 사람들 내세운 건데, 교류가 활성화되면 얼마든지 북한 주민들의 모습을 접할 수 있는데 뭐하러 탈북자들의 이야기로 방송을 꾸리겠어요.

홍익표 전적으로 동의합니다. 남북 화해를 반대하는 세력이 여전히 상존하겠지만 중도적인 시민들이 대거 지금 정부의 대북 화해 협력 정책에 동참하면 그 비중이 미미하게 줄어드는 거죠. 정치도 마찬가지입니다. 힘이 비슷비슷하니까 북한 문제를 정치 쟁점화해서 불필요한 반대를 자꾸 하는 거죠. 만약 남북 관계 잘 되고, 교류 협력이 활성화되고, 서로 쉽게 오가고, 금강산과 개성공단도 재개되고 이러면 자연히 정치권이나 보수 진영에서도 함부로 딴지걸지 못해요.

문정인 저는 우리 사회가 정치권에 비해서 훨씬 건강하다고 생각합니다. 남북 정상회담 전에도 남북 대화 지지도가 65%에서 70% 정도로 나왔고 정상회담 이후에는 94.1%가 긍정적 평가를 했어요. 민심이 먼저 거대하게 변하고 패러다임이 바뀌고 있는 겁니다.

사드 기지와 주한미군의 위상

김치관　　남남갈등에 대해 검토하는 김에 우리 사회에서 말만 나오면 매우 민감해지는 화두 한두 가지에 대해서도 더 논의해볼까 합니다. 우선 사드 기지 문제입니다. 이 시점에 와서 보면 결과론적으로 문재인 정권 초기에 사드 배치를 강행했던 것은 잘했다고 말하기는 좀 그렇지만 불가피한 측면이 있었다고 평가를 해야 하는 걸까요?

문정인　　물론 우리가 북핵 문제를 풀기 위해서 제일 중요한 건 미국의 협력이거든요. 중국도 중요하지만 일차적으로는 미국의 협력이 필요한데, 그때 사드 배치를 우리가 일언지하에 거절했다면 한미 관계가 상당히 어려워졌을 거고, 그럼 그 상황에서는 남북 관계를 개선하려 해도 미국이 상당히 걸림돌이 되었을 겁니다. 미국 입장에서는 사드 배치는 한미 정부 간 약속이었습니다. 내부 문제에도 불구하고 한국 정부가 약속을 지켜줌으로써 그동안 가졌던 앙금이 거둬지고, 한미 관계가 돈독해짐으로써 기회가 왔을 때 미국을 설득하는 데 상당히 도움이 된 건 분명합니다.

김치관　　남북 및 북미 관계 진전에 따라서 사드 기지를 다시 철수하는 과정도 밟을 수 있겠죠?

홍익표 그건 문재인 대통령이 이미 입장을 이야기했었죠. '제일 중요한 건 남북 간에 사드가 필요 없는 상황을 만드는 것'이라고 말이죠. 그런 환경이 조성되면 당연히 검토해 볼 수 있는 거죠. 당장 중요한 건 지금 이 상황이 되니까 사드의 추가 배치 가능성이 거의 없잖아요. 논의가 되지도 않고. 결국 사드도 남북 관계 향배에 따라서 기존에 배치된 사드에 대한 운용을 어떻게 할지, 철수하든지, 아주 제한적으로 운용하든지 여러 가능성이 있다고 봅니다. 사실 북한은 그렇게 사드 문제에 대해서 집착하지 않는 것 같아요. 이게 처음부터 사드가 북한을 겨냥한 게 아니었기 때문에 북한이 북미 협상 과정에서 사드 철회를 그렇게 세게 요구할 이유도 별로 없다는 소리이기도 하죠.

문정인 북한에게 사드는 우선적인 고민거리가 아니죠. 북한 입장에서는 X-밴드 레이더 아니라도 이미 남측에 북한 동향 파악을 할 수 있는 탐지 기제가 많은 상황이니까요. 오로지 중국만이 X-밴드 레이더가 문제가 됐던 거예요. 그런데 기본적으로 북한 핵미사일 위협이 없어진다면 미국도 사드를 여기에 둘 명분이나 현실적 필요성이 감소하는 거죠.

김치관 한국의 진보 인사들 가운데 이 사드 배치 문제에 대해선 아직도 굉장히 반감이 크기 때문에 꼭 북한만의 이해관계는 아닙니다.

홍익표　그래서 사드를 좀 큰 틀에서 봤으면 좋겠어요. 저도 당시 정부 조치가 아쉬웠던 건 사실입니다. 환경영향 평가는 사드 배치 철회 문제가 아니었어요. 사드 기지로 성주 지역이 적절하냐 아니냐를 판단하는 거였고, 만약 환경영향 평가 결과가 '부적합'으로 나오면 다른 지역을 찾아야 할 수밖에 없어요. 그런 측면에서 당시 문재인 정부가 들어서서 환경영향 평가를 다시 한다는 것이 사드 배치 백지화를 의미하는 건 아니었는데, 이게 한미 관계를 악화시키는 단초로 작용하는 건 우리에게나 미국에게나 바람직하지 않은 문제죠. 어쨌든 지금 와서 보면 사드 배치로 인한 대외적 문제 즉, 중국의 경제 보복과 불신, 북한과의 갈등 격화, 이런 문제는 상당 부분 다 해소되었다는 측면에서 사드는 이제 새로운 국면으로 접어들죠. 순수하게 한미가 이게 필요한 상황이냐 아니냐, 상호 군사적 효용성 문제를 놓고, 따져볼 수 있다고 생각하고 북미 대화 진전에 따라 오히려 미국에서 먼저 빼자고 할 가능성도 있습니다.

김치관　또 하나의 민감한 이슈는 주한미군의 위상 문제입니다. 이 문제는 거의 보수의 인계철선처럼 되어 버려서, 주한미군의 '주' 자만 꺼내도 큰일이라도 난 것처럼 사방에서 아우성입니다. 문 교수님도 이 문제로 구설에 한두 번 오른 게 아니고 말이죠. 그러나 아무리 보수적인 분들이 주한미군 철수를 걱정한다 하더라도, 북미 간에 협상이 진전되어 실제 비핵화 이행

과정에 들어가고 수교 분위기로 간다면, 자연히 주한미군에 대한 논의가 나올 수밖에 없는 것 아닙니까?

문정인　그렇게 되죠. 그 논의는 한국 사회 내에서도 나올 수 있지만, 미국 쪽에서도 트럼프 행정부나 시민 사회 쪽에서 먼저 제기할 가능성이 더 큽니다. 아울러 한미 동맹에 대한 논의도 나오겠죠. 기본적으로 북한의 위협이 사라지면, 주한미군이 계속 주둔할 명분은 상당히 약해지죠. 만일 주한미군 철수를 우리 정부가 먼저 논의한다거나 또는 한미 간에 협의한다는 소식이 나오는 순간 국내 정치에는 엄청난 혼란이 올 겁니다. 보수와 진보 사이에 정치사회적 대결이 극심해질 거고요. 우리 사회의 기존 관행이나 보수 진영의 패러다임에서 보면 그럴 수밖에 없죠. 그런데 주한미군 위상이나 한미 동맹을 재검토하자는 의견의 발원지가 미국 쪽이면, 이런 갈등은 상당 부분 자연 해소되죠. 예전에 김정일 위원장이 김대중 대통령에게 '통일이 되어도 주한미군 둘 수 있다'고 얘기한 적이 있어요. 그리고 중국도 주한미군의 지속적 주둔에 대해 그렇게 문제제기 하는 건 아니거든요. 그렇다면, 북미 관계가 호전되는 상황에서 주한미군 주둔 자체가 큰 걸림돌이 되지는 않아요. 북한은 주둔 여부보다 주한미군의 성격, 기능, 이런 걸 많이 볼 거예요. 주한미군이나 한미 연합군사훈련이 북한에 공격적 위협을 가한다고 판단되면 문제제기를 할 것이고, 북한에 실질적인 위협이 되지 않는다면, 주한미군에 대해서는 북한이 충분히 양해할 수 있다고 봐요.

우리나라 보수 진영은 이런 측면들을 충분히 보지 않고서, '한반도 평화체제와 주한미군 주둔을 바꿀 거냐'라면서 반대하고 의심하고 있는 거잖아요. 자유한국당 등 보수 진영은 북한의 전향적 자세를 위장 평화 공세로 보고 이에 응하는 것은 북한의 핵 개발 시간만 벌어주고 주한미군 철수 명분을 주는 것으로 아직도 인식하고 있어요.

정부는 이런 주장에 대해 인내심을 가지고 대화할 필요가 있습니다. 얼마든지 쉽게 해결될 일을 가지고 분란과 갈등을 만들 필요는 없습니다.

홍익표   저도 주한미군 문제에 대해서 그다지 심각하게 생각하지 않습니다.

주한미군 철수에 대한 문제제기는 남한이나 북한보다 오히려 미국 사회에서 강하게 제기될 가능성이 높다고 봅니다. 미국이 전체적인 군비의 효율적 활용이나 군사 전략 측면에서 더 이상 주한미군 주둔 필요성이 없다고 생각하면, 미국 내에서 '한반도에 미군을 주둔시키고 우리가 방위 부담을 지는 게 맞느냐' 하는 논의가 나올 수밖에 없습니다. 그러면 우리의 의지와 무관하게 자연스럽게 미국의 선택에 의해서 주한미군 문제가 결정될 가능성이 훨씬 더 높지요.

문정인   명답입니다.

미국과 중국을 견인하는 스마트한 외교

김치관   향후에도 우리 외교의 가장 큰 상대방은 중국과 미국이라는 점은 변화가 없을 것 같습니다. 남북이 평화와 화해, 경제 협력으로 가는 과정에서도 한국은 미국과 중국 사이에서 어떤 포지션을 취해야 할지는 여전히 우리 외교의 핵심 문제일 듯한데, 이와 관련한 몇 가지 의견이 있습니다. 두 나라 사이에서 적절한 균형을 잡자는 '균형자론', 어쨌든 아직까지도 상당 기간은 동맹 우선으로 나가야 된다는 '미국 중심론', 결국 헤게모니는 중국 쪽으로 이동중이니, 중국 외교의 비중을 점차 높여야 한다는 '중국 우위론' 등 세 가지가 가장 많이 거론되는 의견입니다. 앞으로 상당 기간 한국이 미국과 중국 사이에서 어떤 외교 노선을 걷는 게 가장 바람직할까요?

홍익표   이 문제는 말씀하신 몇 가지 전형적인 답안 중에서 고르거나 선택할 문제는 아니라고 봅니다. 특히 경제는 중국, 안보는 미국, 이건 말도 안 되는 얘기입니다. 경제나 안보가 다 미국, 중국과 공히 연결되는 문제이기 때문에 그걸 기계적으로 분리할 수 없습니다.

우선 이 문제를 이성적으로 논의하려면 우리 사회에 강고한 한미 동맹에 대한 교조적 관점부터 깨져야 됩니다. 한반도 평화와 우리 국민의 안전, 국익을 위해서 한미 동맹이 필요한 거지 한미 동맹을 위해서 우리의 평화나 국익에 반하는 결정을 할 수는 없다는 입장이 우리 스스로 확고해야 한다고 봅니다. 마찬가지로 우리가 중국과 경제 교류가 많다고 해서 실리 때문에 기존 우방인 미국과의 관계를 축소하고 중국 일변도로 가야 할 이유도 없죠.

지금까지 우리는 한 번도 독자적으로 외교 어젠다를 설정한 경험이 없습니다. 항상 동맹 외교에 갇혀서 따라가다 보니까 중국과 미국이 대립하면 그 사이에서 당황하는 처지에 빠지곤 했는데, 이제는 우리가 어젠다를 중심으로 외교 원칙을 세워야 할 때입니다. 평화, 민주주의, 시장경제, 인권 등과 같은 우리의 원칙을 기본적으로 표명하면서 그 원칙에 부합하는 쪽에 손을 들어주면 되는 거죠. 예를 들면 중동전쟁이 비윤리적이고, 비인권적이라면 아무리 미국이 동맹이라 해도 동참해서는 안 되는 거죠. 그런 식으로 우리가 소위 중견국 외교의 역량을 높이면서 대처할 문제 아닌가 합니다.

문정인　　　향후 십년, 이십 년 남북 관계가 개선되고 실질적 남북 연합으로 가고 있어도 그때도 아마 이런 문제는 계속 남을 거예요. 미중 사이에 선택을 강요당하는 상황. 예를 들면 미국은 기본적으로 집단 방위 체제, 동맹 체제 중심입니다. 우리 편이냐 네 편이냐를 분명히 하라는 거죠. 반면 중국은 다자 안보 협력 체제가 기본 입장이에요. 이 두 가지 패러다임이 먼저 맞붙는 거고요. 그러면 한국 정부는 이 양자의 요구 앞에서 항상 고민만 하고 있을 거냐, 아니라는 거죠. 오히려 그렇기에 우리가 먼저 나서서 양쪽이 다 수용할 수 있는 방식을 제시하고 나갈 수도 있고 미국과 중국이 갈등할 때 중재 역할도 할 수 있죠. 그게 외교적 창의력이고 상상력이거든요. 우리는 경제적으로든, 안보 문제든, 사회문화적으로도 미중과 같이 더불어서 살아야 해요. 우리 국익에 맞게 미국과 중국을 견인하는 스마트 외교를 하는 국가로 살아갈 길이 분명히 있습니다.

한반도의 미래와 시민 사회의 역할

김치관　우리는 지난 보수 정권에서 남북 관계가 기초부터 흔들리는 것을 경험한 바 있습니다. 북한과는 달리 5년마다 대통령을 뽑아야 하는 우리 현실에서 남북 관계의 안정성과 일관성을 만들 방법이 있을까요?

홍익표　정권이 바뀐다는 것은 그 시대의 분위기, 시대적 정신과 흐름에 따라서 국민들이 선택을 한 거 아니겠어요? 그래서 남북 관계나 대북 정책이 그때그때 영향을 안 받을 수는 없겠죠. 차기 대선에서 현재 여당이 재집권하더라도 대통령이 누구냐에 따라서 대북 정책은 크고 작은 변화가 있을 거예요. 하지만 이번 남북 정상회담이나 북미 정상회담에 더하여 실질적인 비핵화의 성과를 거둔다면, 그거야말로 정말 되돌릴 수 없는 흐름을 타는 거라서, 너무 그 문제를 걱정할 바는 아니라고 생각합니다.

그럼에도 보완책을 생각하자면, 남북 간의 합의를 이행할 수 있는 시스템과 법적 체계화는 계속 추구해야죠. 예를 들면, 남북 합의는 국회 비준을 받아야 합니다. 그러면 국내법적 효력을 갖게 되니까요.

문정인 　그런데 법제화도 보수 정당이 다수 의석을 차지해서 법을 바꿔버리면 끝이라, 결국 한계가 있어요. 정책의 지속성을 담보할 가장 중요한 요소는 결국 남북 관계가 후퇴하지 않는 겁니다. 남북 관계의 발목을 잡는 일은 국민의 뜻을 어기는 행위라는 인식이 확산되어 정치권에서 함부로 정략적으로 다루지 못할 만큼 국민 공감대가 형성되어야죠.

홍익표 　경제도 중요합니다. 예를 들면 삼성, 현대와 같은 굵직한 대기업들이 북한과 경제 협력으로 실질적으로 상당한 이해관계를 갖게 되면, 보수 정당이 집권한다고 해서 일방적으로 정책을 변경하기 어려워지죠.

지난 2016년 박근혜 정부에서 개성공단을 중단시켰을 때, 그로 인해 피해를 입은 기업이 많았습니다만, 대부분 중소기업이고 산업 후방 연관 효과가 크지 않은 경공업 분야여서 파장이 사회 전체로 확산되지는 않았습니다. 그런데 예를 들어서 북한 지역에 삼성전자나 현대자동차가 대규모 공장을 세우고 가동하다 중단됐다고 생각해 보세요. 고용 인력 만 명 규모의 공장이 멈추면 하청업체와 연관 산업체들까지 수만 명의 생계에 타격을 주거든요. 그거 정권 차원에서 함부로 중단시키지 못합니다.

문정인　　남과 북이 유무상통 정신에 의해서 서로 얻을 게 많고 손해 볼 게 적으면, 아무나 쉽게 못 흔들어요.

홍익표　　미국이 구소련과 냉전 당시에 몇 번의 경제 제재를 한 적이 있습니다. 레이건 정부 때는 아프간전쟁 때문에 제제를 했었는데, 문제는 소련 쪽이 아니라 미국 내에서 터져 나왔어요. 미국이 소련에 상당한 양의 밀을 수출하고 있었는데, 제재로 수출이 막히니까 밀 생산 농가들이 난리가 났던 거죠. 수출을 해야 먹고사는데, 왜 이걸 못하게 하느냐고.

김치관　　남북연합 단계를 포함해, 통일 과정의 한반도가 동북아에서 어떤 지위를 확보해야 할지에 대해서도 한번 생각해봐야 할 것 같습니다. 예를 들자면, 통일이 되면 영세 중립국을 선포하는 게 강대국들에게 휘둘리지 않고 항구적 평화를 보장받는 방법이라는 아이디어도 오래 전부터 있었지 않습니까.

문정인　동북아 역학 관계 속에서 통일 한반도의 장기적인 미래 포석은 여러 가지를 그려볼 수 있겠죠. 우선 항상 미국과 중국 양자 사이에 끼여 어느 한쪽을 선택하기 힘드니 중간 세력 국가를 만들어 독자 노선을 걷자고 생각할 수 있겠죠. 그러려면 강한 국방력을 가져야 하므로 결국 핵 무장을 고려해야 하는데 이걸 추진하는 과정에서 주변국과 갈등이 계속 빚어질 것이므로 결코 좋은 방안은 아니에요.

두 번째로는 지금 애기한 소극적 방법으로 영세 중립을 선언하는 거죠. 스위스 모델이라든가, 스웨덴 모델이라든가 과거 오스트리아 모델 같은 중립국 모델로 가자고 할 수도 있어요.

그런가 하면 김대중 전 대통령처럼, '우리가 외교만 잘하면, 미국과 중국 양쪽에서 다 풀을 뜯을 수 있는데, 왜 굳이 한 쪽 풀만 뜯으려고 하느냐'라는 시각도 있죠.

아주 적극적으로 통일 한국이 주도적으로 나서서 다자 안보 협력 체제를 만들고. 동북아 경제 공동체를 조성하고 여기에 강대국들도 참여해서 동북아 지역의 평화 공존을 집단적으로 보장하는 모델도 있겠죠.

저 개인적으로는 마지막이 제일 좋은 길이라고 생각하는데 어떤 방향으로 나갈지는 국민의 선택에 달린 겁니다.

홍익표　　통일 한반도의 위상 논의가 지금 당장 나오는 건 좀 성급한 측면이 있어요. 왜냐하면 상당히 먼 미래의 문제인데 논의가 나오면서 당장 현실과 자꾸 부딪치거든요. 영세 중립국을 지향한다면, 당연히 한미 동맹 폐기론으로 가게 되죠. '주한미군 필요 없다는 거냐, 동맹 깨자는 거냐' 이런 반응이 금방 나옵니다. 그래서 저는 당분간은 현재 상태에서 평화적으로 공존하고, 모든 가능성과 선택지를 열어놓고 있으면 되는 것이지 지금 미리 방향을 설정할 필요는 없다고 생각합니다.

문정인　　그건 좀 생각이 다릅니다. 우리가 정책을 펴고 미래 비전을 가지려면 목표가 어느 정도는 있어야 해요. 남북 관계가 개선된 상태에서 한반도가 외교 역량을 발휘해 평화와 번영의 새로운 질서를 창출해볼 수 있다면 가장 좋은 길이겠죠. 동북아에서 안보 공동체, 경제 공동체, 사회문화적 공동체 이런 걸 만들자는 큰 비전을 국민들이 그려보고 공감을 넓혀가는 것은 매우 중요합니다.

강대국 힘이나 패권도 항상 변하는 것이어서 앞으로 수십 년 후에 미국이 또 중국이 어떻게 될지도 모르는데, 이런 미래의 전략적 불확실성에 대비하는 최고의 방법은 우리 스스로가 전략적 포석을 가지고 국제 관계에서 한반도의 주도력을 높여나가는 것이죠. 물론 그 전제조건은 역시 첫째, 남북 관계의 개선, 둘째, 국민적 합의구조겠죠.

김치관 이제 남북 관계가 본격적으로 열리고 교류가 다양하게 진행되면 상호 체제의 이질적 문제, 사회 문화적 차이도 앞으로는 크게 부각될 것입니다. 또 경제 협력이 이루어지고 북한이 개방과 경제 발전으로 가는 과정에서 남한이 이미 겪었던 환경 문제라든가 부동산 문제, 분배 정의의 문제 등이 반드시 대두될 텐데, 이런 시행착오를 줄일 방법도 생각해 보아야 하지 않을까 합니다.

문정인 물론 앞으로는 그런 일들도 부각되고 남과 북이 관계를 넓히는 데서 걸림돌로 작용하기도 할 거예요. 좋은 일만 기대할 수는 없죠. 그러나 그 자체가 통일로 가는 과정이에요. 남녀가 만나서 결혼할 때도 서로 차이 때문에 갈등도 하고 그러면서 상대를 더 넓게 이해하잖아요. 하물며 남북한 주민들은 70년을 넘게 다른 체제에서 살아왔는데 말이죠.

홍익표 북한 개혁개방 이후 닥칠 문제들은 자본주의와 시장경제를 먼저 겪은 우리도 아직 해결을 못하고 있는 문제들입니다. 다만 문제의식이 좀 높은 정도겠지요. 이런 일에 대해서는 양쪽 정부만 나선다고 해결하거나 예방할 수 있는 건 아니라고 생각합니다. 시민 사회 역할이 거기에 있는 거죠. 남북 국민들이 서로 많이 교류하면서 한반도 공동체, 민족 공동체 관점에서 지향점을 만들어가야 한다고 생각합니다.

김치관　지금까지 오랜 이야기를 나누었습니다. 앞으로의 과제가 만만치 않고 주도면밀한 준비가 필요하다는 것은 우리가 충분히 확인했습니다. 한반도가 역사적으로 절호의 기회를 맞은 상황에서 우리 국민들은 향후 어떤 자세나 마음가짐이 필요할지 마지막으로 점검해보았으면 합니다.

홍익표　통일외교안보 영역은 국민들이 직접 참여할 부분이 제한적이기는 하지만, 평화와 화해 협력 분위기를 지속 가능하게 만들기 위해서는 시민들이 참여하는 거버넌스 시스템을 만들어야 합니다. 통일 방안, 교류 방안, 남북 협력 방안 등에 시민들이 상시적으로 참여하여 아이디어를 내고 정부 정책을 평가하는 구조적 장치 같은 것 말이죠. 이런 구조가 존재하면, 특정 정당, 특정 정치 세력이 남북 관계를 정치적 이해에 따라 좌지우지하는 일이 줄어들 것이고 정권이 바뀌더라도 정책을 함부로 변경하지 못하겠죠.

두 번째로, 시민 평화 교육이 매우 중요합니다. 학교는 물론이고, 일반 직장인, 중소상인과 자영업자, 지역 주민들에게도 평화와 통일에 대한 교육 기회가 주어져야 할 것 같습니다. 간단한 예를 하나 들자면, 우리가 비행기를 타고 미국에 갈 때 불필요하게 삼사십 분을 낭비하고 있어요. 항로가 북한 쪽 영공을 피해 돌아가기 때문이죠. 이런 게 다 분단 비용입니다. 남북이 평화 공존을 못하는 데서 오는 불편함이지요. 남북 관계가 진전되면 우리 생활이 어떻게 달라지는지, 구체적으로 어떤 희망적 미래가 열리는지 인식할 수 있는 시민 교육이 필요하다는 겁니다.

마지막으로, 역시 국민들은 선거를 통해서 정치적 선택을 하는 겁니다. 오랜 세월 동안 반공 이데올로기나 색깔론에 입각해서 정치를 하던 사람들이 지금 바닥이 드러나고 있잖아요. 국민들이 평화 공존을 지향하는 정치 세력의 힘을 키워줘야 합니다.

문정인 이제는 우리의 운명을 스스로 만들어나갈 수 있다는 자신감과 자부심을 좀 가져도 될 때가 아닌가 생각해요. 너무도 오랫동안 인식에 뿌리박혔던 세력 균형 결정론, 강대국 결정론에서 벗어나자, 그리고 동맹을 신줏단지로 모시는 관성도 좀 벗어나자는 이야기를 하고 싶어요. 대한민국이 강대국에 비해서는 작은 국가라 해도 우리의 상상력, 창조력으로 충분히 외교를 주도할 수 있고 남북 관계를 발전시켜 나갈 수 있는 시점입니다.

국민들이 희망을 가졌으면 해요. 우리는 그간 남북 관계에 대한 냉소주의가 너무 많았습니다. 냉소주의에서 벗어나서 남북한 관계를 개선하고 평화 통일을 향하는 길에 시민들 스스로가 하나의 참여자, 행위자가 되어야 합니다. '한반도에서 절대로 전쟁은 있어서는 안 된다, 교류 협력과 신뢰 구축을 통해 남북한이 새로운 역사를 써나가자'는 최소한의 국민적 합의가 도출되어야 합니다. 독재와 권위주의 시절에 민주주의를 이루기 위해 시민들의 '행동하는 양심'이 필요했듯이, 지금은 '행동하는 평화 통일 시민'이 필요한 시기입니다. 역사의 새로운 변화가 우리에게 일어나고 있습니다. 자신감을 가집시다.

4.27 남북 정상회담과 판문점 선언 6.12 북미 정상회담으로 남북 관계와 한반도 정세는 중대한 전환점을 맞이했다. 문재인 대통령과 김정은 국무위원장은 "한반도에 더 이상 전쟁은 없을 것이며 새로운 평화의 시대가 열렸다"고 선언했다. 지난해 말 대담을 기획할 때만 해도 많은 전문가들이 한반도의 전쟁 위기를 우려했던 것과 비교하면 놀라운 변화가 아닐 수 없다.

이번 남북 및 북미 정상회담은 한반도 비핵화는 물론 동아시아 지역의 냉전 질서를 허물고 평화체제를 형성할 수 있는 역사적 기회이며, 우리는 이번 기회를 절대로 놓쳐서는 안 된다.

한반도의 평화와 통일은 이제 시작일 뿐이다. 완전한 한반도 비핵화와 종전선언, 북미 관계 정상화 등이 진행되는 과정에는 많은 난관이 있을 것이고, 상당한 시간이 걸릴 것이다. 또한 합의를 이행하기 위해서는 더 많은 신뢰를 쌓기 위한 노력과 함께 상당한 인내심도 요구될 것이다. 남북 관계에 대한 국내 합의 기반을 조성하면서 국제 사회의 협조를 이끌어내는 일이 결코 쉬운 과제가 아니라는 것은 누구나 경험을 통해 잘 알고 있다. 지난 판문점 선언에서 남북 정상은 "남북은 우리 민족의 운명을 스스로 결정한다"고 선언하였다. 실로 감개무량한 일이다. 19세기 구한말 이후 우리 민족이 스스로 운명을 결정하는 기회를 처음으로 열어가고 있는 것이다. 나아가 이제 한반도는 동북아 정세 변화의 중심적 역할까지 맡고 있다. 정말 중요한 시점이고 시민들의 지혜와 관심, 참여가 필요하다.

우리의 대담은 한반도 문제의 결론이 아니라, 다가오는 평화와 통일의 시대를 어떻게 준비할 것인가에 대한 문제제기라고 할 수 있다. 한반도가 평화와 번영으로 나아가는 데 필요한 보다 풍부한 각론은 앞으로 시민들과 함께 써나갈 수 있기를 기대한다.

2018년 6월

홍익표

"한반도의 평화와 번영,
통일을 위한 판문점 선언"

대한민국 문재인 대통령과 조선민주주의인민공화국 김정은 국무위원
장은 평화와 번영, 통일을 염원하는 온 겨레의 한결같은 지향을 담아
한반도에서 역사적인 전환이 일어나고 있는 뜻깊은 시기에 2018년 4
월 27일 판문점 평화의 집에서 남북 정상회담을 진행하였다.

양 정상은 한반도에 더 이상 전쟁은 없을 것이며 새로운 평화의 시대
가 열리었음을 8천만 우리 겨레와 전 세계에 엄숙히 천명하였다.

양 정상은 냉전의 산물인 오랜 분단과 대결을 하루 빨리 종식시키고
민족적 화해와 평화번영의 새로운 시대를 과감하게 열어나가며 남북
관계를 보다 적극적으로 개선하고 발전시켜 나가야 한다는 확고한 의

지를 담아 역사의 땅 판문점에서 다음과 같이 선언하였다.

1. 남과 북은 남북 관계의 전면적이며 획기적인 개선과 발전을 이룩함으로써 끊어진 민족의 혈맥을 잇고 공동번영과 자주통일의 미래를 앞당겨 나갈 것이다.
남북 관계를 개선하고 발전시키는 것은 온 겨레의 한결같은 소망이며 더 이상 미룰 수 없는 시대의 절박한 요구이다.

① 남과 북은 우리 민족의 운명은 우리 스스로 결정한다는 민족 자주의 원칙을 확인하였으며 이미 채택된 남북 선언들과 모든 합의들을 철저히 이행함으로써 관계 개선과 발전의 전환적 국면을 열어나가기로 하였다.

② 남과 북은 고위급 회담을 비롯한 각 분야의 대화와 협상을 빠른 시일 안에 개최하여 정상회담에서 합의된 문제들을 실천하기 위한 적극적인 대책을 세워나가기로 하였다.

③ 남과 북은 당국 간 협의를 긴밀히 하고 민간교류와 협력을 원만히 보장하기 위하여 쌍방 당국자가 상주하는 남북공동연락사무소를 개성지역에 설치하기로 하였다.

④ 남과 북은 민족적 화해와 단합의 분위기를 고조시켜 나가기 위하여

각계각층의 다방면적인 협력과 교류 왕래와 접촉을 활성화하기로 하였다.

안으로는 6.15를 비롯하여 남과북에 다같이 의의가 있는 날들을 계기로 당국과 국회, 정당, 지방자치단체, 민간단체 등 각계각층이 참가하는 민족공동행사를 적극 추진하여 화해와 협력의 분위기를 고조시키며, 밖으로는 2018년 아시아경기대회를 비롯한 국제경기들에 공동으로 진출하여 민족의 슬기와 재능, 단합된 모습을 전 세계에 과시하기로 하였다.

⑤ 남과 북은 민족 분단으로 발생된 인도적 문제를 시급히 해결하기 위하여 노력하며, 남북 적십자회담을 개최하여 이산가족·친척상봉을 비롯한 제반 문제들을 협의 해결해 나가기로 하였다.

당면하여 오는 8.15를 계기로 이산가족·친척 상봉을 진행하기로 하였다.

⑥ 남과 북은 민족경제의 균형적 발전과 공동번영을 이룩하기 위하여 10.4선언에서 합의된 사업들을 적극 추진해 나가며 1차적으로 동해선 및 경의선 철도와 도로들을 연결하고 현대화하여 활용하기 위한 실천적 대책들을 취해나가기로 하였다.

2. 남과 북은 한반도에서 첨예한 군사적 긴장상태를 완화하고 전쟁 위

험을 실질적으로 해소하기 위하여 공동으로 노력해 나갈 것이다.

① 남과 북은 지상과 해상, 공중을 비롯한 모든 공간에서 군사적 긴장과 충돌의 근원으로 되는 상대방에 대한 일체의 적대행위를 전면 중지하기로 하였다.

당면하여 5월 1일부터 군사분계선 일대에서 확성기 방송과 전단살포를 비롯한 모든 적대 행위들을 중지하고 그 수단을 철폐하며 앞으로 비무장지대를 실질적인 평화지대로 만들어 나가기로 하였다.

② 남과 북은 서해 북방한계선 일대를 평화수역으로 만들어 우발적인 군사적 충돌을 방지하고 안전한 어로 활동을 보장하기 위한 실제적인 대책을 세워나가기로 하였다.

③ 남과 북은 상호협력과 교류, 왕래와 접촉이 활성화 되는 데 따른 여러 가지 군사적 보장대책을 취하기로 하였다.

남과 북은 쌍방 사이에 제기되는 군사적 문제를 지체 없이 협의 해결하기 위하여 국방부장관회담을 비롯한 군사당국자회담을 자주개최하며 5월 중에 먼저 장성급 군사회담을 열기로 하였다.

3. 남과 북은 한반도의 항구적이며 공고한 평화체제 구축을 위하여 적

극 협력해 나갈 것이다.

한반도에서 비정상적인 현재의 정전상태를 종식시키고 확고한 평화체
제를 수립하는 것은 더 이상 미룰 수 없는 역사적 과제이다.

① 남과 북은 그 어떤 형태의 무력도 서로 사용하지 않을 데 대한 불가
침 합의를 재확인하고 엄격히 준수해 나가기로 하였다.

② 남과 북은 군사적 긴장이 해소되고 서로의 군사적 신뢰가 실질적으
로 구축되는 데 따라 단계적으로 군축을 실현해 나가기로 하였다.

③ 남과 북은 정전협정체결 65년이 되는 올해에 종전을 선언하고 정
전협정을 평화협정으로 전환하며 항구적이고 공고한 평화체제 구축을
위한 남·북·미 3자 또는 남·북·미·중 4자회담 개최를 적극 추진해
나가기로 하였다.

④ 남과 북은 완전한 비핵화를 통해 핵 없는 한반도를 실현한다는 공
동의 목표를 확인하였다.

남과 북은 북측이 취하고 있는 주동적인 조치들이 한반도 비핵화를 위
해 대단히 의의 있고 중대한 조치라는데 인식을 같이 하고 앞으로 각
기 자기의 책임과 역할을 다하기로 하였다.

남과 북은 한반도 비핵화를 위한 국제사회의 지지와 협력을 위해 적극 노력하기로 하였다.

양 정상은 정기적인 회담과 직통전화를 통하여 민족의 중대사를 수시로 진지하게 논의하고 신뢰를 굳건히 하며, 남북 관계의 지속적인 발전과 한반도의 평화와 번영, 통일을 향한 좋은 흐름을 더욱 확대해 나가기 위하여 함께 노력하기로 하였다.

당면하여 문재인 대통령은 올해 가을 평양을 방문하기로 하였다.

2018년 4월 27일

판 문 점

대한민국 대통령   조선민주주의인민공화국 국무위원회 위원장
문재인   김정은

"김정은 조선민주주의인민공화국 국무위원회 위원장과 도날드 제이. 트럼프 미합중국 대통령 사이의 싱가포르 수뇌회담 공동성명"

김정은 조선민주주의인민공화국 국무위원회 위원장과 도날드 제이. 트럼프 미합중국 대통령은 2018년 6월 12일 싱가포르에서 첫 력사적인 수뇌회담을 진행하였다.

김정은위원장과 트럼프대통령은 새로운 조미관계수립과 조선반도에서의 항구적이며 공고한 평화체제구축에 관한 문제들에 대하여 포괄적이며 심도있고 솔직한 의견교환을 진행하였다.

트럼프대통령은 조선민주주의인민공화국에 안전담보를 제공할것을 확언하였으며 김정은위원장은 조선반도의 완전한 비핵화에 대한 확고부동한 의지를 재확인하였다.

김정은위원장과 트럼프대통령은 새로운 조미관계수립이 조선반도와
세계의 평화와 번영에 이바지할것이라는것을 확신하면서,호상 신뢰구
축이 조선반도의 비핵화를 추동할수 있다는것을 인정하면서 다음과
같이 성명한다.

1. 조선민주주의인민공화국과 미합중국은 평화와 번영을 바라는 두 나
라 인민들의 념원에 맞게 새로운 조미관계를 수립해나가기로 하였다.

2. 조선민주주의인민공화국과 미합중국은 조선반도에서 항구적이며
공고한 평화체제를 구축하기 위하여 공동으로 노력할것이다.

3. 조선민주주의인민공화국은 2018년 4월 27일에 채택된 판문점선언
을 재확인하면서 조선반도의 완전한 비핵화를 향하여 노력할것을 확
약하였다.

4. 조선민주주의인민공화국과 미합중국은 전쟁포로 및 행방불명자들
의 유골발굴을 진행하며 이미 발굴확인된 유골들을 즉시 송환할것을
확약하였다.

김정은위원장과 트럼프대통령은 력사상 처음으로 되는 조미수뇌회담
이 두 나라사이에 수십년간 지속되여온 긴장상태와 적대관계를 해소

하고 새로운 미래를 열어나가는데서 커다란 의의를 가지는 획기적인 사변이라는데 대하여 인정하면서 공동성명의 조항들을 완전하고 신속하게 리행하기로 하였다.

조선민주주의인민공화국과 미합중국은 조미수뇌회담의 결과를 리행하기 위하여 가능한 빠른 시일안에 마이크 폼페오 미합중국 국무장관과 조선민주주의인민공화국 해당 고위인사사이의 후속협상을 진행하기로 하였다.

김정은 조선민주주의인민공화국 국무위원회 위원장과 도날드 제이.트럼프 미합중국 대통령은 새로운 조미관계발전과 조선반도와 세계의 평화와 번영,안전을 추동하기 위하여 협력하기로 하였다.

2018년 6월 12일
싱가포르 센토사 섬에서

조선민주주의인민공화국   미합중국
국무위원회 위원장   대통령
김정은   도날드 제이.트럼프

* 편집자주 - 북미 공동성명에 대한 번역은 국내 각 언론사마다 조금씩 달라서, 회담 당사국인 북한의 국영 통신사인 조선중앙통신의 공식 발표를 원문 그대로 게재함.

Joint Statement of President Donald J. Trump of the United States of America and Chairman Kim Jong Un of the Democratic People's Republic of Korea at the Singapore Summit.

President Donald J. Trump of the United States of America and Chairman Kim Jong Un of the State Affairs Commission of the Democratic People's Republic of Korea (DPRK) held a first, historic summit in Singapore on June 12, 2018.

President Trump and Chairman Kim Jong Un conducted a comprehensive, in-depth, and sincere exchange of opinions on the issues related to the establishment of new U.S.-DPRK relations and the building of a lasting and robust peace regime on the Korean Peninsula. President Trump committed to provide security guarantees to the DPRK, and Chairman Kim Jong Un reaffirmed his firm and unwavering commitment to complete denuclearization of the Korean Peninsula.

Convinced that the establishment of new U.S.-DPRK relations will contribute to the peace and prosperity of the Korean Peninsula and of the world, and recognizing that mutual confidence building can promote the denuclearization of the Korean Peninsula, President Trump and Chairman Kim Jong Un state the following:

1. The United States and the DPRK commit to establish new U.S.-DPRK relations in accordance with the desire of the peoples of the two countries for peace and prosperity.

2. The United States and the DPRK will join their efforts to build a lasting and stable peace regime on the Korean Peninsula.

3. Reaffirming the April 27, 2018 Panmunjom Declaration, the DPRK commits to work towards complete denuclearization of the Korean Peninsula.

4. The United States and the DPRK commit to recovering POW/

MIA remains, including the immediate repatriation of those already identified.

Having acknowledged that the U.S.-DPRK summit — the first in history — was an epochal event of great significance and overcoming decades of tensions and hostilities between the two countries and for the opening of a new future, President Trump and Chairman Kim Jong Un commit to implement the stipulations in this joint statement fully and expeditiously. The United States and the DPRK commit to hold follow-on negotiations led by the U.S. Secretary of State, Mike Pompeo, and a relevant high-level DPRK official, at the earliest possible date, to implement the outcomes of the U.S.-DPRK summit.

President Donald J. Trump of the United States of America and Chairman Kim Jong Un of the State Affairs Commission of the Democratic People's Republic of Korea have committed to cooperate for the development of new U.S.-DPRK relations and for the promotion of peace, prosperity, and security of the Korean Peninsula and of the world.

June 12, 2018
Sentosa Island
Singapore